宗教與人類文明的發展取向

安　倫　著

文史哲出版社印行

國家圖書館出版品預行編目資料

宗教與人類文明的發展取向 / 安倫著.-- 初
版.--. 臺北市：文史哲, 民 108.06
　　頁；　公分
ISBN 978-986-314-476-2（平裝）

1.宗教社會學

210.15　　　　　　　　　　　108009870

宗教與人類文明的發展取向

著　　　者：安　　　　　　　　倫
出 版 者：文　史　哲　出　版　社
　　　　　http://www.lapen.com.tw
　　　　　e-mail：lapen@ms74.hinet.net
登記證字號：行政院新聞局版臺業字五三三七號
發 行 人：彭　　　正　　　雄
發 行 所：文　史　哲　出　版　社
印 刷 者：文　史　哲　出　版　社
　　　　　臺北市羅斯福路一段七十二巷四號
　　　　　郵政劃撥帳號：一六一八〇一七五
　　　　　電話886-2-23511028・傳真886-2-23965656

定價新臺幣五〇〇元

二〇一九年（民一〇八）六月初版

總　序

　　人類正在步入全球化時代。如果這一說法在上世紀尚顯生疏，甚至遭到質疑，那麼進入二十一世紀之後這已逐漸成為家喻戶曉的不爭事實。無論人們贊成也好，反對也好，"全球化"這個時代都會如期而至，成為人類社會不可逆轉的現實。科學技術的飛速發展主導了人類的日常生活，日新月異的通訊和交通手段消除了往日地理距離的隔閡，使得整個地球迅速縮小成"地球村"。

　　以科技發展為引擎的全球化給人類帶來巨大的利益，同時也給人類的生存發展帶來前所未有的致命威脅。從世俗層面看，生態危機、資源危機、道德危機、人口爆炸危機、大規模殺傷武器危機，以及科技和經濟畸形發展可能引發的各種危機不時威脅著人類脆弱的生存。從精神信仰層面看，各宗教在相遇後仍難以擺脫相互排斥和對立，如果找不到和合共生之道，就可能使這個星球深陷文明衝突甚至宗教戰爭危機。人類生活在前所未有的自我毀滅的陰霾之中。嚴峻的形勢和後果將迫使人們跳出個體、國家、民族、文化、意識形態等差異的狹隘局限，嘗試從全球意識出發，立足於全人類的共同生存發展來理性思考問題和採取行動，期待一種新的全球化文明。

迄今為止，全球化主要是從物質和世俗層面展開，也主要在這個層面受到關注。但不可回避的問題是：全球化將給主導人類精神思想的宗教信仰領域帶來怎樣的轉變？全球化的人類如何才能形成共同的價值、倫理和秩序，以維護“地球村村民”的共同生存發展？全球化的人類怎樣才能消除宗教間的對立和戰爭，避免被“文明衝突”毀於一旦？對於這類問題的深入探討令人越來越明顯地看到，一場在精神信仰和意識思想領域的大轉變已迫在眉睫，一個在此領域伴隨全球化而來的新時代正在誕生。這個時代將從兩千多年前的“軸心時代”獲取精神思想資源，又將以成熟的物質和教育知識條件為基礎實現和發展軸心時代的精神思想；它將“軸心式”地轉變人類的精神信仰實踐模式，又將從精神思想領域來促進全球化的順利完成。這個時代，以其與軸心時代內在的關聯，被宗教學者卡曾斯等人稱為“第二軸心時代（The Second Axial Age）”，但從全球化的背景來看，將其稱為“全球化文明時代”更為妥當。

公元前六世紀至前三世紀是人類歷史上一個偉大而神秘的時代。在相互隔絕、不通音信的世界不同角落，人類歷史上一批最偉大的精神和思想聖者幾乎不約而同地出現，其中包括印度的釋迦牟尼、筏馱摩那、創作《奧義書》的諸多聖者，中國的老子、孔子、墨子、莊子等諸子百家，波斯的瑣羅亞斯德，希臘的赫拉克利特、修昔底德、德謨克裡特、巴門尼德、蘇格拉底、柏拉圖、亞里斯多德和阿基米德等一大批先哲。尤其令人稱奇的是，在公元前六至前五世紀的軸心時代核心期，老子、孔子、釋迦牟尼、筏馱摩那、瑣羅亞斯德等世界各主要宗教的教義創始人幾乎同時在世，並各有其精神創新的輝煌。

在人類歷史的長河中，幾十年，甚至幾百年，只是短暫的一剎那。而兩千多年前的這"一剎那"則使人類衝破原始文明的混沌蒙昧，開始以理性的眼光審視周圍的世界，探索宇宙的本原和精神彼岸，思索人生的意義和人神關係。這"一剎那"成為人類精神和意識思維的里程碑，開創了人類哲學、科學、倫理和社會文明秩序體系的先河，對後世的精神思想和社會發展產生了難以估量的深遠影響。這"一剎那"還奠定了世界現存主要宗教的教義基礎，成為人類宗教信仰的地標。這"一剎那"是人類歷史的分界線，從那時起，我們今天意義上的人才開始出現。將這個時代命名為"軸心時代"的德國哲學家雅思貝斯說："這個時代產生了直至今天仍是我們思考範圍的基本範疇，創立了人類仍賴以存活的世界宗教之源端"[1]，從此以後尚未出現對這一時代全面而根本性的超越，"人類一直靠軸心時代所產生、思考和創造的一切而生存，每一次新的飛躍都回顧這一時期，並被它重燃火焰。"[2]

然而，由於直至近代人類還普遍處於農牧社會，絕大多數人沒有受過教育，認知水準低下，軸心時代聖者們的精神思想，特別是他們在精神領域的成就，遠遠超越了當時和此後兩千多年世界上大多數人的認知水準，因此不僅沒有被芸芸大眾所普遍理解、接受和付諸實踐，反而在很大程度上受到曲解和埋沒，甚至被愚昧迷信替

1 卡爾·雅斯貝斯：《歷史的起源與目標》，魏楚雄、餘新天譯，北京：華夏出版社，1989 年，第 9 頁。
2 同上書，第 14 頁。

代。例如，這些聖者們曾從不同角度提出宇宙本原即終極神聖同一的共同洞見，但是，根據他們的教義而創立的宗教卻並沒有秉持這一思想；聖者們的精神思想普遍具有高度的理性，而根據他們的教義創立的宗教卻往往被愚昧迷信所遮蓋。就此而言，軸心時代的覺醒，並非全人類的覺醒，而只是少數精英超越時代的覺醒；軸心時代聖者們留下的許多閃光精神思想，尚有待後代人類的普遍接受和發揚光大。

步入二十一世紀的人類，已經逐漸具備了全面接受、弘揚和發展軸心時代聖者們精神思想的條件。科技和經濟的飛速發展為此提供了堅實的物質基礎，知識和教育的普及極大地提高了人們的認識和反思能力，全球化進程的加速則迫使人們回顧軸心時代，再次從聖者們那裡汲取精神、思想、智慧，並有新的思索和發展，以應對全球化時代人類面臨的種種危機挑戰，完成源於軸心時代的全球化進程。

全球化時代人類精神思想轉變的成敗關係到人類的生存需要，其客觀實現條件已經十分成熟，但在主觀上卻大大滯後。陳舊的思維和行為習慣不會自動讓位給新時代，對於短期狹隘利益的執著往往讓人無視長遠和根本利益。即便前方是一條九死一生的高危路段，許多人還是渾渾噩噩，慣性地朝前開去……

為了迎接和推動這個新時代的順利誕生，人類需要一場自覺的精神思想運動。近年來，在宗教、哲學、社科、人文等各個領域都開始有不少全球化意識覺醒的表達，如全球公民社會的預想、全球治理的討論、宗教多元論的熱議、宗教對話的興起、全球倫理運動的倡導等等。然而，這些全球化意識的初步覺醒因其局限性還遠不足以化解伴隨全球化而來的種種危機，諸如宗教文明衝突等危險仍然威脅著人類的生存，亟待彙聚人類所有精神思想資源的有效化解辦法。人類社會需要的不是被動接受一個危機重重的全球化時代，而是主動創造一個精神、思想和行動上都能持久和諧共生的全球化文明時代。

全球一體化說到底就是人類的共同體化。日益緊密的聯繫已經迫使人類在政治、經濟、環境等各個領域形成或正在形成共同體，以應對關乎或威脅人類共同生存發展的重大問題。全球化的進程也勢將促使人類在其他主要領域形成共識或相應的共同體，以最終完成人類共同體或先賢們所說的人類大同的歸宿。我們認為，從東方文明中汲取精神思想資源，在宗教領域形成各宗教派別及其信眾之間多元通和、和而不同、和合共生的宗教信仰共同體，可能是化解宗教文明衝突的一種有效途徑，宗教信仰由此可能轉變為構建全球化人類共同價值、倫理和秩序的一種寶貴資源。

對於全球化意識的思想、理論和出版物，國內學界已經開始以關注、譯介、研討等形式做出了回應。然而，中國作為占世界人口五分之一強的負責任的大國，不應只是對西方思潮做出被動回應，而應充分發掘和汲取中華文化以軸心時代為源頭的豐富精神思想資源，為構建“地球村”人類社會的共同精神信仰、價值倫理和新秩序做出獨特貢獻，成為其主動締造者和倡導者。中華文明曾經是人類文明的一種主要來源，為迄今為止的人類文明做出過重大貢獻。在全球化日益將人類結為一體，一體化的人類社會亟需共同文明的時代，中華文明理應與時俱進，成為全球化文明形成的主要貢獻者和倡導者。在此背景下，我們決定推出這套"全球化文明叢書"，目的是引起對全球化文明形成的關注、重視和討論，呼喚以積極、理智的方式應對其帶來的挑戰，梳理、研討、復興、發展作為其重大組成部分的中華文明，為全球化文明的成功形成力盡綿薄。

　　全球化文明對於人類來說仍是一個開放的、有待發展形成的文明，其最終形態如何尚有待人類社會的發展和演進而定。因此，這套叢書也將盡可能開放，廣泛容納關於這個時代文明的種種思想、言論、構思和回應。就此而言，叢書既是這個文明時代的產物，又是這個時代文明的參與者和推動者。倘若叢書能"與時俱進"，則不負編者厚望。

　　是為序

卓新平　安　倫　李天綱

宗教與人類文明的發展取向

目　次

序

　　宗教問題在當下中國語境中極為重要，卻也非常敏感。人們對之乃眾說紛紜、分歧明顯，然而現在的文化建設和精神理解則很難根本回避這一話題。我們正在熱議的共建人類命運共同體之思考，同樣亦與宗教密切關聯。就此而論，對宗教的深入探討和理論陳述又顯得特別重要，且有時不我待之緊迫。因此，看到安倫先生的新作《宗教與人類文明的發展取向》將要出版，頓然產生出特別興奮和欽佩之感。

　　在切身體驗中國經濟飛速發展和國力日益強盛之際，人們大多陶醉於這種硬實力在當代中國的形成及對眼前世界的顯示，但對於作為我們可持續發展之潛在支撐的軟實力，即文化、精神層面，真正關心的人卻寥若晨星。究其原因，就在於若深入談論精神、文化，則離不開信仰、宗教等議題，而大多數人對其知之甚微，且視之為禁區，往往噤若寒蟬、諱莫如深。頗為遺憾的是，迄今我們社會對宗教與人類文明密切關聯有深刻體悟和獨到見解者仍然如鳳毛麟角，其敏銳犀利之識亦和者甚寡、難覓知音。其實，離開精神信仰、文化積澱，一個國家的經濟實力究竟能夠支撐多久，其綜合發展會走多遠，已有很多前車之鑒在提醒我們。如果仍不關心、探究這類信仰層面的問題，我們的國民素質則很難提高，我們民族的精神世界也可能出現危機。安倫先生在這裡所呈獻給大家的，正是在透徹體悟這一處境之後而試圖讓人們得以警醒，獲得自我超越的洞見和睿智。

在此新作中，安倫先生首先從人類“全球化”現狀出發，開宗明義論述了人類共在的不可避免，以及人類因此應該主動在各個領域構建和合包容的共同體的哲理和策略。當前人們滿足於承認社會建構、體制層面之共同體的存在，安倫先生卻較早地預見到人類精神、文化層面之共同體的必要及必須。多年前他純然出於探究宗教的興趣而沒有拘束、充滿憧憬地闖入中國宗教研究的學術領域，曾率先提出了“人類宗教共同體”之說。儘管這種超前意識在當時學界沒能引起廣泛共鳴，甚至還招致了一些質疑其“共同體”設想的批評聲音，其執著和堅信卻給我留下了非常深刻的印象，也被其篳路藍縷之開拓探索的激情所感染。我曾認真拜讀其相關著作，與之對話深談，因而獲益匪淺且深有同感。於是，在這一“共同體”觀點的持守上，我們成了同路人，並達到了一種有機契合的心領神會。

人類歷史的發展，一直存在著善與惡的爭鬥，與走向“天使”還是止於“野獸”的掙扎及分殊相伴隨。這種“獸性”從弱肉強食的“叢林規則”延續到了當代的“帝國霸主”之風，其唯我獨尊、以強凌弱導致世界動亂不斷、戰爭頻仍。紛爭、分裂一次又一次地將人類拖入瀕臨滅亡的絕境邊緣。但歷史畢竟在往前走，雖見魔高一尺，卻更顯道高一丈，人類正義的聲音仍然匯成了社會發展的主流。隨著高科技的發展，資訊傳播的快捷，已步入全球化時代的人類，更加感到共同存在、相互關聯的必要。為此，“共同體”的思想逐漸成熟。安倫先生指出，“全球化”就是人類的共同體化，所謂的“地球村”就是正在形成的人類共同體。當然，最初的共同體都是某種形式的利益共同體、生存共同體，如氏族共同體、民族共同體、國家共同體、區域共同體，其內部有著共同的政治、經濟、種族等關聯。隨著人類交往的密切化程度不斷提高，區域之間的接觸及聯絡更加便捷，其關聯互動之必要性遂更加凸顯。因此，全球範圍的人類經濟、政治、利益、責任等共同體開始形成並發揮作用。安倫先生認為，每個維度的共同體事實上都是以人類共同體為主幹而與其他維度的共同體密切關聯互動，其不同維度亦會影響並促進其他維度共同體的形成；這種同呼吸、共命運的發展則會有利於人類共同體的整體形成。

　　不過，當前人類共同體構建所取得的進展，主要在其"硬體"層面，而在其可持續發展的動因、潛在的精神力量之"軟體"層面卻仍有欠缺、遠不盡人意。人類命運共同體的真正建立，應當基於人類共同體文明意識、精神共識的達成。為此，安倫先生呼籲人類共同體應向其精神深層次拓展，這就是人類信仰、宗教、精神、價值、倫理、文化等共同體的構建。他還發出了警世之言：如果不能聯合構建全人類的文明共同體，那麼文明衝突則可能使人類命運共同體淪為人類厄運共同體！對之我們必須全力避免。所以說，人類精神共同體的建設勢在必行，其任務更為艱難，其意義則更加重大。

　　從這一認知出發，安倫先生進而深入到宗教領域的思考研究，探討了宗教在現代社會的潛在作用等問題。宗教本來就是人類文明的重要標誌之一，體現出極為典型的人性特徵。尊重和包容宗教，是一個民族人文素質成熟、文明意識進步的表現。在中華民族五千年輝煌歷史中，宗教的存在曾絢麗多彩。安倫先生認為，宗教是人類獨有的對無限未知的嚮往、敬畏、追求及其思維和行為。儘管宗教在其認知及實踐過程中，尤其是在其早期，會有幼稚之舉和錯誤之為，但這些是人類文明發展不可避免的曲折和代價，並不能代表宗教的全部。人類的進化和進步是一個不斷發展的過程，宗教在這種精神摸索中會不斷揚棄自我、發生創新和改進。宗教和人類文明的其他形態一樣會在其成長、成熟進程中促使人類始終保持超越自我之態，向精神思想的深度廣度不斷開拓，峰迴路轉、水窮雲起、止於至善。

我們清醒地看到，在中國過去百年的認知發展中，其急切思變和曲折探索導致對中國傳統精神文化的否定和對外來信仰精神文化的抵制，其直接後果之一就是使許多中國人形成和固執於對宗教的負面看法。從約百年前的"非宗教運動"到現今仍頗具影響力的否定宗教之見一脈相承，使中國的當代信仰認識與國際社會形成巨大反差，造就人類精神文明景觀中奇怪的一角。這種對宗教評價的以偏概全、先入為主，致使我們社會在精神文化領域形成誤區，正從深層次以潛隱的方式毀壞我們的文明大廈，挖空我們的精神根基。這種對宗教的誤解和偏見，不僅會使我們的民族出現內部分裂、破壞我們社會的和諧，還會使我們民族在全人類絕大多數人信教的國際背景下淪為人類精神大家庭中的少數派、孤立者和孤獨者，與我們想要共建人類命運共同體的願景背道而馳。面對這些偏見和壓力，安倫先生義無反顧地提醒人們：不要在宗教認知上陷於思想僵化而無法自拔，不要對自己人文通識教育的缺失茫然不知、麻木不仁。在宗教認識上與人類主流對立逆行對中華民族並非好事，排拒宗教遲早會把自己引向多事之秋。如果對宗教加以全面、客觀、科學、冷靜的分析，就不難看出宗教對人類文明的價值，認識到宗教與其社會存在的邏輯依屬。所謂宗教的迷信呈現在宗教的發展中並不占主流，其神秘認知的局限從人類認識的不盡長河來看也在情理之中。宗教從政治社會的意義上應該予以積極引導、加強管理，從統戰的意義上則應盡可能團結絕大多數。宗教在認識領域中的存在則不只是其恐懼、依賴、慰藉、自我投影，其更深邃、更精華的表達還在於其思想精神的無限探索、終極關切、本質洞察，從而與哲學、科學都有著內在的邏輯關聯。從當前對宗教的全盤否定、絕對批判中，可以看出一種對之強行實施的違背規律的偏見，似乎宗教與現實世界二元對立、水火不容。當人類行進在無限宇宙的時空之中，宗教對存在本體、人類本性、精神本質表達了一種超越自我、自由思索的好奇感、窮究感和敬畏感，並將之體現在社會生存和行為規範中。對這種精神靈性意義的探究切不可忽視或輕視，更不要有井底之蛙那種世人皆傻、唯己高明的夜郎自大。我們處於廣袤、開放的環宇，相應的觀察也應有一種開放的心境，至少應該以一種平靜、平和的心態對宗教這種具有終極、本原思索性質的文明體系展開研究探索。

　　十分可惜的是，在仍然否定宗教的氛圍中，人們迄今談"宗"色變，宗教赫然成為敏感話題，而研究宗教者則可能成為敏感人物，遭致莫名其妙的冷遇；結果是宗教研究者不僅難以在學術上"出類拔萃"，而且會被戴有色眼鏡的人們視為學界帶有"原罪"者。其實，對於人類所處的無限、開放之世界加以絕對封閉，將主觀判斷當作洞察一切的結論，其本身反映的只是一種無知、輕狂和唯心。若沒有真正認識到宗教終極關懷的合理性及其德性自律的實踐價值，則會對現實社會中宗教的磁吸效應百思不得其解，也不可能真正做到對宗教的積極引導和發揮其積極作用。康德在構設其道德哲學體系時早已指明人類宗教向外追求"頭上的星空"、於內要求"心中的道德律"，對宗教價值有著精闢的闡述。德國哲學中的宗教批判精神實際上是對宗教的改良和昇華。中國當代的宗教批評源自德國，如果要不忘其初衷，就應該尋根溯源、回歸其本旨。

　　人類社會具有優秀文明傳統的民族和國度都沒有摒棄宗教、冷落精神信仰需求。可喜的是，今天中國也終於在形成"人民有信仰"的相應共識。宗教本來就是人類社會存在的常態方式，是人們精神生活的自然、正常表達，沒有必要否認人類生活中的這種"常態"，更沒有必要對其敏感。正因為如此，我才會不顧及成為"敏感人物"的風險而不斷呼籲宗教脫敏，懇請社會善待宗教或至少以正常心態對待宗教，並希望給宗教研究一個寬鬆、包容的社會環境。安倫先生在這部著作中也明顯表達了這樣一種態度和訴求。儘管"路漫漫兮其修遠"，但我們不會停止這種追求真理、還原真實的堅定步伐。

　　在對宗教的認知和判斷中，安倫先生特別告誡要珍視中國優秀文化傳統中的宗教精神元素，不要破壞我們文明行遠持久的精神生態。過去百年中，中國社會爆發了把儒道佛等中國傳統宗教文化作為腐朽勢力加以剷除的運動，其實質是把中國古代文化的神奇當作了腐朽。即便在允許宗教存在的現在背景下，仍然禁止本土民間宗教的存在，就會斷絕我們文化中的慎終追遠、民德歸厚的民間基礎，驅散我們文化思鄉的鄉戀和鄉魂。無視中國基層社會有眾多本土宗教信仰者的存在，將會造成對中華文明之根的毀滅。面對這種偏頗對本土宗教文化的傷害，安倫先生建議要復興以儒道佛為主體的傳統中華文化體系，並根據國情和現代社會需求吸納人類文明的優秀元素，海納百川、為我所用，對之加以現代化改造和科學規範，重建與時俱進的中華民族精神文化共同體。

　　如何弘揚中華文化，形成特色鮮明的主體意識和核心價值？這裡，安倫先生對中國之"道"情有獨鍾，為此主張以體現中華民族精神要素、具有中國文化至上符號的"道"作為中國人的至上信

仰。他進而系統探討了"道"之思想的深邃、神奇、博大精深,梳
理了源遠流長的中華道統傳承,展示了"道"給世界精神哲學帶來
的啟迪和遐思。其立意高遠,旨在通過闡發"道"之思想而達成對
精神性、超越性、宗教性等人類文明本質要素、基本特徵的透徹瞭
解,凸顯中國文化在其中的重要地位。在中華優秀文化傳統中,認
真發掘、弘揚儒道佛三教的思想精華,完全可以為人類社會文明、
精神文明和生態文明指點迷津、做出貢獻。

　　千里之行始於足下,為了有效建立起人類命運共同體,其倡導
者中華民族自己首先必須建設好中華民族命運共同體及文化共同
體,為之打下堅實的基礎。而中華民族命運共同體的建立又基於中
華民族精神文化體系的建設。在當下的文化重建中,我們應該清醒
地認識到,當代中國人不會僅僅滿足於物質生活的提高,亦會更多
地需要精神生活,嚮往一種提升自我境界的精神文明。中國社會建
立具有自己民族文化特色的精神信仰體系,這才是中華民族和諧穩
定、可持續發展的根本保障。

　　安倫先生的新著還專門論及宗教學的改進發展和中國宗教學研
究體系的改建。他認為,在國際學術舞臺要發出中國好聲音,就必
須走出基於一教之視野的偏執和故步自封,打破西方思維方法的慣
性模式;要搜集並運用中國自身的學術資源,基於中國社會及華人
世界的宗教模式特點,開展田野調研、比較、探討和研究,由此構
建更具真知灼見的本土宗教研究範式,凸顯中國宗教研究的特色和
優長。這些見解都很有價值,其思路完全可以嘗試、推行,在當代
中國宗教學發展中值得借鑒、吸納。在中國社會發展的新時代,宗
教學研究最近已被頂層設計視為代表中國哲學社會科學發展具有支
撐作用的基本學科之一。這種定位來之不易,令人鼓舞。我們應該

以學術的敏銳來把握、跟進，儘快擴大其社會影響，探索出中國特色的研究發展道路。當走過曲折而艱辛的探索道路之後，我們堅信會迎來中國宗教學興盛繁榮的光明前景。

　　是為序

卓新平於京西賓館

2018 年 3 月

導　言

　　自從上世紀八十年代開始被熱議以來，全球化在人們的贊成和反對聲中度過了三十多年，越來越成為人類社會揮之不去的重大現實。無論人們贊成也好，反對也罷，也無論進展順利也好，迂回曲折也罷，全球化都以勢不可擋的總體態勢向前發展，原因就在於全球化並不是一種觀點或主張，而是在科技發展驅動下不可逆轉的人類發展趨勢和歷史進程。德國哲學家雅思貝斯早在六十多年前就指出，"技術使前所未有的交往和通訊變為可能，它造成了全球的統一。人類整體的共同歷史開始了。統一的命運控制著人類整體。……因此全球的政治統一只是一個時間問題。"[1]這可能是對人類發展前景極具遠見的卓識。

　　全球化一詞，至今尚無統一的定義，因此眾說紛紜。在筆者看來，全球化就是人類的共同體化，所謂的地球村就是正在形成的人類共同體。人類社會具有極為複雜和眾多維度的特性，因此正在形成的人類共同體也將具有眾多維度，其中每個維度都可以形成看似獨立的共同體，而每個共同體事實上都以人類共同體為主幹而與其他維度的共同體關聯互動。各種形式的人類經濟共同體、人類政治共同體、人類命運共同體、人類利益共同體、人類責任共同體、人

---

1 卡爾·雅斯貝斯：《歷史的起源與目標》，魏楚雄、俞新天譯，北京：華夏出版社，1989年，第220頁。

類宗教信仰共同體、人類文化共同體等等，都是正在形成的人類共同體的不同維度，其中每一維度共同體的形成不僅影響和促進其他維度共同體的形成，而且將促進人類共同體的整體形成。

迄今為止，對於全球化或人類共同體化的熱議大多集中於經濟、政治、環境、生態等形而下"硬體"領域，而對於宗教信仰、價值倫理、文化文明等"軟體"領域的關注和討論則相對較少。在組織實踐中更是如此：在"硬體"領域，人類已經形成諸如聯合國、WTO、WHO、IMF、紅十字會、綠色和平組織等雖然稚嫩但初具雛形的政治、經濟、生態等共同體；但在"軟體"領域，除了曇花一現的全球倫理運動和效果差強人意的宗教對話之外，尚未形成任何有形的共同體。人類在政治、經濟等功利顯赫的領域形成共同體固然非常重要，但在宗教信仰、價值倫理、文化文明等功利效應較弱的"軟體"領域形成共同體不僅更加重要，而且可能是成功構建人類共同體及其附屬的政治、經濟等維度共同體不可或缺的精神思想主導和隱形基礎。

習近平主張構建的人類命運共同體跨越軟、硬兩大領域，與人類共同體的幾乎所有重要維度都緊密關聯，是人類共同體值得重視的一個獨特維度。如果雅斯貝斯所言不虛，全球化時代"統一的命運控制著人類整體"，那麼無需特意構建，人類命運共同體已經存在，只是命運好壞不定而已。因此，需要特意構建的只能是給人類帶來共同福祉，讓人類能夠共同和平生存發展的命運共同體。這樣的人類命運共同體因為跨越軟、硬領域，與人類共同體的幾乎所有重要維度相互緊密依存，所以其成功構建不可能單獨完成，而在很大程度上依賴於人類其他各重要維度共同體的構建進度，其中既包括政治、經濟、環境、生態等"硬"維度的共同體，也包括精神、信仰、價值、倫理、文化等“軟”維度的共同體，特別是人類文明共同體。

　　全球化時代對於人類來說是大轉變、大整合、大抉擇的時代，其間致命危機與生存機遇並存。人類已經擁有可以自我毀滅逾百次的大規模殺傷性武器，還有強人們在耗鉅資發展尖端武器，積極備戰挑戰；人類已經面臨諸如人工智能和基因技術等各種科技發展失控而被淘汰的危險，人們還在盲目樂觀地高速開發；人類已經瀕臨耗盡地球的各種資源並造成自然生態的全面崩潰，人們還在無節制地繁衍發展，追求不可持續的鋪張浪費生活；人類的文明衝突和政治衝突已經將全人類置於毀滅邊緣，對此有清醒意識和危機感的人竟然寥寥無幾。老子曰：“物壯則老，是謂不道，不道早已。”人類作為地球上產生最晚、存在史最短的物種，以如此高的速度競爭發展壯大，相互之間的政治和文明張力日益繃緊，在大多數現代人看來並非壞事，但從地球萬物中越高級、發展越快的物種滅絕越快的普遍規律來看，則已經面臨“不道早已”的高風險。事實上，人類已經將自己置於多種致命危機混合裝滿的火藥桶上，如不積極採取行動矯正，覆滅可能在相對短暫的時間內發生。因此，人類共同面對的不僅是命運的好壞，更有生死存亡的抉擇。為了有效管控這些風險，避免被自己造成的危機吞噬，爭得共同和平生存發展的命運，人類需要為共同的福祉目標儘早取得共識，並聯合起來共同行動，共同努力。這是人類自我拯救的唯一途徑和希望。為此，人類不僅需要比現在的聯合國更有效的政治共同體及全球治理機制，還需要在其他領域建立能夠協調人類思想行為的共同體，特別是在統禦人類精神、思想和行為的宗教信仰領域。

　　正是出於以上原因和思考，筆者于 2009 年出版了《理性信仰之道——人類宗教共同體》[2]，提議在主導人類思想行為的宗教信仰領域求同存異，構建共同體，從上流源頭帶動和輔助人類共同體的形成。所謂人類宗教共同體，是指"人類為了順應全球化共同生存發展需要而將形成的各宗教、教派和信仰者之間多元通和、和而不同、和合共生的宗教關係機制。"[3]它既不是一種新興宗教，也不是一種將所有宗教合併為一的主張，而是一種旨在消除宗教文明衝突，從精神信仰、價值倫理上聚合全球化人類的宗教間關係機制。

該書出版之前，筆者原是宗教學術圈外人士，對於宗教的認識出於多年來對世界大多數宗教的自學思考、廣泛參與體驗和比較研究。該書出版後不久，就受到國內宗教界和宗教學術界一些上層人士的關注，引發了一定程度的討論和共鳴。特別是中國宗教學界的公認領袖，中國社科院世界宗教研究所所長卓新平教授閱讀該書後主動邀請筆者于2010年年初就人類宗教共同體和宗教發展願景舉行了一次專題對話，達成諸多共識。這次對話的全文發表於《學術月刊》2010年7月號首篇，並作為開篇文章收錄於本論文集。

此後關於人類宗教共同體的討論一度成為國內宗教學界關注的熱點，並受到臺灣學界的關注。例如，已故臺灣中興大學國際政治研究所所長巨克毅教授從海峽彼岸評論道："近兩年來中國大陸宗教學術界討論'人類宗教共同體'，此項議題甚囂塵上，已在大陸許多傳播媒體、學術期刊與出版專書上大肆報導與出現，業已形成當前宗教新思想爭論的主要焦點。"[4]部分資深宗教學者和宗教界

---

2 安倫：《理性信仰之道——人類宗教共同體》，上海：學林出版社，2009年。

3 卓新平、安倫：《世界宗教能否走向"共同體"——關於全球化宗教發展願景的對話》，原載於《學術月刊》2010年7月號，引自第9頁。

4 巨克毅：《宗教共同體與宗教大同的反思》，載於中國社科院世界宗教研究所、中華宗教哲學研究社、山西省海外聯誼會、山西民族宗教文化交流中心聯合舉辦的海峽兩岸《中國文化與宗教大同暨五臺山佛教文化研討會》論文

領袖關於人類宗教共同體的早期論文集以《從宗教和諧到世界和諧》為題於 2011 年出版，此後的相關論文也將陸續結集出版。相信隨著全球化進程的深入，該議題將成為真正的熱門乃至付諸實踐。

　　隨著關於人類宗教共同體的討論深入，筆者于 2012 年年初在《世界宗教研究》刊物上發表題為《宗教共同體的多維度》的論文，指出宗教不止涉及建制結構，而且至少涵蓋人類的信仰、精神、價值、倫理、文化、宗教社會功能等不同維度，其中後幾者可能是宗教更重要的維度。為此，人類宗教共同體可以分解為人類信仰共同體、人類精神共同體、人類價值共同體、人類倫理共同體、人類文化共同體、人類各種宗教功能共同體等等並分別加以構建，以造福人類社會。並指出："人類信仰共同體的構建是事關人類前途命運的生死選擇，而不僅僅是學術理論的探討。"[5]此外，筆者還發表了《人類宗教共同體問題辨析》、《植根于中華文化的宗教共同體》、《冥修通向天人合一的宗教共性》、《人類命運共同體與宗教共同體》等數篇論文，分別探討了與人類宗教共同體有關的深層認識問題、宗教共同體的中華文化根源及其對中國社會的作用、天人合一作為宗教信仰的最高境界及冥修作為宗教修行方式的宗教共性以及人類命運共同體與宗教共同體的關係。這些論文共同構成本文選第一部分"人類宗教共同體"。

　　人類宗教共同體事關人類共同的文明。迄今為止的人類所有文明都是因地域相對隔絕而形成的局部人類共同體文明，這些文明作為這些局部人類共同體文化的最高成就與基本維護系統而發揮作用。全球化時代，科技消除了地域的隔閡，使得全人類生活在地球

集，2012 年 8 月，第 1 頁。
5　安倫：《宗教共同體的多維度》，原載於《世界宗教研究》2012 年第 1 期，
　　總第 133 期，第 3 頁。

村的同一時空之中，相濡以沫，共用人類文明的所有成果，故而局部人類共同體文明必然進化成全部人類共同體文明，局部人類共同體必然進化成全部人類共同體。為了維護全人類共同體的健康運行和發展，人類亟需與之配套的全人類共同體文明。全球化或人類的共同體化必然導致人類共同文化的產生和發展，而人類共同的文化則必然哺育出人類共同體所需的共同文明。我們不妨將這種人類的共同文化稱為人類文化共同體，將人類的共同文明稱為人類文明共同體。

研究證明，人類迄今為止的所有文明都起源於宗教，還沒有發現過任何不具宗教背景的文明。古代文明自不待言，即便是現存文明也莫不如此。例如，西方文明是以基督宗教為背景的文明，印度文明是以印度宗教為背景的文明，阿拉伯文明是以伊斯蘭教為背景的文明，中華文明是以儒道佛三教合一為背景的文明。文明如此，人類各民族文化亦複如此。原因何在？可能在於“把人與動物區分開的是宗教。”[6]有研究者對比了人類和動物的所有思維和行為方式後發現，除宗教之外，人類的所有思維、情感和行為都是動物本能的延續，都可以找到與其他高等動物共同的生物基礎和近似行為，只是程度和表現形式不同而已。宗教之所以能作為唯一的使人類區別於動物的思想行為，推動發展出文化和文明，就在於宗教是人類獨有的對無限未知的嚮往、敬畏、追求及其精神思想和行為。即便這種對未知世界的認識追求最初可能是幼稚錯誤的，還是起到促使人類不斷超越自我，向精神思想的深度和廣度發展，從而造就了文化和文明。[7]鑒於宗教與文化的這種內在關係，霍爾姆認為，沒有宗

---

6 麥克斯・穆勒：《宗教學導論》，陳觀勝、李培茱譯，上海：上海人民出版社，1989年，第10頁。
7 程世平：《文明起源——論廣泛意義上的宗教》，成都：四川人民出版社，

教，各種文化形式便失去效用和依據；沒有文化形式，宗教則被架空。[8]保羅·蒂裡希更認為，宗教是文化的實質，而文化則是宗教的表現形式。[9]而文明作為文化發展進步到一定水準的境界、成就和狀態，也是以宗教為起源與基礎的。因此，人類文明共同體的形成有賴於人類宗教共同體的形成，而構築在人類文明基礎上的人類共同體或人類命運共同體的形成則有賴於人類文明共同體的形成。

正是由於以上原因，提出文明衝突論的亨廷頓將其所謂文明清晰定義為宗教文明。文明的對立面是野蠻，文明是人類脫離野蠻狀態的所有思想、行為和成就的集合。不幸的是，文明衝突就意味著戰爭和毀滅，而戰爭是人類最野蠻的行為，毀滅性的現代化戰爭更是對人類命運最大的威脅。文明衝突論儘管有諸多缺陷但仍然是引用率最高、最受熱議的話題，原因可能就在於文明衝突陰影的真實存在及其揮之不去的致命威脅。全球化已經將人類的命運捆綁在一起，和則俱利，鬥則俱損，人類只有聯合起來構建全人類的文明共同體，才能根除文明衝突，消滅戰爭野蠻，避免人類命運共同體淪為人類厄運共同體。鑒於宗教信仰是人類文明的起源與精神主導，宗教在人類社會有著多種不可替代的重要作用，人類文明共同體的成功構建需要人類首先在宗教信仰領域消除對立衝突，形成共同體。

人類宗教共同體並不意味著一種宗教對其他宗教的征服或宗教多元性的喪失。同理，人類文化共同體、人類文明共同體和人類在其他領域的共同體也不意味著征服或者單一化。全球化已經將人類連結成一個命運休戚與共的整體，這就要求人們放棄排他對立的鬥

1994 年，第 21-41 頁。
8 轉引自卓新平：《全球化的宗教與當代中國》，北京：社會科學文獻出版社，2008 年，第 396 頁。
9 同上。

爭性思想行為模式，以開放的胸襟、包容的態度對待和吸收古往今來人類的一切文化成果，並在此基礎上構建多元共生的共同體。此外，人類各民族國家還應當為人類共同體精神文化體系的構建積極提供各自的精神文化資源，添磚加瓦。就中華民族而言，其傳統文化中的多元通和、和而不同、和合共生理念將是對人類宗教、文化和文明共同體構建所能貢獻的最重要資源。當人類多元宗教、多元文化等等因全球化彙聚一村，不可避免地產生摩擦、碰撞和多元共存的挑戰。多元通和、和而不同、和合共生的理念作為中華民族多元社會數千年實踐證明行之有效的經驗和智慧，能夠有效調和全球化人類的多元關係，化解多元矛盾，促成和維護人類各維度共同體內的多元和諧共存。

在中國現有語境中，宗教共同體的共同體不是問題，且已經成為官方著力提倡的理念，成問題的是對其中的宗教尚不能理解接受。自新文化運動至文化革命，我國社會的“知識精英們”以否定掃除宗教和傳統文化為己任，通過一系列運動最終將宗教和傳統文化幾乎消滅殆盡。經過幾代人的固化，宗教已經天經地義地成為封建迷信、鴉片、反科學等負面詞彙的同義詞，至今仍高度敏感，尚未被我國主流社會理解接受。不可否認，宗教在下層確實有大量迷信、不科學的成分和表現，就如人類早期在其他領域的情況一樣。但普遍被人忽視的事實是人類歷史上絕大多數大思想家都對宗教問題做過深入思考，人類最精深智慧的思想幾乎都出自於這些宗教性的思考，宗教孕育了哲學和科學，其頂層思想代表了人類精神思維的最高成就。我國社會對宗教的誤解、鄙視、敵視及對宗教各種重大社會功能的忽視，其實只是以偏概全、結論在前、思想僵化和人文通識教育缺位的結果。一旦對宗教的認識問題解決了，對人類宗教共同體的肯定和認同就不再是問題。

　　早在十九世紀，一些激進的思想家就斷言宗教只不過是人類早期幼稚或精神失常的產物，隨著社會發展必將消亡。進入二十世紀，一些著名社會學者如彼得‧伯格等進一步預言，隨著世俗化時代的到來，宗教消亡在即。然而，儘管有這些兇險預言伴隨二十世紀一些國家消滅宗教的實際行動，宗教不僅沒有消亡，而且現有宗教信徒的比例仍高達世界人口的近 85%。如果改變以建制性宗教歸屬為標準的偏頗統計方法，宗教信仰者的世界人口實際比例可能還要高得多，足以證實伊利亞德"宗教是人類學常數"的名言。這使得彼得‧伯格後來不得不謙卑地公開撰文承認其預言完全錯誤。當時在位的江澤民總書記走得更遠，認為"宗教的存在有著深刻的社會歷史根源，將會長期存在並發生作用"，"宗教走向最終消亡可能比階級、國家的消亡還要久遠。"[10]

　　宗教為何有如此強韌的生命力？宗教究竟是人類社會的贅瘤還是有用的資源？宗教在現代社會有何潛在作用？中華文化與中國宗教是何關係？如何發揮宗教的作用以造福社會？如何處理以儒道佛三教為主體的中華文化與馬克思主義的關係以應對國情需求？為了回答和闡明以上問題，筆者先後發表了多篇論文，現收錄其中十篇作為本論文集的第二部分"宗教在現代社會的潛在作用"。

　　上述論文大多旨在闡明宗教的多種社會功能及其在解決現代社會諸多重大問題中的潛在作用。由於百年以來對以儒道佛為主體的中華傳統文化和宗教信仰體系的破壞，信仰缺失、精神空虛、道德淪喪、社會和諧穩定缺乏內在支撐已經成為困擾國人的重大社會痼

---

10 江澤民：《在全國宗教工作會議上的講話》，2001 年，載《江澤民文選》第三卷，北京：人民出版社，2006 年。

疾。面對習近平的民族復興中國夢、治党治國新政和一帶一路、構建人類命運共同體的宏圖大業，民族文化的失落、軟實力的缺乏和腐敗難以根治則更凸顯為實現以上目標的重大障礙。要從根源上化解上述問題，只能從博大精深的中華傳統文化中尋找資源。這就迫使人們不得不重新認識以儒道佛為主體的中華文化的宗教性及其功能作用，從思想理論上協調其與馬克思主義的差異矛盾，通過"弘揚中華文化，建設中華民族共有的精神家園"以治癒上述社會痼疾。

本文選第三部分題為"宗教及宗教學的改進發展取向"，主要選錄了筆者過去幾年參加宗教學界和各大宗教的學術會議並經正式發表的有關論文，內容涉及對宗教和宗教學現有誤區的認識以及如何改進發展的思考，探討以中華傳統文化的"道"為至上信仰主體重建中華民族精神信仰體系的可能。

受各種"西方中心論"宗教觀的主導，我國學界和社會對宗教的認識高度混亂，從中國無宗教論到宗教替代論，從宗教鴉片論到宗教市場論，從全面否定宗教的戰鬥無神論到盲目肯定宗教的基要信仰主義，各種理論五花八門，但卻連宗教和神究竟如何恰當定義都未曾認真思考。在偏頗的西方宗教觀影響下，我國社會還形成對本土宗教的許多認識誤區。例如，將不具西方宗教外在形式的本土宗教認定為封建迷信而非宗教，將原本是重大社會資源的宗教當成敵人，將以儒道佛三教為主體的中華文化當作腐朽勢力破除消滅，致使中華民族喪失了安身立命之本、民族精神之魂。中華民族的復興必然以中華文化的復興為前提和基礎，而以儒道佛為主體的中華文化與中國宗教天然一體，無法截然拆分。因此，重新認識和定位宗教對中華民族的復興至關重要。

在學術領域，將以西方基督宗教為範式的宗教學應用於中國本土宗教研究，不僅未能獲得真知灼見，反而導致認識混亂，扭曲了對本土宗教的認識。本土宗教是所謂“彌漫性”宗教，在教義、教規、儀式、建制、信徒、神俗關係等各方面都不符合西方宗教的標準。強行以後者範式研究、判斷和“規範”前者，不僅造成認識混亂，名實不符，而且導致按西方模式改造本土宗教、損害本土宗教的原本優點和生存空間、無視大多數信仰者的存在、誤導宗教政策等弊端。目前通行的以單一宗教分科的方法還違背了比較宗教學的基本原則，體制性培養不懂宗教的宗教學者。為此，筆者認為應該樹立“中華宗教”的整體概念和更加普世客觀的研究體系，將儒道佛等本土宗教放在此整體概念和體系下，結合中國社會與之緊密關聯的各領域加以研究。

　　筆者主張重新審視認識宗教及其積極社會功能，並非提倡對宗教不加辨別地一概肯定，而是主張在理性客觀研究評估的基礎上，充分發揮宗教的積極功能以造福人類社會，同時對宗教的消極因素加以抑制，對其不利於人類生存發展的因素加以改革。宗教具有善惡兩面性，既有造福人類社會的諸多功能和巨大能量，也曾給人類社會帶來諸多禍患。因此，人類社會為了自身福祉，有必要對宗教加以調控和改革。現代社會中，人們或者因盲目迷信宗教教條，或者因缺乏宗教知識，或者為了“政治正確”不敢挑戰和糾正宗教的過時教條等有害因素，將其視為禁區加以遷就，致使宗教極端、排他、對立等勢力仍能公然危害社會，危及人類的生存和未來。須知宗教信仰中只有神是神聖的，宗教的教義、教規、儀式、組織等所有 4C 外在形式只是因為其環繞神而被認為神聖，其本身並不神聖。宗教中一切以人類語言表達的，體現為人類行為的，都是人為的，凡是人為的都是可以為了人類福祉而改良發展的。

　　筆者最深厚的關切是中華民族精神文化體系的重建。與人類所有其他民族相同，國人也需要精神生活與精神文明，中國社會也需要精神信仰體系以維護其和諧穩定，以重建其文明。中華民族傳統的精神文化體系於上世紀被人為摧毀之後，中國喪失了人類正常社會賴以安身立命的基礎。那些以"中國人沒有宗教信仰"為傲的人可能因不知"把人與動物區分開的是宗教"而將中國人標榜為人類社會唯一沒有宗教信仰的另類，其實是在自我貶低。中華民族精神文化體系應當如何重建？筆者認為應該是在以儒道佛為主體的傳統中華文化基礎上，依據現代社會的需要和國情加以現代化改良而成的民族精神文化共同體。為了凝聚全民族，這個共同體可以將中國社會古往今來共同尊崇的道作為至上信仰。為此，筆者分別對中國五大宗教提出的發展建議與此取向一致，且獲得各宗教諸多領袖的認同。其實，深感重建中華民族精神文化共同體必要性的何止學界、教界和民間，胡錦濤前總書記"弘揚中華文化，建設中華民族共有的精神家園"的號召豈不就是與上述建議基本相同的主張，中華民族共有的精神家園與中華民族精神文化共同體不過是同一概念的不同表達。既然朝野有識之士已就此逐漸形成共識，其付諸實施將只是時間問題。精神文明的曙光終將照亮中華民族。

第一部分：人類宗教共同體

關於人類宗教共同體的對話[1]

　　卓新平（以下簡稱卓）：今天是虎年的正月十四，明天十五過後新年節慶就基本上結束了。非常高興能有機會在新年節慶時期跟安先生進行交流。我想我們今天就圍繞著"人類宗教共同體"的話題以漫談的形式進行對話。

　　我拜讀了安先生的《理性信仰之道》這部著作，應該說收益非常之大。總體印象就是您對宗教和人類的發展有極為樂觀的審視，這是非常難能可貴的，因為現在人們談論起宗教的時候，尤其是在中國這個社會文化氛圍中，一般來講，從相對悲觀和低調的口吻來談的比較多，樂觀和積極的探討剛剛開始有一些，但還是鳳毛麟角。所以，我看到安先生這部著作有這樣一種精神，應該說很受感染。當然，從您的字裡行間可以看出，一方面呢，是充滿對未來發展的樂觀的憧憬，但另一方面，我也感覺到可能浪漫主義色彩要大於現實主義色彩。當然，首先要有浪漫主義的精神，隨後才能促成現實方面的實現。從這個意義上來講，我個人是應該向您學習的。但是，如果要真正實現這樣一個在您書中所說的宗教發展的願景的話，我覺得難度還是非常之大，現在最多是處於一個起步的階段，涉及的問題很多，要解決的問題也很多。

---

1 本文原載於《學術月刊》2010 年 7 月號，總第 494 期。發表時編輯將本文標題改為《世界宗教能否走向"共同體"——關於全球化宗教發展願景的對話》，並有刪減修改。

　　您的文章我拜讀之後，我感覺跟以往的相關印象有非常大的反差。就是說，在分析中國的宗教狀況的時候，一般來講很多中國的知識份子，包括今天社會上的很多人會認為，中國不是一個宗教情感很強的民族，中國的宗教意識也不像其他國家那麼突顯，中國從來就沒有類似於國教這樣的大一統的宗教。從這個意義上講，一般人會認為中國會離宗教更遠，但是您的書中反而認為這有利於宗教共同體的構建。我對這個思路蠻感興趣，這是很新奇的思路，給人一種柳暗花明的感覺。您也分析了一些有關理由，我想如果順著這個思路探討的話，可能要從幾個層面來進行具體的分析和研究。第一個層面，對於宗教究竟是什麼要有一個共識。尤其是在中國的文化思想語境中，對於宗教究竟是什麼分歧是非常之大的，到今天還在爭論不休。沒有在宗教認知上獲得一種相對的共識，那麼宗教共同體的構建就缺乏理論的支撐。

　　再一個就是對於宗教所涉及到的基本問題，比如對人的問題：人是什麼，人為什麼存在，人從何而來，往何而去。還有對宇宙的認知，宇宙是什麼，宇宙存在的意義何在，宗教信仰的意義何在，用您的話說就是"終極神聖"在宇宙觀中的表述，超越宇宙之外還有什麼存在，宇宙是精神還是物質的、是分離的還是統一的、是一元的還是二元的。再就是宗教意義的問題，包括人自身的意義，世界的意義，宗教存在的意義，都應加以探討。

　　最後是在中國被人們所非常強調的，而恰恰在這個層面上的分歧也是非常大的，即宗教的社會作用和社會功能是什麼，如何評價它的社會存在，宗教處於一個什麼社會位置。如果我們要構建一個宗教共同體的話，首先要對這些問題進行探討和梳理。我非常想聽聽安先生的一些基本思考，這之後我們可以再討論宗教共同體的可行性和具體如何操作的問題。這可以算是談話的一個引子吧，讓我們把具體的問題和涉及的層面都擺出來，再加以探討。

安倫（以下簡稱安）：卓所長的研究所是國內宗教學界的最高權威，非常高興有機會與您就全球化的宗教和宗教共同體問題對話交流，聆聽您的高見。

關於宗教的認識問題和宗教共同體，我做了很多年的獨立閱讀和思考。您提到的我那本書是在 2007 到 2008 年間寫成的，輾轉到 2009 年初先在美國出版，後半年又在中國出版。因為我不是宗教學科班出身，在這本書出版之前，對宗教的研究完全靠自己閱讀和思考，獨立于傳統宗教學系統之外。這樣的壞處是缺乏與學界的直接交流，好處是沒有受體制思維框架的束縛影響。有趣的是，我最近不止一次仔細拜讀了您的《全球化的宗教與當代中國》一書，發現您書中的大部分關於宗教問題的觀點都與我獨立研究體悟出的觀點一致或接近，只不過您的分析論證更加深入透徹，更加廣泛全面，讀來讓人深受啟發。您書中的觀點 90%以上我不僅完全接受，並且有由衷的共鳴。我的看法是，您的許多分析和論證如果再往前稍微引申發展，勢必走向宗教共同體的理念。例如，您書中多次論及普世宗教的建立、宗教多元通和、和合共生，對約翰・希克多元論的認同，中華文化的佛道儒三教合一傳統等等。因此，與您的直接溝通對話非常有意義。

您剛才講到要構建宗教共同體，首先應當厘清對於宗教及其相關的基本問題的認識，我非常贊同。您書中講到必須先解決對宗教怎麼看的問題，然後才能解決好對宗教怎麼辦的問題，這可以說是至理名言。怎麼看的問題在當今中國處於比較混亂的狀態。改革開放以前宗教在中國被當作一種敵對勢力，是被妖魔化和邊緣化的，特別是在文革時期是被消滅的對象。雖然改革開放以來宗教逐漸恢復起來，但人們對宗教的認識正在經歷一個過渡轉變的混亂階段。在這個階段，視宗教為敵的慣性思維與宗教是社會和諧力量的新觀點魚龍混雜，復興中華文化的呼聲與新文化運動以來對中華傳統文化全盤否定的態度清濁交匯，宗教在民間的蓬勃發展與中國無宗教論相映成趣。由於宗教在我國仍舊沿襲了邊緣化的地位，關於宗教話題的研究和發表都非常敏感，社會關注度很低，學界和整個社會都缺乏針對宗教社會問題從全球化高度跨宗教跨學科的深入研究，造成社會對宗教，特別是中國宗教的許多重大問題都處於概念混亂、認識不清的狀況。這些在您的書中有深入透徹的分析。只有經過深入探討和論證，解決對宗教怎麼看的問題，才能看清宗教共同體究竟僅僅是一種理想還是一種歷史趨勢。所以，我們的對話從討論對宗教怎麼看開始，是一個很好的開端。

卓：對於怎麼看待宗教，實際上有兩個基本的看法，由此形成了很大的反差和分歧。比如說，談到宗教，西方宗教學者如伊利亞德等很多學者都認為宗教是"人類學的常數"。宗教與人的基本屬性、人的社會特點有密切的關聯。就是說，只要有人就必然有宗教，宗教是人類生活發展的一種"常態"。這是國際宗教學術界比較有共識的看法。

安：我非常贊同這種觀點。我寫那本書的時候還沒有讀過伊利亞德，也沒有聽說過國際學界的這種共識，但我書中的觀點是，宗教是人類社會無時不在、無處不在的存在，既不能被消滅，也沒有任何辦法令其不存在。這似乎並不僅僅是一種巧合。我認為，中國宗教信仰缺失的狀況不是人類常態的自然例外，而是由於文革等一系列運動人為造成的例外。既然是人為造成的例外，當人為因素減弱之後，必然會走向回歸，重新恢復到人類正常的本然狀態。現在能看到一種趨勢，就是改革開放以後，原來已經被徹底消滅的宗教不僅死灰復燃，而且發展的勢頭相當旺盛，可以說方興未艾。如果不能樹立對宗教的正確認識，如果沒有妥善的方法應對宗教的快速發展，宗教問題就會越來越嚴重，政治和社會就會非常被動。

　　卓：這是您對中國宗教問題的理解和分析，其實這方面的問題還是很大的。中國社會輿論中既有把宗教視為"常態"的看法，也有將宗教看作"問題"的見解。前一個方面的看法基本是國際上的共識，而後一個方面的見解則主要是中國的特點。中國到今天為止尚未完全贊成國際上這種幾乎已成為共識的說法，並不把宗教看作是"人類學的常數"。在中國社會上比較有影響的觀點是，宗教是在歷史過程中產生，也會在歷史過程中消亡，宗教並不一定必然跟某個民族、某種文化的發展緊密地聯繫在一起。這種觀點在 20 世紀初的中國思想界就有，如蔡元培、胡適等人在"新文化"運動開始的時候對中國傳統宗教和外國宗教都抱有相對否定的態度，這種態度影響到中國社會，尤其是中國社會的知識群體對宗教的認知。如果能把宗教作為一種"常態"來看，就不會出現大驚小怪、對宗教發展表示擔憂，就會順其自然。現在不是這樣，許多人把宗教的發展看作社會中不太理想，甚至不太正常的趨勢，順著這個思路就不會對宗教的發展持認可認同的態度。這一點從今天社會上對宗教的相關認知和舉措方面可以看得很清楚。

　　中國對宗教的認知問題是沒有根本解決的，尤其是中國很多知識份子強調中國社會文化的"非宗教性"。一般在文化和宗教的關係上，很多宗教學的學者都認為它們之間密切關聯，而很多其他學者卻認為宗教不一定是文化中的必不可少的重要組成部分，不一定是其理想的、應該積極推動的構建。只是到　"十七大"後胡錦濤總書記最近的有些發言，才開始正面肯定宗教對推動社會發展的積極作用，承認宗教教義中有積極因素，以前對之基本上不是否定就是持懷疑的態度。因此我們在宗教認知上還有很大的反差，這種反差直接或間接影響到今天中國宗教的發展及其未來走向。這是一個我們必須面對的現實問題，在中國的宗教理解上這個問題繞不過去。

　　今天我們應當從深層次反思，中國民族究竟是否有世界上其他民族所具有的體現"人類學常數"的宗教性，中國文化、尤其是傳統文化中宗教的比重、宗教的含量究竟有多少，中華民族對宗教的認知和體悟跟世界其他民族有哪些相同和哪些不同，這些問題都還沒有得到系統的說明和解決。所以，我們從今天中國的宗教理解來看，包括您說的那些觀念和我書中所說的一些觀點，應該說仍然屬於極少數人的觀點。這樣就與國際文化背景中的宗教認知顯然有一個強大的反差，這就是您書中或我書中提到的境外動不動就會用宗教的問題來指責和批評我們的原因及相關環境。顯然，這裡涉及到有一個不同的對宗教認知和對宗教評價的語境問題。所以，我覺得首先需要解決這個語境問題。如果沒有一個共同的語境，那麼宗教共同體的構建可能就會比較虛，很難形成一個大家共同努力的氛圍。在這方面因為分歧太大，所以我不知道應該如何去推動今天的中國社會公眾、尤其是知識階層達成共識，特別是我們的主流意識形態在宗教認知方面應該有怎樣的積極拓展，但這種共識和拓展是非常重要的。

其實，正如在我這本書上講到的，在信仰問題上，很多中國人強調我們中華民族是有信仰的，但一些人認為這不一定是宗教信仰，而是有其他的信仰。這樣的話就提供了在認識和理解信仰上一個新的思路。從另一個角度來講，很多人把信仰單一化，故而認為宗教信仰勢必會跟其他信仰比如政治信仰等等相矛盾、相衝突。那麼，在這種情況下，如果有國外背景的宗教在中國傳播，其傳播過程中就會有宗教滲透、意識形態方面的張力等問題。對這些問題歸根結底地都涉及到對宗教的基本認知，我們還沒有解決這類問題。

我們具體來看今天中國的社會發展，應該說，改革開放三十年，對宗教在社會寬容度方面已經有了很大的進步，但是在宗教認知方面，並沒有發生質的突破。從積極意義上談宗教的本質，這只是我們學術圈子中談到的共識，而且僅僅是少部分知識份子的共識，在中國社會中還沒有達成共識。能否達成共識呢，現在仍然還是一個問號。所以，我個人覺得要有兩個方面的努力，一個是在宗教本身建設性的發展方面，其發展成效能使今天的中國社會產生什麼樣的宗教形象，這可能會影響到中國人對宗教在中國這個社會環境中存在的認知；另一個就是社會對宗教究竟應該持一個什麼樣的更為理想、更加寬容的態度，使宗教有一個正常的、公平的社會生存環境。從這兩個方面來看，我個人認為目前都還存在不少的問題。

安：您講到學界從民國初年開始由於蔡元培、胡適等著名學者和新文化運動的影響產生了認為中國人沒有宗教信仰，中國人缺乏宗教意識和情感，中國人在宗教信仰上是人類常態的例外這樣的認識，並且這種認識在很大程度上今天仍然主導影響著中國社會對宗教的認識。我認為這是一種偏頗和浮淺的認識，立足于對中國傳統文化和宗教的錯誤認識和定性。從中國傳統來講，儒道佛是宗教是兩千年來中國社會始終的共識。傳統中華文化說到底就是以儒道佛為主體的多元文化。如果作為中華文化主幹的儒道佛是宗教，那麼兩千年來普遍信仰這些宗教的中華民族就毫無疑問是有信仰的民族，與世界所有其他民族相同。儒道佛是宗教不僅是我們先人的共識，而且是現代國際學界的普遍共識。目前道佛是宗教已經基本取得共識，唯獨對儒是否宗教尚有較大爭議。我注意到國內一些近代著名學者如任繼愈等也反復論證了儒是宗教的觀點，只是由於宗教的邊緣化處境，這一觀點還沒有被中國學界和社會廣泛接受。中國人不能沒有自己的根和魂，如果能夠讓整個社會認清儒道佛就是傳統中華文化的主體，就是宗教，就是中國人的根和魂，對宗教怎麼看和怎麼辦的問題就不難解決了。

　　中國非宗教論認識誤區的產生起因於清末民初知識份子對民族危機、社會動盪的過度反應。當時在西方列強的衝擊下，國勢衰微，知識份子受到強烈震驚而驚慌失措，盲目全盤接受西方中心論的激進觀點，產生了西方一切都好，中國傳統文化全都是糟粕的過激偏頗思潮。這原本也是一種本能反應，但後果是造成了新文化運動對傳統中華文化的全盤否定和妄自菲薄，把皇權專制造成的落後腐朽錯誤歸罪於中華文化。中國沒有宗教的論調，就是在這種畏洋崇洋背景下潛意識把西方基督教等看作宗教的唯一形式，並據此狹隘定義了宗教之後造成的。如果這種狹隘定義成立，不僅儒道佛不是宗教，就連印度宗教等世界主要宗教也不是宗教，世界上可以稱為宗教的寥寥無幾。這就好像僅以白種人的特徵制定人的定義標準，然後拿這套定義標準去衡量不符合這套定義的其他人種，結論是其他人種都不是人。中國的傳統文化中是有糟粕，是有保守和需要突破的地方，但它也富含博大精深的文化精華，不能全盤否定。新文化運動否定的不僅是宗教，而且是整個傳統中華文化。至於說中國文化與宗教的關係，其實傳統中華文化就是以儒道佛宗教為主體的文化，中國宗教和中華文化本來就是一體的。在此意義上，中國傳統文化本質上就是宗教文化。中華民族現在已經到了正本清源，尋根追魂，重新認識和復興中華文化的時代了。

　　造成對宗教認識誤區的另一個原因是，提出這一觀點的學者，如梁啟超、蔡元培、胡適等人，都不是專業研究宗教的，對宗教瞭解很少。中國人有一種迷信傾向：某人一旦成為著名學者權威，就會被認為無所不知，是一切學術專業的權威。梁啟超等人不專業從事宗教研究，不可能對宗教有深入的瞭解。由於他們在學界重大的影響力，他們對宗教輕率地做出的錯誤定性和論斷，成為其後我國知識界關於宗教的定論傳承下去。這些思想後來又受到無神論和視宗教為敵態度的強化，就形成了現代宗教認識的誤區。說穿了，這種宗教認識偏差的基礎是對宗教的無知。沒有對宗教到底是什麼，宗教與人類存在的關係，宗教有什麼社會功能等問題做出深入透徹的研究認識，只是憑亂世中形成的對宗教淺薄混亂的認識去處理宗教問題，效果一定是南轅北轍。

　　宗教是人對宇宙、自然和超自然的探索體悟和敬畏，並不一定要限於某一種認識體悟、某一種崇拜形式或某一種組織形式才是宗教。宗教不應是迷信，而應是智慧覺悟。所以很難把宗教與哲學思想等對自然和超自然的探索認知截然區分開來。事實上，人類早期的哲學和科學都是包含在宗教中的。如果我們認真研究各大宗教的原始教義創始人如老子、孔子、釋迦牟尼，很難分清他們的學說到底是哲學思想還是宗教教義。所以，我認為宗教的定義應該寬泛到足以容納現實世界中存在的各種不同形式的宗教現象和對自然和超自然的探索感悟，才能避免認識的誤區和盲區，也才能避免很多無謂的爭論。這樣看來，關於儒是家還是教，道是家還是教，佛是宗教還是哲學等爭論都立足於對宗教的狹隘定義，從老子、孔子和釋迦牟尼的角度來看都應當是偽命題。如果能夠恰如其分地定義宗教，那麼中國不僅有宗教，而且宗教是有史以來一直主導中國人意識形態的存在，只不過與西方宗教的表現形式不同。中華民族事實上完全符合"宗教是人類學常數"的論斷，而絕不是人類的唯一例外。中國人普遍的宗教稟賦還可以從改革開放以來宗教死灰復燃，迅猛發展的現狀和勢頭中觀察到。如果中國人傳統就沒有宗教，沒有宗教的稟賦、意識和情感，根本不需要宗教，那麼怎樣解釋宗教在仍處於社會邊緣化狀況下還能有這麼迅猛的自然發展?!

您剛才講到當代中國人的信仰觀，漢語裡的"信仰"是一個很有意思的詞，既有"信"，還有"仰"。被信仰的對象必須具有超越性和神聖性才值得以敬畏仰望的態度去相信，而具有神聖性和超越性的只有神或超自然，因此"信仰"應該是宗教的專門用語。世俗的事物，如某個人、某種思想、某種主義、某種事物、某種文化都不具有神聖性和超越性，"信仰"這些世俗事物是對信仰這個詞的誤用或濫用。對於世俗事物，"相信"、"信念"或者"堅信"可能才是適當的用詞。信仰這個詞從"新文化"運動以來在中國社會中被長期濫用，造成了宗教和世俗的概念混淆，維持了社會對宗教的錯誤認識，還造成了很多實質性的危害。例如，對人的信仰造成了把人當成神的個人崇拜和狂熱，對思想或主義的信仰造成了把思想或主義當成宗教，對財富的信仰造成了寡廉鮮恥的拜金主義等等。經驗證明，凡是把世俗事物當成信仰對象的很少不給社會帶來嚴重的負面後果。因此，要樹立對宗教的正確認識，重要的一環是端正對"信仰"的認識和運用，分清神聖和世俗。

至於宗教是人類社會的階段性現象，會隨著人類認識提高而消亡的觀點，不僅被當代國際學界普遍否定，而且被人類迄今為止的所有歷史否定。連江澤民前總書記都認識到宗教長期存在的必然，認為宗教的生命力將會長於政黨和國家。

卓：這就涉及到對宗教意義的認知問題，其實它是兩個層面的。在中國社會上有些人，包括您剛才提到的一些思想家從許多宗教現象中看到了一種"泛宗教化"的趨勢。而另一方面，我們剛才講到對於蔡元培、胡適等人的批評，則認為他們的態度是一種"非宗教化"或者"去宗教化"的趨勢。這二者之間有很大的張力，這種張力在中國今天的社會還沒有根本解決，就是說宗教的意義問題還沒有解決。對此學術界應該是當仁不讓地做很多工作，能夠儘量達成一種相對的共識，但任務很艱巨。

再一個就涉及到宗教理解當中最為核心的問題，就是對神聖的理解問題。您知道中國現在關於有神無神的爭論是非常尖銳的，這也是非常關鍵而且繞不過去的一個問題。對於神聖的理解，您剛才談到了，就是在意識上把包括相對的事物或具體的人理解為一種神靈來崇拜，因此出現一些錯誤。那麼，有沒有一種超越具體的事物、具體的宗教領袖、或者具有"超凡魅力"（CHARISMA）之人的"終極神聖"或"終極實在"，這個也是在理論探討上有分歧的。這個分歧實際上就是關於有神和無神的爭論。您剛才所說的，很多命題是假命題，其實在有神無神的爭論的時候也出現了很多假命題，就是因為沒有解決爭論中的核心問題。所談的這個"神"究竟是有還是無，核心在於對"神"是怎麼理解的，雙方使用這個詞所指的究竟是什麼。在這個方面如果不展開一些溝通和對話的話，去討論其"有"或者"無"就是假命題，就可能各說各話，談的根本就不是同一回事。現在恰恰是在理解"神"之所指的內涵、語義這樣的對話方面沒有很多開展或進展，而是在論戰層面滿足於"有"或者"無"的爭議、衝突，甚至主要是意識形態、價值論上的衝突。其實，在論述"神"之存在上，涉及到多個方面的理解，如亞里斯多德關於"形而上"之"道"的有無問題，如果有此"道"即關涉"道"是否獨立存在，其"形之上"與"形之下"的"器"有何種關係，以及"道"有無"人格性"即"主體性"的問題。就是對於如中國宗教傳統中的"多神"或"人格神"的"超自然"、"超人間"性也不能過於簡單地理解，如中國民間的"關公"崇拜就包含有對"忠義"等價值觀念的昇華和"神化"，其雖為人格形象，卻有超人格的寓意，而對其崇敬也不只是"功利"性的，乃有著更為理想、更加崇高的蘊涵。

這個問題從宗教哲學意義上來講是值得探討的。這種探討其實在西方宗教學發展過程中也有過。比如您談到的希克，他對"終極實在"或"終極神聖"有一種超越性的理解，不同的文化、不同的宗教對這個"終極實在"或"終極神聖"的理解和解釋上就有他的文化傳統，有他的語言，有他的認知模式，以此來將之稱為上帝、神、安拉、梵、道等等不同的"神名"，其所形成的這些理解或解釋都是相對的，但是各自的共同目標是朝向其所認為存在的"終極實在"或"終極神聖"。

安：我覺得希克的理論是合理的。我注意到您對他的觀點也比較認同。從邏輯上講，希克的終極實在（不過我個人不太喜歡"實在"這個詞，因為把難以認知的超自然稱為"實在"，令普通人困惑，所以我的書裡用"終極神聖"而不是"終極實在"），從宗教信仰者角度來看是令人信服的。宗教信仰者必然相信他們信仰的終極神聖，無論是上帝、安拉、雅赫維、道還是梵，是真實存在的，並且相信各自宗教的終極神聖，無論是人格的還是非人格的，是宇宙的唯一主宰；否則他們的信仰就是虛假的。宇宙是唯一的，因此從邏輯上講，宇宙的唯一主宰就是同一的。這個推理必然導致各宗教信仰的是同一的終極神聖，或諸神同一的結論。

這就為各宗教相互包容、和合共生在信仰對象上提供了共同基礎。從現實意義上講，這種共識的好處就是在全球化地球村時代為人類消除宗教對立衝突，和平共處、共同生存發展提供了宗教認識的理論基礎。如果沒有這樣一個共識基礎，要想調和各個宗教之間的關係，讓大家放棄排他對立、不共戴天的態度是較難的。希克的理論把各宗教和各種世界觀都看作對同一終極實在的不同回應，還為無神論者留下了對自然和超自然認識和解釋的空間，為您剛才提到的解決有神和無神爭論提供了關於神的理解餘地。有神論和無神論的辯論持續了幾百年，還是沒有結果。如果沒有新的思路，繼續照老樣子辯論下去，永遠也不會辯出結果。

在西方，人們對希克的觀點有很多誤解和批評。對他反對呼聲最高的就是宗教原教旨主義者們。他的理論讓所有的宗教處於平等地位，這些人肯定是難以接受的。其次就是一些宗教學者，但他們在很大程度上先從無神論角度先把他的觀點歪曲誤解，然後再對曲解了的觀點提出批判意見。儘管如此，從世界上絕大多數普通信仰者角度來看，特別是從中國人的角度來看，希克的觀點是合理並容易接受的。

卓：對於有信仰的人來講，希克的觀點使他們達成一種信仰的共識，應該說不失為一條可行之路，對這種解釋我持同意的意見。但問題是在我們中國社會，對有沒有存在這種"終極實在"或者"終極神聖"，而且這個"終極神聖"是否對宇宙起著支配主宰的作用，這是有很大分歧的。對於宗教信仰人群中的問題，在其之外的人群看來就是個假命題。所以這樣的話呢，就形成了在理論上也是一個沒有解決的問題。其實，包括很多的科學家也進行了一系列的探討，比如愛因斯坦，他也從他的宇宙宗教觀中談到，他對"終極神聖"是從宇宙規律等等方面加以解釋的，宇宙的和諧、有序、規律在他看來就是"神性"的體現。這是他讓宗教信仰之外的人理解神聖及宗教的一種方式，從中也可以讓人悟出宗教思維的一些特點。

當人們作無神論的表述的時候，往往是人對自我能力、自我見解的一種肯定，是基於一種"自信"來推而廣之，從而採取的是靠自我來"掌握"世界這樣一種態度。而有神論卻往往是對"未知"的一種敬畏和嚮往，靠宗教來對未知世界加以一種信仰的"掌握"，所以角度是不同的。這個問題不可能在短期內真正得到解決，但是處理的方式方法是不是可以有所改變，也就是從以前的論戰式的、爭論式的，到一種分析式的、討論式的探討。就像您剛才說的，對於爭論不清的事情，一個堅持有，一個堅持無，這樣爭論下去毫無意義。如果能對於人類信仰的特點和思維方式，以及人類認識世界的方式加以客觀、認真的分析，那麼有神論和無神論就可以從對話的角度來進行探討、有所溝通。我最近聽了中科院院長路甬祥先生的報告，他說過，到目前為止，人類已經能夠認知的這個宇宙世界的物質層面僅僅占其總量的 4%，也就是說還有 96%沒有被人類所認知。應該說，對於尚沒有被認知的這 96%的物質世界，人們不可能去隨心任意地斷言，而只能是要麼抱著一種敬畏的心情，要麼抱著探討的態度。

安：我認為這就是宗教存在的基礎。宗教其實是對未知的宇宙超然力量的探索、體悟和敬畏。在對於 96%的宇宙物質世界都還沒有認知的狀況下，人們頂多有各自的觀點，但據此斷定自己已經無所不知，絕對正確，人定勝天，是難以有說服力的。關於"神"的事，人是不可能完全認知的。如果"神"既不能被完全認知，也不可能用證據來證明或證偽，有神無神就是個無意義的辯論。

從另一條進路來看，既然這場辯論永遠不會有結果，那麼對社會最有益的研究是怎樣妥善解決處理絕大多數人的問題。根據中外許多信仰狀況調查報告的結果推斷，世界上真正的無神論者低於世界人口的 5%，就是說世界上有 90%以上的人有宗教信仰或者以某種方式相信有神存在。學界不可能面面俱到，解決所有人的問題和人所有的問題。研究解決占人類 90%以上有神論者的問題遠比與極少數無神論者達成共識更重要，何況達成共識的可能性很低。此外，占人類 90%以上的人並不需要等他們與極少數的無神論者達成共識後才能正當地保持他們的信仰，學界和社會也未必要等到有神論者和無神論者取得一致意見後才能去面對和解決世界上絕大多數人的問題。

　　卓：我覺得需要摒棄以前那種非此即彼的完全排斥性的方式，而是用建設性的、進步性的對話方式，探討一些人類思索的基本問題，宗教有關的基本問題。這樣去營造一些對宗教理解的良好氛圍，這在目前的中國社會我認為是很缺失的。

　　安：我想強調的是，雖然讓所有的學者都接受有神論的諸神同一的觀點是困難的，但是讓大多數中國普通百姓接受卻很容易。這點我自己做過很多測試，反復得到證實。普通百姓大多數是有神論者，不會去做學術或教義上的探討，不會把問題搞到像學者那樣複雜，也不會鑽到牛角尖裡。這種觀念只要能被大多數人接受，能被大多數人付諸實踐，構建宗教共同體的基礎就具備了。現實世界中多數事情並不需要等取得完全共識以後再去實踐，被多數人接受，在實踐中證明成功才更重要。

　　卓：我們前面談的兩個問題是關於宗教本身的意義的問題。那麼，再回到您提出的宗教共同體構想。德國社會學家滕尼斯曾提出過"共同體—社會"之說，他旨在以此說明人類從田園牧歌般的"共同體"到錯綜複雜的"社會"之發展演變，並指望靠這種"共同體"的理念或理想來指導、引領"社會"的重建，即以更開闊的視野、更寬闊的胸襟來在"社會"中重建"共同體"。這裡說到了"共同體"所蘊含的社會開放性、普遍性問題，而您所說的宗教共同體也就涉及到比如史密斯等學者談到的普世宗教的問題。宗教共同體實際上是順著宗教普世性這個思路來的。"普世性"這個表述在今天的中國社會也是個非常敏感的話語，例如前陣子我們聽到對於"普世價值"觀的批判。這是因為在這種批判看來，所謂的"普世"的觀點其實是某一種思想、某一種具體的文化形態想要取得普世的地位,從而進行擴張、滲透,這樣就在文化之間形成了排拒。所以說,"共同體"這類構想實際上就涉及到究竟有沒有普世性的宗教,什麼是普世性的宗教這種問題;應該說,現在討論起來難度非常之大。從理論上來講呢,有些人的確想要構建一種超越各種宗教的宗教,也就是形成一種普世性的宗教。實際上,到目前為止,這還只是一種願望,或者一種願景,並沒有現實中的可操作性。為什麼呢?我們舉個可能不太恰當的例子,在人類開始相互交流時,曾經希望有一種共同的語言來供大家溝通使用,但《聖經》中修建巴別塔時人類口音被變亂的典故說明了這一想法的破滅。在現代人類有了更多的接觸和交流後,有些學者就開始想要形成一種世界語,而且這個"世界語"通過一些實驗努力的確是被造出來了;本來,如柴門霍夫創制的"世界語"(Esperanto,意指"懷著希望的人")是指望能代替地方語言的,但是這個世界語事實上還是沒有能夠流行開來,現在仍然只是個別學者研究的領域,而真正通行的還是英語等一些大的語種。當然,我們漢語將來能不能通行世界,則還要看今後發展的趨勢。

　　那麼,談到普世宗教的問題,西方文化主體論就會說,這種普世的宗教即宗教共同體已經存在了,就是以基督教的形式來推行,因為基督教的人數已經占到了世界的三分之一甚至更多。這樣,就形成了對新的宗教共同體構建的排拒。這也就涉及到其外部氛圍有無可能性的問題。不過,如果把基督教作為宗教共同體的原型或標本,實際上則仍是把較狹隘的宗教集團當成了"共同體",其唯我獨尊、排除異己只會帶來危害。必須承認,基督教在中國社會雖然是一種邊緣的、少數的存在,但是在整個世界上其發展還是非常張揚的，而且它的勢力是無孔不入，影響非常之大。在這種情況下，宗教共同體作為各種宗教的綜合體或其整合，就有如何面對強勢宗教的問題。如果我們關起門來僅在中國談宗教共同體就好辦，但您現在的思路是走向世界；若從全球的景觀來看，這就不可能回避各大宗教如何處理宗教共同體這樣一個關鍵問題。應該說，迄今仍還沒有成功的例子。基督教也是分分合合，而且可能是分得最厲害的，但其分了之後還是要合，這一過程尚未結束。

在現實當中，宗教共同體在世界宗教歷史的構建方面，不知道安先生有什麼具體的想法，能夠應對目前各大宗教各有一定的影響範圍、各佔有一定的地盤這樣的情況。這個宗教共同體是實際性的還是聯誼性的？它是不是一種思想觀念，即比較虛的東西？您在寫這本書之前是博覽群書，看了很多東西，做了很多分析，但在談到宗教共同體的時候，我總感覺到您的發揮展開得不是很多，感到您總是把它作為一種理想的願景擺出來。我是說，如果同意您的觀點、使之得以積極促成的話，則要面對一些現實問題，這些問題是繞不過去的。那麼，您有些什麼基本的考慮？對於這些，我非常想聽聽安先生的意見。

安：要回答您這個問題，首先需要對宗教共同體有一個適當的界定，否則會引起不必要的混亂或誤解。宗教共同體既不是單憑想像創建的一種新興宗教，也不是由現有宗教合併而成的單一宗教，而應當是人類順應全球化趨勢為了共同生存發展而必將形成的各宗教信眾和教派多元通合、和而不同、和合共生的信仰機制。它要求各宗教放棄對立排他的因素，但不要求各宗教放棄各自的特色和身份。從全球視域看，共同體的主要作用是消除宗教對立、衝突和戰爭，避免毀滅，維護人類共同的和平生存發展，提供地球村人類共同的核心價值和倫理體系。就此而論，它是遠比宗教對話更有效、更可行的進路。從中國視域看，共同體的主要作用是復興和弘揚中華文化、重建民族核心價值和道德體系、維護社會和諧穩定、提供民族凝聚力、解決日益嚴重的宗教問題。這些都是任何單一宗教或其他社會力量不能提供，也不能替代的。

您提到宗教共同體現在處於起步階段，還有很長的路要走，我贊同。在起步階段，最重要的是讓宗教共同體的理念和作用被社會廣泛認識和逐漸接受，而不具備實施的條件，所以我的書中談理念和作用多，談實施少。在我看來，如何實現宗教共同體的理念和歷史使命是最重要的，至於共同體的組織建構只要有利於以上目的實現的都可以探討或嘗試，包括但不限於政府立法指導、監控和支持下的宗教或民間自發機制、協調機構、聯誼、聯盟、緊密組織、鬆散配合等等。應當留下足夠的空間和伸縮餘地以便容納和包容各種宗教派別和信眾以不同的形式匯合融入。當然，這只是個人的一些初步想法。由於牽涉到各宗教教派內部、各宗教之間關係、信眾的意願和偏好、宗教與政治、宗教與社會等各種複雜因素，宗教共同體的組織形式不是任何人、任何組織事先可以硬性規定的，有待學者和宗教界共同探討論證，更有待在實踐發展中逐步演進和完善。應當指出，宗教共同體最重要的是對信仰對象、信仰目標、信仰理念、核心價值觀和倫理道德規範的認同，而不像政治共同體或經濟共同體那樣牽涉到世俗權力和利益的劃分，所以並不一定需要強大的權力和組織機構，也不一定要拘泥於某種特定的組織形式。

您剛才講的世界語基本上是撇開現有語言人為製造的語言，所以很難取代現有語言得到推廣。宗教共同體不是人為製造的一種宗教，而是有其傳統來源、現實基礎和自然雛形的。從性質、來源、基礎到可行性和必然性，二者都有本質的差別。

中國從唐代開始實行的儒道佛三教合一，多元包容，其實就是一種初級形式的宗教共同體。受此傳統影響，中國大多數民眾接受的宗教信仰就是一種宗教共同體信仰。中國沒有建制性的強勢主導宗教，因此很少有對其他宗教的排斥張力，有的卻是超強的民族融合力和宗教包容力。此外，中國現有五大宗教在政府的指導下已形成協調行動的格局，也構成共同體普世宗教在中國興起的優越條件。因此，宗教共同體不像世界語那樣是一種人為的憑空構建，其可行性已經在中國歷史實踐中得到證實。從共同體的可行性來講，西方許多國家都有強勢的主導宗教和排他傳統，如果直接推行宗教共同體理念都會遭到排拒。因此，史密斯、漢斯·昆等人都主張過普世宗教理念，但是再往下就走不通了，原因是在西方的語境裡普世宗教的理念很難得到回應。如果中國能首先實現宗教共同體，繼而將其推廣傳播到全世界，則不僅有優越的條件和可行性，還能有助於西方社會突破阻力。

回到有沒有普世宗教的問題，我的回應是"有"，但不是基督教或任何單一宗教，而是真正意義的宗教共同體。如您所說，遭到質疑的"普世價值"或"普世宗教"其實是某一種思想、某一種宗教力求取得普世霸權的主張。這種所謂普世宗教不能包容人類所有宗教信仰，因此遭到質疑和抵制是必然的。宗教共同體以最開闊的胸襟包容吸納人類所有精神信仰，對所有宗教和信眾開放，是真正意義上的普世宗教，能夠提供真正的普世價值。如您指出，宗教共同體作為普世宗教的形式在目前只是一種願景，但人類作為自然界中唯一有理想、有長遠目標、有超越現狀規劃能力的生物，應當認清自己的長遠利益所在，並以此規劃自己的目標願景，調控自己的行為，才有可能逐步加以實現。

　　至於宗教共同體如何在國際上強勢宗教的排他張力中走向世界，如何應對處理與強勢宗教的關係，我的建議是避開爭議、衝突和阻力，走快捷方式。正如您指出的，宗教共同體在中國好辦，那麼我們就先在中國辦。等在中國成功發展了，就會借助中國大國的國勢和影響力輻射傳播到世界。進入世界的主要形式，可能不是通過與各宗教談判辯論取得認同（當然如果能取得各宗教教派認同更好），而是直接爭取信眾的認同和參與。如果能夠獲得世界廣大民眾的接受和認同，如果能發展到足夠多的信眾，宗教共同體就會逐漸取代現有宗教格局，成為世界上新型的信仰模式。現代宗教的興衰不是靠辯論和對抗取勝，而是看事實上信眾人數的多寡。根據多種調查資料，近年來，西方許多傳統基督教強勢國家，如英國、德國、澳大利亞、斯堪的納維亞各國，去教堂的人數大幅下降到不足人口的 20%，甚至更低，但有宗教信仰或有神論者仍占人口的 90%以上。這些不再去教堂的有神論者不僅削弱了宗教排他勢力，而且構成宗教共同體沒有競爭的天然受眾群體。宗教共同體包含了所有宗教的精華，更符合信仰真理，更有利於人類共同生存發展，與科學和理性相輔相成，適合現代人的知識結構和認識水準，被越來越多的現代人和未來人接受是必然趨勢。等到宗教共同體的理念深入人心，信眾人數和影響力足夠龐大，現有的宗教教派可能就會更傾向於加入宗教共同體活動。即便有頑固不化的保守勢力，到那時已是勢單力孤，不足以抗衡世界潮流。何況食古不化者最終也會因生死規律自然退出歷史舞臺。

卓：對於這個設想，您有您的獨特見解，我感覺到它是反映了人在意識認同上的務實精神。我們可以分析一下人類發展歷史的一個奇特的現象，就是在"分"與"合"之間走過來的。其實從更多人的嚮往來看，還是嚮往走"合"這條路。我們最近談"全球化"、"一個世界"等等，無論東方文化還是西方文化都有這樣的一個傳統，比如共同體這樣的一種表述，在宗教文化中也是這樣。例如，歐洲共同體實際上是反映了歐洲的統一。歐洲歷史上在古羅馬時期和中世紀是有過統一的，尤其是天主教會的統一非常明顯，後來由於政治、民族等問題使歐洲分成很多小的國家，但今天隨著歐盟的建立，歐洲共同體的統一意識則在不斷地增強。由此我們可以看到歐洲歷史從古代的"合"到近代的"分"、再到當代的"合"這樣一個過程，反映出這樣一種發展的趨勢。這個趨勢對宗教的存在及發展也形成了一個非常大的挑戰。應該說，在遠古或者中世紀的"合"的時期主要是一種宗教的存在，而在近代的發展中就出現了多元，尤其是隨著工業革命和移民的問題，各種宗教相互交織，形成一個你中有我、我中有你的局面。在今天這樣一種多元發展態勢當中，歐洲雖然在政治、經濟方面又在努力走向統一，但在社會文化、意識形態方面還是多元的，彼此差異猶存的狀況凸顯，它想統一但是很難真正統得起來。所以它讓人們看到了其本身有很多不成熟的情況。

回過頭來看中國，中國從秦始皇統一中國以來"大一統"、"大中華"的觀念也是很強的，中國的文化特色即"群體"意識就可以作為一種例證。中國的宗教也一直是走"合"的道路。合的概念更多是融合、包容、寬容和吸納，不過分強調自己個性的彰顯，這一點和西方的宗教特點不完全一樣。這就是為什麼會有佛中有道、道中有儒，儒釋道宋明理學通吃這樣一種狀況。其奧秘就是它不強調彰顯、突出自己的個性，而是更注重吸納、包容、共構，所以我們中國文化中常用到“圓融”這個詞，就是能夠把更多的東西整合起來，達到不同而同的“玄同”。對於形成宗教共同體這麼一個理念，我認為是依于我們文化思想上的一種積澱，使我們認識到有這麼一種可能性。

安：不錯。如果合是人心所向，大勢所趨，那麼宗教共同體的實現就有良好的基礎。特別是您談到的中國人傳統的大一統思想，歷史上中國宗教一直走合的道路，中華民族有圓融、融合、包容、寬容和吸納的特別優勢，儒道佛相互融合共生的傳統實踐，這些都是有利於宗教共同體在中國首先實現的優越條件。其實，對於大多數中國人來說，從理念上接受認同宗教共同體並不困難，宗教共同體從信眾基礎、信仰理念、民族包容性、宗教阻力、社會需求等各方面來看都具有充分的可行性。共同體可行性的真正關鍵在於政界能否建立對宗教的深入正確認識。如您所說，這方面還有很長的路要走。

卓：中國的宗教和政治有密切的聯繫，因為我們知道中國的政教關係和西方其他國家包括阿拉伯世界都是完全不一樣的，在我們這個政教關係中，政治是處於主導地位的，所以實際上是政治上的作為促成了宗教的整合和發展。從這個意義上講，共同體就不一定是宗教內部的自發性行為，而是有政治上的引導、社會上的扶持，由此所形成的一種發展態勢。

　　安：一個偉大宗教的興旺發展，總是和政治有緊密的相互配合的關係。不僅在中國是這樣，在其他文明也是這樣。例如佛教的興起和發展是靠阿育王的支持，基督教的興起和發展是靠君士坦丁皇帝的支持，二者在很大程度上都是靠著執政者的扶植和支持而得以興旺。當然，阿育王和君士坦丁皇帝也靠了佛教和基督教的興起而成就了他們在人類歷史上的偉大地位。宗教共同體在中國現有的政治格局下也會保持這種政主教從的關係，宗教配合政治實現社會穩定和諧，同時受到政治的扶植和支持。我很難設想沒有中國執政者的認同、支持和扶植，宗教共同體會有任何作為。

　　卓：現在需要解決的中國的問題是，如何看待政教之間的關係。宗教如何發展，是整合，還是分化？按照西方人的態度，宗教是它自己的事情，政治是不加干涉的。但在中國這種情況下，政治應不應該作為？應該怎樣作為？這些都是值得我們思考的。再一個較為獨特的問題則是，在歷史上國外一些國家在政教關係的處理上，執政者自身是有某種宗教信仰的，在中國歷史上也有類似情況。但在今天中國這種情況下，要促使共同體的實現，至少執政者會宣稱自己是沒有宗教信仰的。這就涉及到政治和宗教的主體地位的問題，就是誰來實現宗教共同體，誰來推動這個事情的發展，推動者自身是一種什麼樣的情況，而且他的意願或者他的想法如何對其成敗與否就是很關鍵的。這就涉及到一個述與作、言與行的問題。比如說，我們書呆子在一起談論宗教共同體是可以的，而政界對於這個問題怎麼看，怎麼想，以及怎麼辦，則確實很關鍵。所以，我們在討論對話時就會發現，物質層面的對話是最容易的，思想層面的對話是最複雜的，而政治層面的對話則是最關鍵的。不把最關鍵的問題解決好，其他一切都難以開展。

　　安：宗教共同體在中國能否實行，關鍵確實在於執政者的認識和態度。一旦執政者認識到宗教共同體對社會治理的各種巨大潛能和利益，認識到宗教是友而不是敵，是維護政權和社會穩定的有力工具，願意積極推行和支持，宗教共同體的可行性問題就解決了。政教關係又涉及到剛才我們談到的對於宗教怎麼認識的問題。我認為，在中國當前的社會背景下，關鍵在於建立對宗教積極社會功能的認識，確立一種政教分離又相互支持、政教分工又相互配合的和諧關係。應當明確分清政治與宗教各自的專屬領域和界限，把政治經濟等物質和“現世”世界明確界定為政治的專屬領域，把精神和“彼岸”世界明確界定為宗教的分工領域，讓宗教名正言順地專注於精神領域，充分發揮其強大潛能，通過教化民眾從善、提升維護社會道德、提供價值體系和精神依託、從事公益慈善服務、維護社會穩定和諧、促進民族團結等社會服務，配合輔助政治治理需要，政教才能相得益彰，政教關係才能真正和諧。

　　為了在我國確立政教和諧關係，關鍵在於如何解決馬克思主義和宗教的矛盾對立。我注意到最近有一種傾向是從馬克思主義宗教觀的中國化和現代化的角度去尋求對宗教認識問題的突破，但是我認為這是一條相對來說困難和阻力都非常大的進路，必須有超常的突破才能解決問題。其實，馬克思主義與宗教的衝突問題本來就是不存在的，並不需要絞盡腦汁去破解它。二者的對立衝突起源於對二者的錯誤認識和概念混淆，就是我們剛才講的信仰錯位問題。把馬克思主義也當成一種宗教來信仰是造成它和宗教看似競爭對立的根源。馬克思既然認為“宗教是人民的鴉片”，就絕對不可能自己創造出一種學說作為鴉片來取代宗教這個鴉片。把馬克思主義當成宗教信仰是馬克思無論如何也不可能同意的。因此馬克思主義不是一種宗教，更不是一種宗教信仰，它只是一種關於物質和現世世界的政治經濟思想理論，是一種政治主張。宗教所涉及的是完全不同的精神和彼岸世界的領域，與馬克思主義處於完全不同的維度和層面，關注的是不同的問題，並沒有與馬克思主義競爭衝突的必然領域。如果把這個問題研究認識透徹，就會發現，宗教和馬克思主義並不是競爭對立者，兩者之間完全可以建立相互配合的關係。馬克思主義可以繼續保持它的政治意識形態的主導地位，宗教可以向社會提供精神、價值、道德和慈善等層面的服務，二者可以相互配合實現社會的和諧與穩定。這樣就會很容易地走出當前意識形態的困境。

在這個基本認識問題解決的前提下，政界才能進一步解決復興中華儒道佛文化與馬克思主義主導地位的矛盾，解決抵禦西方普世價值侵入的問題，解決對宗教實施壅堵還是疏導策略等一系列棘手的宗教問題，才能真正認識和發揮宗教造福社會的各種潛力，也才能積極支持宗教共同體的構建。至於共同體的構建、運作和發展，我認為應該由宗教界和民間來完成，政府的功能應當是監控、指導和積極扶持，這樣才有利於形成合理互動的模式。中國的執政者沒有宗教信仰，主要障礙可能有兩個：一是我們前面所說的把馬克思主義當作與宗教競爭對立的宗教信仰，二是沒有認識到中華傳統文化就是以儒道佛為主體的宗教文化。如果把這兩個問題都認識清了，情況可能會有很大改觀。

卓：這要看社會輿論接受不接受，現在實際上談到一個比較現實的問題。因為很多人仍在批評宗教的發展會給現實政治方面帶來不利或負面的影響，現在還在講有些人是不信馬列信宗教，把馬列主義和宗教二者在信仰領域中對立起來。

安：這就是把馬克思主義當作宗教信仰帶來的後果。

卓：但是現在強調馬列主義是一種信仰的這種說法的力量還是很大的。我也接受它不是宗教信仰。如果它是一種信仰的話，也是本質有別的多層信仰之中的一種政治信仰，跟人類其他方面的信仰是不矛盾的。

安：我主張恢復它政治思想或信念的本來面貌，稱它是信仰容易把它混同於宗教。

卓：現在就涉及到如何理解馬克思主義中國化以及怎麼去實踐的問題。這個問題處理得好，直接影響到對宗教的看法和處理，處理得不好就很容易形成一種很大的張力，所以這是政教關係需要解決的一個大的問題。

安：所以我主張學界和社會加強對這個問題的關注和研究認識。馬克思主義和宗教不是相互敵對的力量、二者處於不同的層面而且可以相互配合，宗教可以在維護社會穩定和良好運轉中發揮重大作用，這些其實並不難以認識和理解，只是社會以往對這些問題的關注和客觀研究太少，使得認識含糊，概念混亂。

卓：所以，在什麼是信念、什麼是信仰、什麼是主義、什麼是主張上，有些人強調馬列主義是一種信念而不是信仰。但是在這兩者之間，信念跟信仰也是有關聯的，在這當中如何把層次分清楚還有大量的工作要做。對於宗教共同體的可行性來講，這也是一個繞不過去的問題。具體來看呢，就是教與教之間的關係，這從中國的角度來說也是值得關注的。我們現有中國特色的五大宗教，實際上各個宗教都已經形成了共同體，雖然它們仍非常脆弱，或者說只是形式上的一體。必須承認，中國當今五大宗教各自的共同體之所以得以建立，也是受中國的政治和社會體制的影響非常之大，在"大一統"的環境中形成了這樣一種模式。這種模式在各大宗教還行，還能夠運作下去，因為它們包括了一些具體的宗教傳承和有一些具體的辦事機構。可以說，目前的五大宗教本身所具有的這樣一些團體能夠影響到宗教共同體形成的基礎。但問題是，如何把這些基礎共同構建成"一"，即我們仍面臨著從"五"到"一"這個過渡的問題，應如何過渡，以什麼形式過渡，隨之又以哪種態勢在世界舞臺上亮相？對於這些問題，我不知道您想過沒有，因為我們現在主要是以五大宗教共構的宗教和平委員會這種形式來在世界舞臺上亮相。但這只是一個臨時的、隨意的，並不是一個常設性的機構。比如說，我們剛才談到的政治上有聯合國的方式，這是一種共同體，經濟上有 WTO，這也是共同體，那麼宗教共同體的發展是不是有這種模式呢？如果有這種模式則應該怎麼去操作呢？它的構建是如何的？您在書中從理想層面談的比較多，深深打動了我；但後面還應該做什麼，如何去做，這個是我非常想知道的。

安：您說得對，我的那本書重點是闡述共同體的理念和功能，並沒有把具體如何實行作為重點。有兩個原因：第一是前面講到的，由於各種因素錯綜複雜，共同體以什麼形式實行最好，要靠實踐中的探討、演進和完善來定，沒有人能事先硬性規定。第二是宗教共同體的理念剛提出來，還沒有取得社會的認同就大談如何實行，容易觸及敏感線，也容易淪為空談。何況宗教共同體這樣重大的問題，也不是一人一書能全面探討到位的。我的原意是拋磚引玉，引出學界和社會深入探討的玉。

您對共同體實施操作方面的關注，倒是促使我做更多的思考。我想人為解構現有的五大宗教或者由五過渡到一可能沒有必要，五大宗教可以保留現有建制以各宗教的身份參加宗教共同體活動，各宗教的信眾、團契、家庭教會等也可以像目前沒有宗教歸屬的有神論者一樣分別直接加入宗教共同體新型組織活動。有信仰行為但無宗教歸屬者占中國人口的大多數，將來可能成為宗教共同體的主要構成來源。宗教共同體不是單一的宗教，也不要求各宗教放棄它們獨特的身份和特色。宗教共同體的主要目的是讓各宗教相互包容、彼此互不排斥，可以和而不同、和合共生，在行使社會功能時彼此能夠協調行動。我國現有的五大宗教在政府的協調指導下在很大程度上實際已經形成了宗教共同體的雛形，具備了宗教共同體協調行動的態勢。在宗教共同體時代，五大宗教應當擺脫政治化傾向，成為靠信仰力量吸引信眾的真正的宗教組織，並且應當對其他宗教和現代化變革持開明、開放、包容、合作的態度。

為了協調宗教共同體內部管理和運作、代表中國宗教界在世界舞臺亮相、負責與政府管理部門協調、接受政府指導和監控，某種形式的以民主方式產生的地方性和全國性的宗教共同體常設管理協調機構是必要的。具體形式顯然只能由信眾間、宗教間、宗教與政治間、宗教與社會間互動演進決定。

　　卓：我想從這麼幾個方面來回應：第一，理想跟現實之間是有一定差距的。您談到人類的發展是走向"合"的方向，但是現在採取了各種方式還是"合"不了。因為每個民族、每個文化都要尋根，都要守住自己的傳統，在這種情況下"合"就遇到很大的張力。今天我們看政治上的共同體聯合國已經建立了，經濟上的共同體 WTO 也已經建立了，但是政治上的紛爭依然，經濟上的摩擦愈演愈烈。這種共同體有存在的必要，但是這種存在不一定能夠反映人類向"合"的趨勢，至少現在還不敢斷言。多元化的存在或許是這個世界存在的方式之一，而且在一些人看來或許是更好的存在方式。從人類歷史上看，從來就沒有單純的"合"，所以我不太相信終有一天人類都統一在一起，這種情況可以說是一種理想。

　　其次，宗教共同體的構建在學術上是沒有問題的，可以發揮學術的想像力。在這種情況下，學者可以充分展示自己思想的深度和對未來理想的想像力，並對人們所嚮往的這些方面進行一些理性化構建，對這樣一種發展態勢加以探討。

　　第三，則是宗教共同體存在的方式問題。現在五大宗教的共同活動實際上是政治行為，政治行為是在政府的支持下實現的。五大宗教自己會不會獨立地去共同活動？一旦沒有中國政府的政治性的支持的話，我感覺可能會很難繼續下去。在政治的支持下維持現有的狀況，按照您說的這不是願景，而是現實，也就是說現在的五大宗教已經是共同體了，沒有必要去構建了，今後這方面的工作更多的是協調。這個我覺得就會把您提出來的這些問題變成假問題。這樣就等於說，你願景的東西實際上就是一些現實存在的東西，是古已有之的，從唐朝以後就已經是這樣了。這些現實存在其實是在政治力量影響下的一種社會整合行動，這個社會整合行動的許多方面不是直接關係到宗教方面的，實際上是一種社會活動的方式，而這種方式在中國國情中當然也可以理解。但是，我原來對宗教共同體的理解是想得更多了一些，我是想在五大宗教基礎之上是不是有一種類似於 WTO 或者聯合國這種象徵性的機構，許多問題肯定不可能由這樣的機構來解決。在這種機構的構建中，會不會有什麼部門出面來整合、主導或者說定位？這是一種政治的定位，還是一種學術的定位或者是一種宗教的定位？現在政府很多活動就是通過民族宗教委員會的方式來開展的，這個委員會你說它很虛也的確是很虛，但如果說它實那麼的確也比較實，因為它的確能夠做一些事情，甚至開展一些影響很大的活動。宗教共同體是不是也像民族宗教委員會這樣的機構在功能上有一種整合，但這樣其政治色彩就會更濃一些。如果在社會層面上能有這樣一種比較鬆軟的建構，在宗教活動方面能有一些相互理解和彼此呼應，那麼不同宗教之間如果出現一些紛爭的話，它就能夠進行一些相應的協調和適當的處理。所以，我想到的是宗教共同體會不會有這個層面的發展，不至於太虛太空。當然，我講的是未來發展的一種可能性，而不是說現在就有的宗教整合。

安：您的話讓我深思。我想，從"分合"關係來看，全球化其實就是人類走向共同體化——"合"的過程。我們作為身居其中的人，在我們生存的短暫時間裡可能感覺不到這種融合的強烈趨勢，但如果從以現在為中心往前和往後都放寬幾千年的時間跨度來看，人類走向合的趨勢就非常明顯。儘管在融合的總趨勢下會發生很多分裂，但全球化勢必把人類推向融合，其中分裂是插曲或雜音，融合才是主調。例如，讓人們很容易形成宗教分裂是趨勢這一錯覺的，是大量宗教分裂體或新興宗教的勃發。但如果放在較長時間段來觀察，就會發現它們絕大多數是短命的。我同意多樣化是事物存在的一種基本形式，但人類走向融合並不是對事物多樣化的否定；多樣化並不等於分裂，而可能採取和而不同的共生形式。您提到，人類已經有了聯合國等形式的政治共同體，有了 WTO 等形式的經濟共同體等等。雖然這些共同體面臨種種挑戰，但從長遠視角看，各種類型的人類共同體只可能越來越加強和緊密化，人類走向融合的趨勢也只能越來越明顯。我很難想像人類會解散這些共同體，退回到雞犬聲相聞，老死不相往來的狀態。另外，我也很難想像當人類在政治、經濟以及各個領域都實現共同體後，唯獨宗教仍舊維持相互之間水火不容的關係。因此，我認為宗教和政治、經濟等一樣走向共同體是人類生存發展的必然演進趨勢，而不只是一種選擇。人類如果不想被宗教衝突和戰爭毀滅，就必須形成能讓人類和合共生的某種形式的宗教共同體。此外，雖然各民族都有堅守自己傳統、本土化的張力，但宗教共同體是唯一非單一傳統，並且海納百川，包容所有傳統的文明，所以對這種張力具有天然的免疫力。從長遠視角看，堅守傳統和本土化的張力勢必也會被淹沒在全球化人類趨同的大潮中。

談到學術的構建，我認為宗教共同體是歷史發展的必然，而不僅僅是一種理想化的構建。有四方面的因素使宗教共同體在中國首先實現成為大概率事件。第一，前面講過，全球化其實就是人類走向共同體的進程。全球化迫使人類各宗教必須放棄對立排他，形成某種和平共處、和合共生的機制，這個機制就是某種形式的宗教共同體，否則人類就只能在宗教衝突戰爭中走向毀滅。融入地球村的人類不可能在狹小的空間內維持水火不相容的信仰和價值體系而能夠長期和平共存。中國作為唯一有條件首先實現宗教共同體的世界大國，成為這種人類和合共生機制的創導者是順理成章的。第二，傳統中華文化其實就是以儒道佛三教為主體的文化，撇開儒道佛，就無所謂中華文化。從唐代以來儒道佛就實現了三教合一，這實際上就是當時條件下的宗教共同體雛形。經歷了文化革命等運動對傳統中華文化的毀滅，中國人砍斷了自己的根，失去了自己的魂，喪失了自己的身份。這種狀況不可能持久，中國人復興中華文化、尋根追魂是不可避免的必然事件。中華文化的復興不可能是單獨對儒道佛其中之一的復興，也不可能是復古，而將是在全球化背景下復興儒道佛共同體的精華，並在此基礎上發揚包容融合優勢進一步吸收融合基督宗教、伊斯蘭教、印度宗教等所有世界文明的精華而成。在此意義上，復興中華文化就是復興宗教共同體文化。如果復興中華文化是歷史必然，復興發展宗教共同體就也是歷史必然。第三，宗教信仰是“人類學的常數”，中國人也不例外，在經歷了數十年人為造成的信仰缺失後勢必會向“人類學常數”回歸。中國人根深蒂固的包容融合傾向和對中華傳統文化的依戀決定了大多數中國人在向宗教信仰回歸時不會走向單一宗教排他主義的道路。對大多數中國人來說，海納百川的宗教共同體是比單一宗教排他主義更合理、更符合傳統、更有吸引力的信仰形式。信仰的回歸必然造成宗教共同體在中國興起。第四，中國人顯著的功利主義特色還構成宗教共同體在中國實現的另一重要因素。中國的執政者也是中國人，不可避免地也有強烈的功利主義和實用主義的傾向。如果宗教共同體能夠最有效地維護政權和社會的穩定、解決各種難以解決的社會問題、提供民族共同的核心價值和倫理規範、凝聚全民族人心、從精神信仰上維繫對龐大民族的治理，並且有利無弊，那麼執政者長期置若罔聞，或者知道了卻拒不採用是不可能的。從這四個方面看，宗教共同體在中國興起幾乎是必然的，而未必只是一種學術界理想化的願景。

我同意中國五大宗教目前的協調行動是政治支持和指導下的行為，離開政治的影響也許難以為繼。但如您書中分析，在中國社會裡宗教絕不可能獨立於政治而存在，總是和政治保持政主教從的密切互動關係才能生存發展。這種既分離分工又相互配合的互動關係在宗教共同體階段將得到雙方內在動力驅動的加強。宗教共同體將有意識地通過發揮其積極社會功能成為政治治理和社會和諧穩定的重要支柱，執政者由於認識到共同體維護政治和社會穩定的關鍵作用將給與積極扶持，所以宗教共同體不僅不會喪失政治的支持，而且應該能夠獲得政治更強有力的支持。另外，宗教共同體成員的主要來源是目前沒有歸屬的宗教信仰者和各宗教信眾的直接參與，而未必是現有的五大宗教，所以會有很強的直接整合協調能力。因此，無論從政治支持還是自身整合能力來看，宗教共同體都應當比現有五大宗教格局有更強的凝聚和協調能力。

我說五大宗教現有的狀況已經具備共同體的雛形，是指宗教共同體在中國已經有基礎，並不是說這就是理想的宗教共同體。五大宗教的現有狀況是傳統融合理念和中國政治雙重作用下的被動產物，缺乏對共同信仰目標、共同價值倫理、各宗教榮辱與共等方面的自覺認識，也沒有從全球化人類生存發展的高度看待處理宗教間關係的主動意識，形式上也有待發展和改進。但是比起世界其他國家宗教間水火不容的狀況是很大的進步，並且為實現高級形式的宗教共同體提供了自然過渡到位的基礎。宗教共同體有多種可能的實現形式，五大宗教的現有狀況可以稱為共同體的一種初級形式。

宗教共同體的整合、主導和定位，我認為應當由政府和宗教界分工合作來完成，其中政府可以通過立法界定共同體的分工領域和社會定位，通過宏觀指導、監督來規範共同體的宗教活動，宗教界可以通過某種民主方式產生共同體的地方和全國性機構，實施自我管理、整合和運作。根據中國的傳統和國情，政府很可能會維持類似宗教管理委員會的各級機構，與各級宗教共同體機構對接協調，行使宏觀的指導、監管和支持職能。對於中國社會來說，這些模式和條件基本具備，稍加調整變動就可運作，不需要激進的變革。

我認為宗教共同體未必需要拘泥於某一種形式或某一種緊密度。譬如，一種鬆散的組合形式是各宗教仍舊作為獨立的宗教存在，但同時意識到本教只是多元中的一元，是精神信仰的一種進路，與其他宗教具有同等的地位，不僅能包容融合其他宗教，對其他宗教開放互動，而且能通過如聯誼組織等各種形式積極與其他宗教協調配合活動。一種緊密的組合形式是嘗試建立一種新型的公共信仰場所，對所有各宗教及其信徒和大眾完全開放，開設各種宗教的講經說道、儀式、靈修課程和實踐，供信眾自由選擇參與。如果考慮發展的話，可以把這樣的新型宗教信仰場所構建成日常開放的社區高雅文化中心，滿足民眾的多種精神和文化需求。新場所中氛圍應親切友好，參與者彼此待若兄弟姊妹，活動應豐富多彩，對民眾具有真正的吸引力。可以舉辦的項目如靈修班、宗教經典講習班、音樂會、音樂講座、音樂班、美術展覽、美術講座、美術培訓、藝術沙龍、文學沙龍、心理諮詢班、氣功班、瑜伽班等等。傳統宗教場所因為種種原因缺乏對信眾的吸引力，如傳統佛教和道教是出世或離世宗教，缺乏傳教佈道意識和與信眾的互動；基督教和天主教的教堂主要用於主日禮拜，形式單調，缺乏日常的互動和參與感。如果能建立這樣每日對公眾開放的社區高雅宗教文化場所，不僅能給精神空虛、情感失落的民眾提供精神和高雅文化娛樂的日常歸宿，提高他們的修養和情操，而且可以通過潛移默化實現對信眾的道德教化。如果運營得當，這種新興的宗教文化場所會吸引大量的人參與，使得宗教共同體迅猛發展。中國社會中大多數人是沒有歸屬的宗教信仰者，存在巨大的對正信信仰的精神和文化需求，是宗教共同體在中國成功發展的主要社會基礎。宗教就是這樣一回事，信眾多了，影響就大了。宗教共同體如果能在中國發展成為信眾人數眾多的信仰模式，對於世界信仰格局的影響力將是不言而喻的。

卓：您描述的這種情況啊充滿憧憬、富有激情。應該說，從現實社會中也可以找到一些與之相似之處，因此說理想與現實之間仍有其連接點。例如，至少有三個方面的現象可以供您參考。第一個方面，您談的這個實踐實際上是與宗教文化活動相關，包括具有宗教內容的文化娛樂這樣的中心。在今天社會發展當中，您會看見企業家出面在這方面帶來了很大的發展，而且這個發展既有涉及單一宗教的，也有整合多種宗教的。我們在中國社會中就可以看到，歷史上曾有儒釋道合為一個廟的，同一寺廟中會供有不同宗教的多神；在今天的現實當中我們也會看到在一些宗教文化場所（不是宗教禮拜場所）中把各種宗教的文化因素充分發揮，使不同宗教的造型彙聚在一起。有些企業家在開發文化產業時更傾向於多宗教、跨宗教的共聚，以文化形式而不是純宗教形式將佛教、道教、基督教、伊斯蘭教，甚至印度教、苯教等多種元素相拼合，在共同的宗教文化活動中來展示其異彩紛呈。當然，它不僅有您剛才所說的文化、娛樂形式，而且還有拉動旅遊這麼一個效果。這是在現實中可以觀察到的一種方式。

第二個方面就是多宗教的聯合禮拜，不同宗教共同在同一個地點舉行其禮儀活動。在國外，有很多宗教的不同教派會在一起禮拜，不過其聯合只是相對而言的，就是他們是在一起，在相同的教堂裡面參加宗教活動。這種宗教的共在現在已經進一步擴展開來，如在同一個地方有佛教的、基督教的、伊斯蘭教的相關活動，或由它們共同組織的活動。比如說，"同一個地球"、"地球村"等觀念使差異較大的宗教也不再彼此排拒，而能夠和平共處。如在奧運會或亞運會的時候，實際上運動員等參會者的宗教活動場所也是相對集中的，大家也自然會以不同宗教信仰者的形象來相互面對、相互尊重。而且，在國際上很多大的機場候機廳都有宗教祈禱室，各種不同的宗教信徒都可以在裡面各自祈禱、靜修。在世界範圍有不同宗教文明的對話，強調其共同的傳統或相似的信仰；在中國則會突出不同宗教的"和合"及多種信仰的"融貫"。其主流應是爭取化解人類衝突、避免文明衝突，共同構建和諧社會、和合世界。

您的想法中還有一個值得我特別注意的，就是您談到這個宗教共同體時我們多會突出其"共同"的寓意，但是從"體"這個意義上則應如何去理解呢？可以說，在這個"共同"方面，包括思想、理念等方面，現在大家對其意義談得就很多了，已經有了基本共識。費孝通就曾說過："各美其美，美人之美，美美與共"，人們現在只是把他所說的最後一句"世界大同"改成了"和而不同"，表示一種有差異的"共在"。但實際上人們在真正的操作層面卻很少談到如何去促進、如何來實踐，而相關之"體"則正是其得以實施、

實現的關鍵建構。也就是說，我們在價值理性、純粹理性方面取得
了進展、達到了共識，而在工具理性、實踐理性方面卻仍顯不足，
尚有缺陷。這種共識現在就是沒有形成所謂的"體"，求觀念的"共
同"是達到"共同"了，但沒有形成一個"體"的方式，缺乏實現
"共同"的工具、過渡的載體或橋樑。

　　第三個方面，我們則看到在中國和世界的一些民間宗教、新興
宗教的發展中，的確也有尋找這種"共同"之"體"的努力。也就
是說，它們會以"體"的方式來包容、涵括不同的宗教，比如說像
福建歷史上的三一教，就是儒釋道融在一起，它是以民間信仰的形
式來求這種"共同體"。再就是現在臺灣及其在海外發展的一貫
道，這也是蠻有意思的中國民間信仰發展，它在儒釋道之外還加上
了基督教、伊斯蘭教的理念，從而在實際上已有五教合一的意向和
態勢。所以說，這跟 20 世紀 50 年代以前的那個一貫道的概念已完
全不一樣了，從本土層面表達了中國宗教及文化的開放性、包容性。
在國外還有一個新興的宗教即巴哈伊教，它更是主張九教合一、世
界大同，故被中國人理解為"大同教"。它在信仰觀念上又增加了
很多東西，而且它的確有一個"體"，雖然沒有嚴格意義上的神職
人員，但是它有一個活動場所，歡迎不同信仰的人來參加它的活動。
其活動場所稱為靈曦堂，建得美妙絕倫，非常吸引人。所以，揣摩
您說的這個宗教共同體當中的"體"應是一個什麼樣的狀況，我就
在這些方面做了一些構想，但同時也感覺到它的確有一定的難度。
如果能有這樣一個共同"體"的話，那真是一個創舉，現在世界上
顯然還沒有。從"體"的構建來看，要麼是它自己以一個新的宗教
來容納各個宗教，那麼它自己又會變成另外一個宗教。到目前為止，
所有的嘗試作為"共同"應該是沒有問題的，但是作為一個"體"

的方式來表述則現在還沒有看見過，上面講的所謂 "體" 之各種嘗試並沒有得到人們的公認。所以，我看過您的書後在操作層面感到不是很樂觀，因為這個 "體" 的構建太難了。今天跟您談了之後呢，我的想法也就輕鬆了一些，因為您並不特別強調這個 "體" ，那麼這個難度當然就小多了。

　　安：您講的幾種形式都包括在宗教共同體的多種可能存在形式之中。這些都反映已經有許多人從不同角度對信仰融合貫通、宗教和合共生的理念產生了認識、願望，為宗教共同體的最終實現增強了認識基礎。但就達成宗教共同體普遍共識來說，我個人認為這還遠遠不夠，社會還沒有對此形成普遍意識和實現這些理念的強烈願望，當然更沒有認真探討什麼是實現這些理念的最佳工具、載體或橋樑。您對這個 "體" 的關注實際是一種超前、開放的意識。其實 "體" 的問題在於對它的形式如何定義，如果把這個 "體" 定義成一種緊密結合的狹義組織，就需要對現有宗教理念和組織形式做出較大突破，實現難度也會大得多。如果把它定義為比較鬆散寬泛的廣義組織，實現難度就會小得多。中國傳統的儒道佛大眾信仰形式沒有狹義的緊密型組織建制，而是整個社會自然形成一個廣義的宗教信仰共同體。這種 "體" 的形式有很多優越性，也許是宗教共同體應該研究、借鑒和發展的一種參照形式。在我看來，關鍵是實現宗教共同體的理念，至於實現的組織形式也就是這個 "體" ，應該允許有多種方式並存，並且要有較大的靈活性和伸縮性。

　　卓：對，如在國際政治上，歐洲共同體是個共同體，聯合國更是個共同體。

　　安：但是這兩個"體"的結合緊密程度就差了很多，而且也都是在實踐中逐步演進發展的。

　　卓：對，但是"體"跟"體"的形式也各有不同，例如宗教共同體這個"體"怎麼來體現，這個就是您這本書裡對未來發展遠景應加以考慮的一個最關鍵之處。從對這個"體"的設想，那麼就有兩種可能性，一個就是一種理想，就是表述了對宗教發展遠景的一種希望；還有一種就是從現實可操作性方面來講，做一些事情，促成這方面的發展，形成一個新的模式。如果是後面一種情況發生的話呢，那您的貢獻就大了，這個意義就非凡了，但是我明顯感覺到要實現這一點的難度確實是非常之大。所以，如果暫且拋開您的書本身所提出的一些構想的話，我想在宗教現實層面完成宗教共同體這一形態暫時可能還很難實現。但是，倘若從宗教研究這個層面上來說的話，比如把幾大宗教在社會文化活動、學術研究上整合在一起，有這樣一個機構，有這樣一種聯誼的形式，大家在一起展開一種對話，談談共同合作的可能性，並且用這種方式來影響整個宗教界，或者說啟發政界來加以某種實質性的推動，這倒是一種可行的設想，具有一定的可操作性。原來在我的理解中，看您的書時好像覺得您不僅僅是在描述一種願景，而是要確確實實有所作為。這種作為如何去實現，是我還沒有想好的，而且感到在目前宗教界的實施也頗有困難。如果先是與宗教界聯合做一些大家都感興趣、都積極支持的事情，我個人認為在目前情況下我們學術界倒是有可能朝著這個方向努力。但是，宗教界的"共同體"如何實施，沒有政治的支撐在目前看來是很難的。我們只能是從思想、文化、學術的層面來積極探討，可以在理論上對它進行一番描述，因為我們畢竟不是宗教界的參與者，而是外在的觀察者。從觀察者的角度，我們對之做一些預設，進行某種可行性論證，當然是可以的，因為它不涉及到直接的實踐。如果從直接實踐的角度來講，其構設可否以及怎樣來實施則還是有待於中國的宗教界。目前中國宗教界仍準備不足，儘管其各教協作、整合的條件遠比其他國家優越，卻暫時還不能支撐這樣具有突破性的革新和探索。

安：我同意在中國社會解決對宗教的認識問題之前實施宗教共同體確實難度很大。但反過來說，一旦對宗教怎麼看的問題解決了，中國社會普遍認識到宗教是人類常態，傳統中華文化就是以儒道佛為主體的一種宗教共同體，宗教具有巨大的造福社會的潛能有待開發利用，宗教共同體的可行性和必然性就陡然明朗了。因為當國人恢復了人類信仰常態，願意積極發揮宗教的社會功能造福社會時，就會發現任何單一宗教都不能達到這樣的效果，靠某種形式的宗教共同體來推行乃是不得不做出的選擇。

在中國實現宗教共同體，不只是宗教界的事，而應當是政界、宗教界和學界互動的結果。其中政界居主導地位，沒有政界對共同體的理解和積極支持，任何行動都是魯莽的，任何進展都是不可能的。解決中國社會對宗教怎麼看的問題，其中最重要的是解決政界對宗教怎麼看的問題。一旦執政者認識到宗教共同體對社會治理的巨大潛能和利益，認識到宗教是友而不是敵，是維護政權和社會穩定的有力工具，願意積極推行和支持，宗教共同體就要水到渠成了。我對宗教共同體的利弊做過反復研究，至今為止的發現都是有百利而無一弊。無論從執政者政治治理需要、政權穩定，解決意識形態矛盾和價值體系缺失、突破目前宗教問題困境、凝聚全民族民心、抵禦西方普世價值，還是從社會和諧穩定、解決信仰缺失、重建社會道德體系、滿足國民需求角度來看，共同體都有舉足輕重的積極作用，所以我對中國執政者最終採納和支持宗教共同體持樂觀態度。

最難解決的是對宗教怎麼看的問題。執政者沒有時間和精力把宗教問題研究清楚，宗教界照現狀來看也不可能完成這樣的工作，老百姓當然更不具備這樣的能力。這個問題只能靠學界研究透徹，然後把成果傳播到政界和社會，讓執政者和社會建立起對宗教問題更深入確切的認識，才有機會得到政界、宗教界和社會的認同和支持。就此而言，中國的宗教學界雖然勢單力薄，而且目前關注這方面問題的學者少而又少，但卻承擔著復興中華文化最原始的啟蒙責任。只有首先發動宗教學界對此問題深入研究，引起學界普遍的關注和論證，進而啟迪和影響政界和社會，才能最終解決對宗教怎麼看的問題，否則中國社會就只能停留在對宗教問題認識混亂、意識形態自相矛盾的狀態。在宗教被當作邊緣化事宜時，關注者只有宗教界和宗教學界；但如果普遍認識到傳統中華文化就是以儒道佛宗教為主體的多元文化後，宗教就會成為全學界、全社會關注的重大事宜。因此，學界不只是觀察者和研究者，而且是重要的參與者，可謂任重而道遠。儘管這個問題目前還沒有引起學界普遍關注，但已經有像您這樣的學者對此深入研究思考，著書立說，我覺得是非常良好的開端。中國的覺醒取決於學界的首先覺醒。

對於宗教共同體來說，中國宗教界雖然是最終的實施主體，但目前並不起決定性作用。要等學界和政界解決了對宗教怎麼看的問題，政界對宗教共同體採取積極扶持態度後，宗教界才能真正有所作為。中國宗教界由於自身地位軟弱、政治化、世俗化、邊緣化等原因，目前難以起到決定作用。如果宗教界能夠如您所說，形成某種形式的聯誼，通過對話合作探討宗教共同體發展前景，啟迪社會建立對宗教的正確認識，則不失為宗教界的積極貢獻。

　　至於中國宗教界和社會能不能接受宗教共同體理念，我做過很多測試，發現社會各階層的接受度遠遠超過我原來的想像。我把關於宗教共同體的書和文章拿給很多人看，或者把宗教共同體的理念講給很多人聽，絕大多數的人都認為很合理，完全接受。至今表示質疑或反對的人不到百分之二、三。表示接受的人當中不僅有各宗教的信徒，也有沒有宗教信仰的人；不僅有受教育程度低的人，也有受過最高教育的著名學者；不僅有平民百姓，也有"達官貴人"。同樣的現象也發生在宗教界，我原來認為會強烈反對宗教共同體理念的各宗教資深教職人員，如資深的基督教牧師、天主教神父、佛教法師、道教道長，看過書或文章之後，不僅表示認同，有的還表示願意積極推動。我的書裡預言反對宗教共同體的有兩類人，一類是各宗教的原教旨主義者，另一類是宗教學者。但是據實看來，中國宗教界原教旨主義者並沒有想像中那麼多，許多在西方社會可能是原教旨主義者的資深教職人員不僅觀念開明，而且有很強的包容性！宗教學界的認同接受度也遠比我原來想像的高得多，至今接觸過而表示反對的人很少，而且這為數極少的反對者幾乎都是沒有閱讀和瞭解宗教共同體理念就認為不可行的。宗教學者會把問題想得更複雜一些，更多受到定勢思維的影響，這原本就在預料之中。關鍵還是中國社會各階層絕大多數人能夠很容易地接受宗教共同體理念。

　　總之，實現宗教共同體，要靠政界、宗教界和學界的互動和配合。學界有不可推卸的研究宗教和社會啟蒙的責任，應當負責讓政界和社會獲得對宗教的正確認識。雖然宗教共同體是否可行，關鍵取決於中國政界的認同和支持，但我並不認為宗教共同體的實現應該由政府包辦，這樣效果可能會很差。政府應當通過宏觀立法和監控實施對宗教的定位、扶持和指導，而不應越俎代庖。宗教界應當在政界和學界的積極支持和配合下，通過自身的努力完成宗教共同體的構建和運作。這樣的構建才能有生命力，也才能實現整個社會的和諧。

　　卓：其實您的宗教共同體願景除了宗教內在的開放性之外，還積極提倡其外在的開放性，就是希望宗教能與這個世界和合共生、和諧發展。而這種和諧發展不僅對宗教自身有好處，對整個人類也都是大有好處的，這在您的基本構思中被視為是非常重要的。但是要做到這一點，不僅宗教界要努力，全社會也要創造更好的條件，雙方要相互呼應。學術界在當前處境中推動並倡導宗教理解，就是想帶來宗教與社會積極的雙向互動。因此，有必要將社會表層的宗教認知深化到其思想內在的宗教理解，不應該僅僅看到宗教的社會作用，更應該探明宗教的精神世界，對宗教的境界和宗教的本質有客觀、積極的分析和評說。宗教不可只被視為政治的陰影，而必須看到宗教也始終閃耀著文化的陽光。

　　安：說得好。我剛才所講的是“俗諦”，宗教自有其崇高境界的“聖諦”。但在社會主流還沒有解決對宗教的認識混亂和無知問題之前，我懷疑是否會有很多人願意潛心瞭解宗教的“聖諦”。因此，現階段我們不妨向佛陀學習，多講一些適合社會主流理解和接受水準的“俗諦”。

　　我還有一個認識，就是宗教在以往幾千年的歷史當中，一直是自為、自在的，人類從來沒有有意識地加以調控和引導。原因是宗教在人們的意識中一直被認為是完全神聖的，不能被干涉、調控或者修正。近代社會裡，隨著人們的認識能力不斷提高，對宗教的這種認識也需要改觀。雖然其信仰的“神”是神聖的，但宗教本身並不一定是神聖的。宗教既然是人為產生和發展的，就不可避免地有錯誤缺陷。為了避免其危害，發揮其造福社會的功能，可以對之加以調控、修正和改革。宗教共同體可以是一種為了人類社會共同福祉而理性調控宗教行為的機制。對這個問題的認識發展會類似於人類對經濟的認識發展過程：在亞當・斯密時代，人們對經濟運行的態度是不應干涉，而應放任自流，依賴市場經濟看不見的手自行運轉，經濟才會充分發展。到了凱恩斯時代，人們才認識到經濟實際上不僅可以人為調控，而且必須調控，才能避免或消除經濟危機的危害，健康發展。現代社會對經濟實施宏觀調控，已經成為經濟生活中不言而喻的共識。宗教的處境非常相似，只是宗教處於更加滯後的階段，社會還沒有產生調控宗教的主動意識。

　　卓：宗教實際上一直是在調控中發展的，既有宗教本身內部的調控，亦有其所處社會各種因素對之加以外部的調控，如宗教改革本身對它就是一種內部的調控，而社會變革則是對宗教的外部調控，促使宗教必須“跟上時代”、“與時俱進”。不過，這些調控的主體可能會各不一樣，比如說像英國的宗教改革，其情況就比較複雜，雖說是宗教內部的調控，世俗君主即英國國王卻是其調控的主體。這些宗教革新、社會革命也應該是屬於調控類型的，您說呢？

　　安：這也是一種調控，但不是我說的那種意義上的調控。類似宗教改革運動這樣的調控大多是內部矛盾累積造成的對傳統宗教的反叛或對抗，譬如說基督教的新教改革運動是因內部矛盾累積造成的對天主教傳統的反叛和衝擊。我說的調控是宗教有意識地、主動地、常規性地檢查和調控自己的教義、教規、組織和行為，以便真正做到抑惡揚善，增強自身的正確性和生命力。譬如說宗教理性化的問題，就是您說的"祛魅"問題。在您書裡，"祛魅"是全球化時代宗教面臨的趨勢和現象，我所主張的是宗教應當自己主動"祛魅"。我所說的"魅"是指傳統宗教中歷史遺留下來的迷信和自相矛盾的東西。這些產生於千百年前的迷信產物在人們的教育和認識水準非常低下時可以維持，但讓教育水準、認識和反思能力大幅提高的現代人繼續接受並相信，就越來越行不通了。英國、德國、澳大利亞等西方國家去教堂人數急劇下降，基督宗教沒有及時理性化趕上時代要求是主要原因。我自己接觸過很多歐澳人士，跟他們聊天瞭解他們的信仰情況，結果是大多數人都是信仰上帝而不去教堂的。我問他們為什麼不去教堂，回答幾乎都是不相信教會講的那一套。貴所學者孫豔燕在英國伯明罕做的信仰狀況調查報告進一步證實了這種狀況。宗教如果墨守成規，堅持傳統經典教條中的一切都是神聖的，拒絕做出任何變革，就只能走向衰落。因此，宗教主動實現理性化、現代化，不僅符合時代潮流，而且是避免宗教自身衰敗的必然選擇。其實，各大宗教教祖，如老子、孔子、釋迦牟尼、大雄、瑣羅亞斯德、《奧義書》作者等等，其所創立的教義都是高度理性的，很少有迷信成分。

　　我主張有意識地調控宗教，另一重目的是讓宗教充分發揮其造福社會的功能。您的書中對宗教的積極社會功能有詳盡的闡述，我非常贊同。這些積極社會功能如果沒有被有意識地挖掘和發揮，未必會自己產生作用。歷史證明，由於缺乏自我檢查和調控機制，宗教經常會違背自己的教義和倫理原則做出陰暗醜惡的事情。所以，我認為宗教應該從自在、自為向可以理性調控引導演進。

　　卓：這也有它的難度，中國人也強調理性信仰，但不完全是理性的。宗教的特點就是保持有神秘的層面，離開了神秘它就不叫宗教了。神秘的因素不一定說是反理性的，但是理性很難把它涵括或說透。這方面的觀察和分析是很重要的，這是宗教的特點之一。神秘性很講究主客體之間的互動、呼應，而且通常會把宗教所處的自然社會從整體意義上也看作是"主體性"的，對之有著"人格化"的理解，因此如何對其加以積極引導就是很重要的。在宗教中也講"道法自然"、"奉天承運"，既有"天擇神選"，亦可"聽天由命"、"謀事在人、成事在天"，各種的可能性都有。對之究竟應該怎樣來引導？我認為還是積極引導比較好，讓宗教及其選擇向好的方面去發展。這樣，在現代社會中對宗教積極引導還是比讓其道法自然要好一些。我在研究宗教的過程中就感覺到，宗教教義、宗教理論包括很高的文化，有著博大精深的思想和崇高的境界，但是在現實生活中不少宗教人士達不到這一點。所以，從這個現實存在方面來說，對宗教的社會調控、引導仍很重要。這種調控不一定是針對宗教真理，而是針對在社會上的人，包括以宗教生活方式來存在的人。人有人的局限性，人也有社會責任和社會約束，在這些方面是可以調控的，可以形成宗教與社會的良性互動。我感覺到現在中國宗教的發展來勢迅猛，但是要達到其與現代社會的一種良性互動還是要有所作為，不能無為。

安：非常贊同。只有通過有意識的積極調控引導，宗教才能更現代化、更理性化、更適合現代社會的需求、更能發揮造福社會的功能。但是要做到這些，關鍵是要建立積極調控引導的意識和機制。

關於宗教的神秘性，我和王志成教授做過一點辯論。他看了我的書以後擔心宗教理性化可能會摧毀宗教的神秘性，把宗教的神秘性去掉以後宗教就不成其為宗教了。我認為這種擔心是沒必要的。在我的書裡，理性的作用是檢驗宗教認識和信念，祛除其中認識偏差、愚昧迷信、邏輯混亂、自相矛盾的成分，而不是取代啟示和宗教經驗去發現"神"的真理，更不會破壞宗教內在的神秘性。終極神聖無形無相而且難以被認知，本身就有充足的神秘性。這種內在的神秘性是任何人都無法破壞的，所以並不需要人們用迷信和神話來人為製造更多的神秘性。人為的神秘性即便被製造了，到了人類認識水準更高的時候還是會被否定掉。理性信仰更符合教育和認知水準更高的當代人和未來人的需求，因而將有長遠的生命力。

卓：時間過得很快，我們的對話只得暫時告一段落。對於宗教的理解，需要不同形式的對話，由此以求真正的溝通。"和而不同"是對話的姿態，"求同存異"是對話的動力。希望我們保持聯繫，在今後繼續這種有益、友誼的對話。

人類宗教共同體問題辨析[1]

—— 回應張慶熊教授

　　張慶熊教授以題為"宗教多元、理性溝通、體制保障"的論文對人類宗教共同體提出他的看法和質疑，其中既有對於宗教問題的獨到認識，也有對我的觀點的誤解和我不認同的看法。與他坦率探討宗教共同體的問題，可能有助於厘清理念，增進學界和社會對於宗教共同體的認識，建設性地推動宗教和社會的進步。為此，我欣然決定對他的論文做出回應。為了使我的回應能夠切題，本文將基本沿用張教授原文中的標題順序。為了厘清事實與道理，本文中難免會對張教授的觀點提出不同看法，甚至針鋒相對的觀點，但都是就事說事，就理說理，絕不影響我對張教授的敬重。如果由於表述過於直白而有所冒犯，還望張教授海涵。

一、宗教共同體是否有共同基礎？

　　張教授在其論文中概述說，"我雖然同意安倫有關消除宗教彼此之間的對立衝突，形成多元通和、和而不同、和合共生的機制的

1　本文原載於《學術月刊》2011 年 4 月號，總第 503 期，發表時編輯將本文標題改為《如何理解宗教共同體》，並有所刪減修改。

願向，但不同意‘宗教共同體’的提法。"原因是　"一種確保宗教間和諧相處的機制，需要通過政治整合和理性溝通才能營造。這是一種超越宗教本身限度的合理化的社會體制，因此它與其說是‘宗教的共同體’，毋寧說是‘政治的共同體’、‘倫理的共同體’、‘學術的共同體’。"首先，我完全同意宗教共同體需要通過理性溝通和政治認同支持才能"營造"。其實，這正是拙作《理性信仰之道》（以下簡稱《理道》）和張教授提到的我的那些論文中反復提出和強調的，是實現宗教共同體的必要條件。在當今許多宗教執迷於相互對立排斥，宗教與包括政治在內的社會各種力量關係犬牙交錯的格局中，指望宗教不訴諸理性、不獲得政治支持而獨立做出這種整合，是不現實的。

　　從張教授的表述來看，他對"共同體"沒有異議，只是對如何稱呼這個"共同體"有異議。其實，我對宗教共同體這一名稱並無任何執著，對更恰當的名稱持完全開放的態度。我在《理道》中初次提出宗教共同體這一概念之際就聲明"為了便於指稱這樣一個在全球化背景下各宗教交匯融合的宗教共存體，本書中權且名之為‘（宗教）共同體’，恰當的名稱可以待集思廣益後再確定。"[2]但是，通過"政治整合和理性溝通"形成的宗教間的共同體或"宗教間和諧相處的機制"[3]畢竟還是宗教領域內、宗教性質的機制，不稱作宗教共同體，而稱作"政治共同體"、"倫理共同體"或"學術共同體"，似乎更加不妥。如果這種宗教性質的共同體被冠以"政治"、"倫理"或"學術"的抬頭，那如何與真正意義上的"政治共同體"、"倫理共同體"或"學術共同體"區分？張教授不同意

2　安倫：《理性信仰之道》，上海：學林出版社，2009年，第129頁。
3　張慶熊：《宗教多元、理性溝通、體制保障》，載於《學術月刊》2011年4
　　月號，總第503期，引自第一節。

宗教共同體的提法，我本來滿懷希望聽到他關於新名稱的高見，不料除了"政治"、"倫理"和"學術"之類張教授自己也不會當真的名稱，卻不見下文，令我大失所望。

其次，從張教授同意我關於宗教之間"形成多元通和、和而不同、和合共生的機制的願向"，更證實他認同宗教共同體的理念，只是不認同宗教共同體的提法。在張教授提到的我與卓新平教授的對話錄[4]中，我提出"'宗教共同體'既不是單憑想像創建的一種新興宗教，也不是由現有宗教合併而成的單一宗教，而應當是人類順應全球化趨勢為了共同生存發展而必將形成的各宗教信眾和教派多元通合、和而不同、和合共生的信仰機制"。我認為"多元通合、和而不同、和合共生"這三句中國成語能夠精煉傳神地全面涵蓋宗教共同體的理念，並且指出只要符合這三句成語所表述的人類宗教之間的關係機制，就是我所說的宗教共同體。張教授對此表示贊同，實質上已經全面認同宗教共同體的理念。至於對其如何稱呼已是枝節問題，並不影響共同體的實質。

既然張教授已經認同宗教共同體理念，我們二人又都同意對宗教共同體的提法再行斟酌，應該已經達成全面共識了，為什麼張教授還有後面的異議呢？他對宗教共同體的異議究竟是什麼？又是如何產生的呢？反復閱讀體會張教授的論文，才發現他對宗教共同體的主要異議來自於把宗教共同體理解為"單單靠提出一個'終極實在'……把宗教信仰統一起來"[5]成為一個宗教，致使他說"我認

4　卓新平、安倫：《世界宗教能否走向"共同體"》，載於《學術月刊》2010年7月號，總第494期。

5　張慶熊：《宗教多元、理性溝通、體制保障》，載於《學術月刊》2011年4月號，總第503期，第二節。

為人類具有多種多樣的宗教要比只有一個宗教好"[6]，進而追問道"那麼這個共同體要不要有一個獲得各種宗教基本認可的信仰綱要呢？要不要有共同的教義呢？如果沒有基本統一的信仰綱要和教義，那麼這個共同體是否就缺乏共同的基礎？"對宗教共同體做這樣的理解顯然與我所說的"宗教間多元通和、和而不同、和合共生的機制"大相徑庭，原來張教授對之持有異議的其實並不是我所提出的宗教共同體，而是合而為一的宗教！為了防止宗教共同體被錯誤理解為把所有宗教合併成單一宗教，我在談到宗教共同體的幾乎所有出版物（包括《理道》在內）中都加出一段話，著重強調宗教共同體並非將各宗教合併為同一宗教。不幸這些表述屢屢被人忽視，致使宗教共同體被一些人，其中包括張教授，完全誤解。我只能為我的表達能力表示歉意，但同時不得不再次聲明本人對"把各宗教合併成單一宗教的'宗教共同體'"不承擔任何責任，採用者後果自負。

張教授關於宗教共同體需要有"統一的信仰綱要和教義"作為其形成的共同基礎的論斷其實就是以各宗教合併成一個宗教為前提的。如果糾正了這個誤解，張教授對宗教共同體的主要異議就不再成立。顯然，"宗教間多元通和、和而不同、和合共生的機制"不比一元化的單一宗教，既不是"單單靠提出一個'終極實在'把宗教信仰統一起來"，也不必須有"統一的信仰綱要和教義"作為其形成的共同基礎，其他的共同之處已經可以完全滿足共同基礎的需要。我在《理道》和其他有關論文中指出，宗教共同體的形成有賴於各宗教求同存異，可以考慮借重的共同之處有各宗教共同的終極信仰對象、共同的信仰目標、共同的價值倫理、共同的人性、對於

---

6 同上。

人類共同生存發展利益的關切等等。我還可以說，作為宗教共同體的構建基礎，這些共同之處的任何一項對於宗教共同體的構建都未必是不可或缺的，儘管全然否定其中的任何一項都並非易事。

其次需要澄清的是對"終極實在"的認識和運用的問題。在《理道》中，我雖然同意希克關於"終極實在"的洞見（"終極實在"系希克的用詞，張教授將我當作創造者和應用者，非也），但並沒有把"抽象而空洞"的哲學意義上的"終極實在"當作"宗教信仰的概念"。事實上，在論及"終極實在"的《理道》第二章一開始，我就表示諸如終極實在、終極實體、超越者這類學者式的哲學術語容易給大眾造成困惑和費解，因而我決定棄之不用，而用 "終極神聖"或"神聖"來試圖表達或泛指各宗教的終極信仰對象，以解決討論各宗教的終極信仰對象時沒有統一指稱的困難。很清楚，我所謂的 "終極神聖"泛指各宗教的終極信仰對象，如道教的道、儒教的天、印度宗教的梵、基督宗教的上帝或天主、伊斯蘭教的真主安拉等等，而非"抽象的哲學概念"，更沒有"把宗教中的這些敘事故事都去除掉，完全用抽象的概念和原理說明世界"，使得"宗教就不成其為宗教，而成為哲學了"[7]。事實上，《理道》一書主要是從信眾和社會的角度探討信仰問題，而非哲學著作，最不可能犯的錯誤就是像馮友蘭主張的那樣以哲學替代宗教。況且我不是哲學家，甚至連一堂哲學課都沒上過，應該沒有拿自己的哲學專業替代宗教信仰的嫌疑。

既然已經談到"抽象而空洞"的"終極實在"，不妨就此談談自己的看法。坦白地說，我並不同意張教授對這個問題的觀點。按

---

7 張慶熊：《宗教多元、理性溝通、體制保障》，載於《學術月刊》2011 年 4 月號，總第 503 期，第二節。

照張教授的論述，"'終極實在'這個概念很抽象和空洞，它沒有表明這種實在是時空中的存在物，抑或超時空的存在物，是人格的存在物，抑或非人格的存在物，是內在於世界的，抑或超越於世界的。正因為其抽象和空洞，所以表面上能涵蓋'上帝'、'安拉'、'道'或'梵'。也正因為其抽象和空洞，所以不具備宗教的信仰對象所應有的那種對人生的影響力。"[8]在我看來，宗教的終極信仰對象看起來"抽象而空洞"，並且具有張教授列舉的這麼多不可知性，並不是因為被叫作"終極實在"或者任何名稱而造成的，而是其本身就有的特徵。終極信仰對象超越人類及其認知能力，即便被叫作上帝、安拉、天主、道、梵，仍然"抽象而空洞"，仍舊難以證明其存在于抑或超越時空、人格抑或非人格、內在于抑或超越世界。"終極實在"在使用這個詞的學者那裡與上帝、安拉、天主、道、梵是同義詞，其與上帝、安拉、天主、道、梵的"抽象和空洞"程度是完全一樣的，只不過這個詞在普通人聽起來太過學術化並且拗口。令人費解的是，既然"終極實在"因"抽象而空洞"不能成為信仰對象，為什麼又"正因為其抽象和空洞，所以表面上能涵蓋'上帝'、'安拉'、'道'或'梵'"？既然"終極實在"能夠涵蓋上帝、安拉、道或梵，為什麼又"不具備宗教的信仰對象所應有的那種對人生的影響力"？

最後是對宇宙的唯一和同一本原和主宰，即"諸神同一"問題的辨析。張教授說，"'終極實在'不可能是理性推導的唯一的必然結果。安倫認為……宇宙的唯一本原和主宰是同一的。我認為安倫的這一推導太倉促了"[9]，原因是很多基本哲學問題至今沒有爭論

8　同上。

9　張慶熊：《宗教多元、理性溝通、體制保障》，載《學術月刊》2011 年 4 月號，總第 503 期，第二節。

結果。他還援引康德指出理性在宗教認識上的局限性，並以存在二元論的宗教為由否定一元論宗教關於宇宙本原和主宰唯一性認識的普遍性。對於＂＇終極實在＇不可能是理性推導的唯一的必然結果＂，我深表同意。事實上，哲學家們最擅長的是對同一命題從不同角度＂理性推導＂，相互駁斥，得出多種截然不同的＂必然結果＂。很少聽說過古往今來的哲學家們就任何問題推導出過共同認可的＂唯一的必然結果＂。張教授指出諸多最基本的哲學問題至今仍沒有定論，就是對這種狀況的明證。如果只對＂終極實在＂的唯一性提出如此苛刻的要求，似乎有失公平。況且宗教信眾不是哲學家，並不需要等所有的哲學家都就此推導出＂唯一的必然結果＂，或所有人都達成共識，才能理解和接受＂諸神同一＂的簡單道理，才能建立和而不同、和合共生的信仰機制。事實上，我對＂諸神同一＂的推導是從占世界人口絕大多數的有神論信眾角度進行的，而不是從沒有真實信仰的哲學家角度進行的。這就造成對廣大信眾顯而易見的道理，對無信仰的哲學家來說卻百思不得其解。世界現存的大多數主要宗教都有其作為世界唯一主宰的＂終極神聖＂。從這些宗教的信仰者角度看，他們信仰的唯一的＂終極神聖＂真實存在。如果同一宇宙中唯一的＂終極神聖＂不可能有多個，如果各宗教的唯一＂終極神聖＂都真實存在，那就必然是同一的。無信仰的哲學家不能站在信仰者的角度思考問題，而把各宗教的＂終極神聖＂看作是各宗教主觀臆造的，並不真實存在，可以多個並存，所以儘管耗費了哲學家的複雜頭腦，仍然對如此簡單的問題百思不得要領。

　　順便說一句，說我對＂諸神同一＂的推論太倉促，似乎我是這個觀點過早的首創者，實在是對我的謬贊，我愧不敢當。印度宗教的《梨俱吠陀》聖典早在至少三千多年前就提出"實在（即'終極神聖'）唯一，聖者稱之以不同名稱"[10]，並且這種洞見被印度人信奉了幾千年；老子在《道德經》中提出"道生一、一生二、二生三、三生萬物"[11]；湯瑪斯·阿奎那指出神"是完全同一和唯一的，但我們的頭腦根據不同的觀念認識他"[12]；約翰·希克提出"各宗教是對同一終極實在的不同回應"……。在我之前悟清這個真理的先知和大師不計其數，我充其量只不過拾人牙慧而已。

　　此外，張教授用以否定一元論宗教諸神同一認識的二元論宗教，也是值得商榷的。按照張教授的表述，二元論宗教如瑣羅亞斯德教似乎不是一神論宗教，與一神論宗教（張教授稱之為一元論宗教）在對世界和"終極神聖"的認識上似乎截然不同，甚至相互抵觸。但據專家考證，瑣羅亞斯德教是人類最早的一神論宗教，猶太教、基督教和伊斯蘭教等亞伯拉罕一神論宗教的基本教義，如一神論、善惡二元論、天使說、魔鬼說、天堂說、地獄說、末日審判論等等都是受瑣羅亞斯德教的影響形成的。其中特別值得一提的是，亞伯拉罕諸宗教中代表善的一神幾乎就是瑣羅亞斯德教中一神阿胡拉·馬茲達的再現，亞伯拉罕諸宗教中代表惡的魔鬼撒旦幾乎就是瑣羅亞斯德教中惡神安格拉·紐曼的翻版；不僅瑣羅亞斯德教也是一神論宗教，而且亞伯拉罕諸宗教也和瑣羅亞斯德教、摩尼教一樣具有明顯的善惡二元論特徵，只不過強調程度不同。善惡二元論並不是對一神論的否定，因此用一神教的二元論否定一神教的"諸神同一"，猶如用自己的腳踢自己的胸脯，是很難實施成功的。

---

10 《梨俱吠陀》，I-164-46
11 《道德經》，第四十二章。
12 湯瑪斯·阿奎那：《神學大全》，第一部，第 13 節。

二、宗教多元與理性溝通

　　張教授在這一節中花了很大篇幅論證說明宗教多元的合理性和必然性，對此我深表贊同。但他如此做的目的是為了駁斥"我的"宗教一元化主張，對此我就不敢苟同了。我從沒想到過要扼殺宗教多元，更沒有主張過把各宗教合併成一個宗教。為了防止有這樣的誤解，我從提出宗教共同體概念伊始就特別聲明，"共同體的設立並不意味著抹殺宗教的差異和多樣化。差異和多樣化是自然發展的規律，也是使這個世界精彩的重要因素。人類不可能，也沒有必要去徒勞地消除必然存在的差異和多樣化。"[13]在此後的論文中也儘量加出類似的一段以作強調。我所主張的"宗教間多元通和、和而不同、和合共生的機制"中幾乎每一句成語都有明顯的宗教多元化的含義，無論如何也很難由此"理性推導"出扼殺宗教多元的兇險含義。張教授何以認定我是宗教多元的殺手，實在是不得而知。

　　談到宗教多元問題，儘管張教授強烈認為"終極實在"因"抽象而空洞"不能構成多元宗教共同信仰的基礎，卻又聲稱"這好比看一座山，從不同的角度看，這座山是不同的。反過來，由於人們對這座山的看法不同，也會影響人們選擇如何上山的道路。在有關宗教對話的問題上，一個常常聽到的一個比喻是，不同的宗教好比從不同的側面登山，雖然道路不同，目標是一致的。我基本同意這個比喻"。[14]雖然張教授沒有明確表示或不便表示"這座山"代表什麼，但從上下文中看起來很像是希克所說的"終極實在"。這段話

13　安倫：《理性信仰之道》，上海：學林出版社，2009 年，第 139 頁。
14　張慶熊：《宗教多元、理性溝通、體制保障》，載於《學術月刊》2011 年 4
　　月號，總第 503 期，第二節。

更與下面這段話有異曲同工之妙，"如果將'終極神聖'比作聖地中心，將各宗教、各宗派、各學派、各學科的探索者比作來自四面八方的朝聖的人們，在到達聖地中心之前，人們必然途經不同的道路，看到不同的景色，對聖地懷有不同的憧憬，只有在到達聖地中心後，大家才在空間和認識上達到統一。"[15]而後面這段話是我在《理道》中講述各宗教之間及其與"終極神聖"關係時採用的比喻，其中與張教授的"這座山"意義相同的"聖地中心"，亦即希克的"終極實在"。如果張教授真的同意這個比喻，那麼在他的潛意識中還是同意各宗教是對同一的"終極實在"的不同回應和不同認識，只是一時還沒有理清自己的思路。

　　既然講到希克的宗教多元論，不妨再對此發一點議論，因為希克是國際上宗教多元論的主要代表之一，而本節討論的主要議題是宗教多元。在我看來，與其說希克創立了宗教多元論觀點，不如說他發現和闡明了宗教多元關係的客觀狀況，當然這種客觀是從宗教信仰者的角度來說的，而非科學實證意義上的。如果希克所謂同一和唯一的終極實在是客觀真實存在的（從信仰者的角度來看是不言而喻的），那麼他所說各宗教是對同一的終極實在的不同回應和認識就不止是一種觀點，而是對無可辯駁的客觀狀況的認識和描述。因其是客觀真實的事實，而不僅是一種觀點，所以任何攻擊都不能撼動它。張教授首肯同意的登山比喻正好可以說明這個狀況：對於信仰者來說，終極實在（或張教授願意的任何名稱）這座山與各宗教及其信眾一樣，都是客觀真實存在的，並且是同一的，雖然他們對於這座山的認識各不相同，並且爬山所選的道路不同，但並不因此造成此山的不同、目標不同，也不造成大家都在攀爬同一座山這一

---

15 安倫：《理性信仰之道》，上海：學林出版社，2009年，第58頁，。

事實的不同，更不會因為把這座山叫作"終極實在"或任何其他名稱而改變以上事實。張教授口頭反對希克以"終極實在"為中心的宗教多元論，實際同意的宗教多元卻與此基本相同，只不過尚缺乏希克的系統性、條理性和對"這座山"的稱呼。

再回過頭來談理性溝通暨宗教信仰與哲學理性的關係。張教授認為，"宗教主要不是靠理性的方式確立信仰"，而是"靠'啟示'或'神秘的體驗'獲得信仰的"[16]。為了對此著重強調，張教授還援引德國著名的法蘭克福學派哲學和社會學家哈貝馬斯對此的觀點說，"他（哈貝馬斯）認為，在宗教與理性之間終究存在重大差別。對於宗教信仰的問題，理性有其限度，理性無法依靠邏輯本身的力量對其做出肯定或否定的回答，理性不能達到宗教信仰的內核，理性也不應根據自己的標準對宗教教義中的合理或不合理的東西做出取捨，因為這是宗教天地中自己的事情"。我知道張教授是國內研究哈貝馬斯的主要專家，而且我對哈貝馬斯在哲學和社會學方面的建樹深感欽佩，但我天性中的缺陷是只認道理，不認權威，所以直白地認為哈貝馬斯的這段議論充其量只能算作謬論。如果這段話成立，那麼宗教必須由毫無頭腦、毫無理性思辨能力的人去創立和信仰，這樣的植物人在這個星球上似乎還是比較少見的。如果承認絕大多數的宗教人士都是有理性思辨能力的正常人，那麼不知哈貝馬斯有何良方可以有效防止這些人的理性"對宗教教義中的合理或不合理的東西做出取捨"，或"依靠邏輯本身的力量對其做出肯定或否定的回答"？從張教授推崇的哈貝馬斯的這段議論來看，宗教似乎是一個與人世隔絕，不食人間煙火的"天地"。

---

16 張慶熊：《宗教多元、理性溝通、體制保障》，載於《學術月刊》2011 年 4 月號，總第 503 期，第一節。

　　再者，各主要宗教相信，他們的終極至上神超越人類，不是人類成員。這樣，在給與人類"啟示"或"神秘體驗"時，就不會直接用現成的人類語言表達。如果宗教只能"靠'啟示'或'神秘的體驗'獲得信仰"，理性不能參與宗教信仰的確立，那我不禁要問，"啟示"或"神秘經驗"如何能夠不經獲得者的理性而轉化成人類可理解的概念、語言和教義？如果轉化錯了，不用理性又如何能發現和糾正？如果許多人就同一問題都聲稱獲得完全不同或相互抵觸的啟示，不用理性又如何判斷其孰真孰偽？如果同一宗教中信仰教義自相矛盾、邏輯混亂，或嚴重違反科學常識（像現實中經常遇到的那樣），不用理性又怎樣厘清？如果某些教派或個人聲稱他們獲得的啟示要求他們消滅其他宗教、其他人種，甚至做出更加荒唐的事，人們是否應當不用理性判斷而加以尊重和接受？…… 如果將理性完全排除出宗教信仰的確立，還會有數不清的難以回答的類似問題。

　　因為張教授認為理性與宗教信仰的唯一關係是"有助於宗教間的溝通"，而不能參與宗教信仰的確立，所以自然對《理道》中關於理性信仰的觀點不能苟同。於是張教授用了一個設問句質問道："哲學能改變宗教現有的表現形態，使其成為一種'理性的信仰之道'嗎？"答案當然是"我至少在目前還看不到這種可能。"[17]此外，張教授還告誡說："宗教中的一些核心信仰，如……，至今沒有任何對此能夠成立的理性的論證方式，而且我認為將來也不會找到"[18]，以糾正我在這方面的偏頗。我不得不再次斗膽糾正張教授對我觀點的兩處誤讀或誤解。其一是我雖然確曾建議過用理性改進宗教現有的狀況，但並沒有提出動用哲學這樣的重型武器。其二是在

---

17 張慶熊：《宗教多元、理性溝通、體制保障》，載於《學術月刊》2011 年 4 月號，總第 503 期，第一節。

18 同上。

《理道》中，我雖然建議用理性檢驗和糾正宗教中的謬誤、迷信、偏見和排他對立等不良因素，以推動宗教適應現代社會，步入健康的理性信仰之道，但也反復闡明理性的局限性，並特別指出理性不能替代啟示和宗教經驗，超理性領域的問題不能用理性論證的方法證明或證偽。我用了《理道》第三章整整一章詳細闡述這些觀點，其中特別對主張用證據證明核心信仰的極端理性主義或實證主義做了詳盡的批判。張教授可以再查看《理道》予以核實。張教授不辨忠奸，把我當成我努力批判的極端理性主義者，實令我誠惶誠恐。至於理性（即張教授誤讀為哲學的）能否“改變宗教現有的表現形態，使其成為一種‘理性的信仰之道’”，如果張教授連理性和哲學參與宗教信仰的確立都不允許，答案當然是否。

再者，根據張教授在這篇論文中的表述，他似乎是把哲學和宗教信仰歸類為互不能越界，甚至相互對立的範疇。舉例來說，張教授認為“終極實在”之所以不能成為信仰對象，就是因為他“不是一個宗教信仰的概念，而是一個宗教哲學的概念”[19]。換句話說，就是一旦沾有哲學概念，就不能停留在宗教信仰之中，必須與宗教信仰了斷。老實說，我很懷疑張教授這種主張涇渭分明的觀點能否成立。眾所周知，哲學素有“宗教的婢女”之稱，文藝復興之後才從宗教中分離出來，但儘管有人努力切割，二者之間的關係仍舊剪不斷、理還亂。哲學固然絕不能取代宗教，但將哲學理性清理出宗教信仰卻似乎非人力所能勝任。無數“先烈”為了劃清宗教信仰和哲學理性二者的界限費盡心力，前仆後繼，最後都在此問題上身敗名裂。張教授能否獨樹一幟，打破僵局，我保留懷疑態度。

---

19 張慶熊：《宗教多元、理性溝通、體制保障》，載於《學術月刊》2011 年 4 月號，總第 503 期，第一節。

　　據我所知，世界主要宗教的基本教義大多創立于雅斯貝斯稱為軸心時代的那個時期，而這些教義的創立者或教祖都是高度理性的，如道教基本教義的創立者老子、儒教基本教義的創立者孔子、佛教基本教義的創立者釋迦牟尼、印度宗教基本教義的創立者《奧義書》的作者們、西方宗教基本教義的創立者瑣羅亞斯德等等。他們創立的教義與哲學如此內在地融為一體，以至於根本無法將其與哲學分清，害得悟性較差的學者們至今還在持久性地為道是道教還是道家、儒是儒教還是儒家、佛是宗教還是哲學、印度哲學是否宗教教義之類的偽命題爭執不休。任何認真閱讀過這些原創教義的人都難以否定創始人的高度理性以及他們創立的教義的高度哲學性。如果按照張教授的意思，因沾染"哲學概念"而將他們創立的教義剔除出宗教信仰，因教祖們的高度理性，或不排除理性而同時"靠'啟示'和'神秘的體驗'獲得信仰"，將他們也剔除出宗教信仰，不知這些宗教信仰還剩下什麼？

　　我贊成一種洞見，即宗教信仰的認識層次越低，越多低俗迷信；認識層次越高，越多哲學理性和超越向度。考察任何現存主要宗教，都會發現這是普遍存在的狀況。例如，基督教在高端有湯瑪斯·阿奎那這樣的理性哲學大師，在低端也有相信購買"贖罪券"可以贖罪的信眾；印度宗教在高端有喬荼波陀、商羯羅這樣的宗教哲學大師，在低端也有拜物的信徒；佛教在高端有釋迦牟尼、龍樹、無著這樣的宗教哲學思辨者，在低端也有相信巫術的信眾。當然，超越一定限度，就超過了人類理性的有效領域，進入超理性領域。雖然理性在超理性領域無能為力，但從超理性領域獲得的啟示或神秘經驗如果要轉化成人類能夠理解的概念、語言和教義，還是必須靠理性的作用。這就是哲學理性在人類可理解的宗教信仰中居於高端，並且不可或缺的主要原因之一。張教授認為宗教信仰的確立只能"靠'啟示'和'神秘體驗'"，而理性不能參與這個過程，其實是只保留了宗教信仰的超理性領域，將其視為宗教信仰的全部，而無視或排除了闡釋啟示和神秘體驗的高層理性信仰領域和宗教信仰的中、底層領域。這就如同中國主流社會將頗多迷信色彩的底層宗教信仰領域當作宗教信仰的全部，從而把宗教信仰統統視為迷信一樣。如果張教授的主張成立，宗教信仰就只能游走於人類不能理解的超理性領域，永遠不會下達人間，被普通人認識、理解和參與，從而成為與普通人無關的"天地"。有鑑於此，我認為宗教不僅不應該排除理性，而且應該加強發揮理性的作用，有意識地用理性智慧檢驗、梳理和修正信仰教義，逐漸祛除謬誤、迷信、偏見、自相矛盾和排他對立等糟粕，在現代化的背景下逐步提高中、底層信仰的水準，使信仰更接近啟示和神秘體驗的真實內容，更符合全球化時代人類共同生存發展的需要。

三、倫理缺位與宗教融入公共領域

在這一節中，張教授首先醒目地指出了現代社會普遍存在的倫理缺位問題，闡明造成倫理缺位的原因是政教分離造成的世俗化和宗教的邊緣化，繼而指出其"結果是扶持了一種新的世界觀，即消費主義、享樂主義、金錢至上的世界觀。對超越者的宗教信仰被'商品拜物教'的信仰所取代。"[20]國家因為政教分離放棄了倫理教育，而代之以缺乏道德基礎的法制教育，致使公民道德意識缺失，"人

20　張慶熊：《宗教多元、理性溝通、體制保障》，載於《學術月刊》2011 年 4 月號，總第 503 期，第三節。

人都想多獲取而少付出"，只知道為自己爭權奪利，不知尊重他人的權利，從而使"整個社會缺乏精神上的凝聚力"，"社會矛盾尖銳"，宗教衝突和極端主義暴力更加嚴重。他還指出國際社會實施政教分離的原因是為了避免國家捲入宗教間的對立衝突。

張教授提出和關注的倫理缺失問題與我在《理道》第六章關注的主要問題幾乎一致，我完全贊同。他對問題根源的分析入木三分，很有說服力。當然，張教授描述的是現代國際社會的整體情況，而我國社會倫理缺位的情況更加嚴重，其主要原因也未必是政教分離，而是文革等一系列政治運動和極端思潮對我國傳統宗教文化的人為打壓等因素。

"如何才能解決現代社會中人的道德意識的培養問題和宗教衝突問題呢？政教分離是否必然導致倫理缺位呢？如何才能化解政教分離與倫理缺位之間的兩難呢？"[21]張教授開出的藥方是引進哈貝馬斯"仍然保持政教分離的基本構架，但容許宗教進入公共領域的商討"，"讓宗教融入共同領域"[22]。為此，張教授列舉了宗教融入共同領域的三大好處和宗教不融入共同領域的三大壞處，有力地說明宗教只有融入公共領域，才能避免轉入地下與政府和社會對抗，才能更新發展，充分發揮宗教造福社會、造福人生的積極作用。

對於宗教融入公共領域和張教授所做的有關利弊的深入分析，我深表認同。但這只是一個開端，宗教在真正融入公共領域之前，還有大量更重要的問題需要深入探討和解決。例如：宗教具體應以何種方式融入公共領域？僅僅"進入公共領域的商討"是否足以解決倫理缺位的問題？是否應該建立一種宗教與政治分工合作的機制

---

21 同上。

22 張慶熊：《宗教多元、理性溝通、體制保障》，載於《學術月刊》2011年4月號，總第503期，第三節。

以有效解決問題？各宗教應當先結合成一種共同的力量進入公共領域還是分別進入？如果各宗教共同進入，如何才能先消除彼此的對立排斥，形成共同的力量？如果分別進入，是否會把宗教間的衝突帶入公共領域，重新引發政教分離欲避免的政治捲入宗教衝突問題？宗教怎樣才能真正融入公共領域而不給公共社會帶來危害？等等。這些基本問題如果不解決，宗教融入公共領域就是一句空話。

四、宗教融入公共領域的體制保障

顯然，張教授也意識到以上某些問題的重要性，故而專設一節討論宗教融入公共領域的體制保障問題，並著重指出，"要使宗教融入公共領域，參與公共領域中的理性溝通，需要體制保障。"[23]遺憾的是，張教授不僅沒有提出任何有效的體制保障措施，反而指出，由於種種原因，不僅"宗教自身難以搭起一個世界範圍內的平等交流的平臺"，這樣的體制"也難以被世界各國接受"，而且"聯合國的力量還很薄弱，不足以提供體制保障。"[24]我看到張教授提出的本節標題，原本滿懷希望從張教授那裡看到宗教融入公共領域的有效保障措施，不料看到的卻是世界在此問題上陷入完全的絕望。這使得本節的標題改為"宗教融入公共領域**沒有**體制保障"似乎更名符其實。

其實，張教授急切需要的"體制保障"就在他的腳下，只是他沒有意識到而已。宗教共同體的主要目的和作用豈不就是張教授尋求的消除宗教間對立排斥，讓各宗教共同融入公共領域，共同發揮

---

23 同上，第四節。
24 同上。

積極作用，以提升社會倫理，造福社會？“理性信仰”的目的和作
用豈不就是清除傳統宗教中迷信、低俗、狹隘、矛盾、過時等不良
因素，使宗教信仰得以淨化昇華？相對于張教授探索過並認定不可
行的各種體制保障途徑，宗教共同體豈不就是最有可能的“體制保
障”？在一篇專題討論宗教共同體的論文中，儘管已經認定所有其
他建立體制保障的途徑都“此路不通”，仍然沒有想到探討宗教共
同體作為體制保障的可能，豈不是騎驢找驢？

　　張教授雖然沒有就建立宗教融入公共領域的體制保障提出任何
措施，但卻參考哈貝馬斯的構想為中國社會改善宗教信仰狀況，使
宗教融入中國社會提出了五項建議。儘管這些建議看來還難以被中
國社會採納和實施，但卻反映了張教授對宗教和社會命運的深切關
注，以及改善中國宗教信仰和社會狀況的良知。我曾拜讀過張教授
的幾部著作，對於張教授的社會責任感和他對宗教與社會倫理關係
的洞見印象深刻。張教授所做的“道、生命和責任是聯繫在一起
的……。領悟了道，就領悟了生命的意義，也就知道自己應該承擔
的責任”[25]這樣的經典表述足以說明他的價值取向。這令我對張教授
肅然起敬。雖然我與張教授在本文涉及的一些問題上意見相左，但
相信雙方目標一致，所以希望雙方都抱著實事求是的態度，或“堅
持真理，修正錯誤”，或“求大同，存小異”，共同為推動宗教和
社會進步做出努力。

---

25 張慶熊：《道、生命與責任》，上海：上海三聯出版社，2009 年，《序》，
　　第 1 頁。

宗教共同體的多維度[1]

　　人類宗教共同體（簡稱宗教共同體），作為一個背離西方中心論觀點的宗教命題問世以來，已經受到國內宗教學界和宗教界的關注，並且在一些重大的學術研討會上成為學者們熱議甚至辯論的話題。贊成的學者認為，宗教共同體在中國乃至東方社會有其傳統實踐和社會認同基礎，是在全球化時代消除宗教間的對立衝突，發揮宗教的積極功能，構建和諧社會的一種可行的選擇，值得深入探討和推動。迄今為止的所有反對者幾乎都沒有閱讀理解我對宗教共同體的論述，僅憑望文生義就把宗教共同體認定為將各宗教合併成一個宗教，從而對其可行性和合理性表示質疑。我所主張的“‘宗教共同體’既不是單憑想像創建的一種新興宗教，也不是由現有宗教合併而成的單一宗教，而是人類順應全球化趨勢為了共同生存發展而形成的各宗教信眾和教派多元通合、和而不同、和合共生的信仰機制。它要求各宗教放棄對立排他的因素，但不要求各宗教放棄各自的特色和身份。”[2]由此可見，後者反對的與我所主張的是完全不同的宗教共同體。

　　從認真探討研究宗教共同體的學者情況看，一些人偏重於關注

1　本文原載於《世界宗教研究》2012 年第 1 期，總第 133 期，發表時編輯對本文有刪減修改。
2　見卓新平、安倫：《世界宗教能否走向“共同體”——關於全球化宗教發展願景的對話》，載於《學術月刊》2010 年 7 月號，引自第 9 頁。

宗教共同體的組織實體構建。在我國現有的宗教學認識框架中，這當然是無可厚非的。但我個人認為，宗教共同體還有多個其他的維度，同樣甚至更具有理論和實踐意義，同樣值得關注和探討。就此而言，宗教共同體可以從至少七個維度加以探討，分述如下。

一、信仰維度

宗教學奠基人穆勒認為，世界各種宗教信仰儘管形態和現象千差萬別，但本質上卻是相同的，都是基於對神即無限者的體認，宗教是聯結有限和無限的橋樑。"一切宗教的基本要素之一，就是承認有神靈的存在，那既不是感性所能領悟的，也不是理性所能理解的。"[3] "把人與動物區分開的是宗教…… 是指一種心理能力或傾向，它與感性和理性無關，但它使人感到有'無限者'的存在，於是神有了各種不同的名稱，各種不同的形象。"[4]這可能是對宗教信仰本質的最深刻的洞見，也是被許多後繼宗教學者嚴重忽視的洞見。據此，我們可以對穆勒的觀點做三重歸納和推論。其一，所有宗教信仰，無論其聲稱是有神論的還是無神論的，信仰人格神的還是非人格神的，事實上都是有神論的。沒有對神或無限者的感知就形不成宗教。其二，神或無限者是同一的，但因為其難以被感性和理性完全認知，所以人們賦予其不同的名稱和形象。其三，如果宗教是聯結人與神的橋樑，那麼各宗教就是聯結人與神的不同橋樑。

著名宗教哲學家希克的宗教多元論可以說是穆勒觀點的延伸。

---

3 麥克斯・穆勒：《宗教的起源於發展》，金澤譯，上海：上海人民出版社，2010 年，第 15 頁。

4 麥克斯・穆勒：《宗教學導論》，陳觀勝、李培茱譯，上海：上海人民出版社，1989 年，第 10 頁。

他認為，鑒於終極實在即神的含混性和不可知性，各宗教的終極信仰對象如上帝、梵、道、天、安拉、神等等都是人類對同一終極實在的不同體認和回應，“絕大多數宗教形式都肯定超越於人類和世界的拯救性實在，人們把這個實在不同地想像成人格的上帝或非人格的絕對者，或者想像成宇宙的普遍有序的結構或過程或基礎。”[5]

其實，穆勒和希克的觀點並非獨特的創見。數千年以來，世界各宗教傳統中有許多聖者大師都達到了類似的認識高度，如老子對道的體認、孔子對天的體認、《奧義書》作者們對梵的體認、穆罕默德對真主安拉的體認、基督宗教大師阿奎那對上帝的體認、猶太教大師邁蒙尼德對神的體認等等。“實在唯一，聖者異名”[6]，或者說各宗教以不同的名號稱呼的終極神聖同一，是信仰者對神的體認達到一定高度後能夠認同的共識。當然，這裡的“神”是指被各宗教冠以道、天、梵、安拉、上帝、天主等無數不同名稱的至上神，亦即學者們所謂無限者、超越者、永恆者、超自然、終極實在、絕對精神等等。人類的各種宗教傳統，無論其是拜物的、圖騰的、萬物有靈的、泛神的、自然神的還是偶像神的，也無論其自稱是一神的還是多神的，默認的共識是在事物背後有一種超越於人類並能影響人類福禍命運的神或神聖力量，對於多神教傳統來說則總是默認有一個眾神之上的至上神。這個神、神聖力量或至上神，就是各宗教聖者大師稱之以各種名號的終極神聖或超越者。

綜合古往今來宗教大師們的洞見，如果各種宗教信仰的本質相

---

5 約翰·希克：《宗教之解釋》，王志成譯，成都：四川人民出版社，2003年，第7頁。

6 《梨俱吠陀》，The Hymns of the Rigveda，Translated by Ralph T. H. Griffith，2nd edition, Kotagiri (Nilgiri)，1896，Volume I:164:46。英文為 “To what is One, sages give many a title.”

同，都基於對超越者的體認和信仰，各宗教都是通向同一超越者的不同橋樑，那麼各宗教派別及其信眾從終極意義上講就都是同一超越者的信仰者，彼此地位平等，有可能超越宗教傳統的差別形成信仰的共同體，通過彼此交流借鑒增進對超越者的體認和信仰，消除彼此之間的對立衝突，共建手足之情。事實上，東方文化如印度和中國文化，對於諸神同一觀念有傳統的認同基礎，原本就不存在相互對立排斥的宗教組織實體，因而在不自覺中早已形成了信仰共同體的一些形態。如果經過有意識的努力，構建信仰共同體並非難事。羅伯特·貝拉等學者指出的美國公民宗教現象，其實也含有信仰共同體的許多基本要素，可以視作信仰共同體的一種初級形態。信仰共同體符合宗教信仰的本真，能夠從思想意識上有效消除宗教間的對立衝突，其構建比宗教共同體的組織實體構建相對容易，是宗教共同體的最重要維度，也是追求世界和平的有效途徑。神是信仰的核心，信仰是宗教的核心，信仰共同體則是宗教共同體的核心。從宗教信仰的本質意義上講，宗教共同體也可以被稱為信仰共同體。隨著全球化進程的加快，消除文明衝突的需求日益緊迫，建立人類信仰共同體的話題將必然進入人們關注的視野。

　　構建信仰共同體的障礙將主要來自兩個方面：非信仰者的世俗立場和宗教基要主義排他勢力。世界各主要宗教，無論信仰人格神還是非人格神，基本上都有各自的終極神聖或至上神，而且深信其真實存在，是宇宙的唯一主宰。從邏輯上講，宇宙的唯一主宰或終極神聖如果真實存在，就必然是同一的。因此讓各宗教信眾認識和接受諸神同一的觀念並不像人們認為的那麼困難。例如，信眾人數超過世界人口 50%的亞伯拉罕三宗教，從其與《聖經》的共同信奉關係，可以明確認定其所信之唯一神是同一的。中國傳統全民信仰的天就是亞伯拉罕諸宗教中的上帝，也是有據可查的。與"天"同義的"上帝"一詞的文字最早見於商代殷墟甲骨文，後來基督教傳教士取用自儒教五經。由此可見，中國人信仰的天與基督教信仰的上帝同義，所指若不相同，"上帝"一詞不會被基督教輕易採用。僅此兩例中的諸神同一認同者就占到世界人口的絕大多數，其他事例尚不勝枚舉。據多種公佈的統計資料，現代世界人口的 85%以上是宗教信仰者，加上無歸屬宗教信仰者更高達世界人口的 90%以上。[7]就是說，諸神同一的觀念易於被世界上絕大多數人理性地接受，而難以接受的反倒是占少數的無宗教信仰者。從非信仰者立場來看，各宗教的終極神聖都是人為製造、虛幻不實的，因此看不出各宗教有共同的本質，進而認為各宗教的終極神聖不能劃一。這與占世界人口絕大多數的信眾將神視為真實存在的立場截然背離，從而造成對絕大多數人顯而易見的事，無宗教信仰者卻難以理解。許多學者，特別是在我國教育環境下長大的許多學者，恰好落在這少數的無宗教信仰者之內，至少就其學術立場而言。宗教信仰的前提是神的存在，對此否定就從根本上否定了所有宗教信仰的真實性，先決性地否定了古往今來所有信仰者的信仰根基，因而不能真正理解宗教信仰。然而，這種認識有很大的影響力，對信仰共同體構成不小的認識障礙。

相形之下，宗教基要主義者的問題倒不是難以認同諸神同一，而是出於唯我獨尊的排他立場，以自己的宗教教條取代神的地位，拒絕承認其他宗教信仰的同等有效性，拒絕給予其他宗教同等的地

---

7 見《國際宣教研究公報》，2007 年第 1 期，轉引自劉義：《全球化背景下的宗教與政治》，第 49-50 頁，上海：上海大學出版社，2011 年；和大衛·巴雷特主編《世界基督教百科：西元 1900-2000 年現代世界各教會和各宗教比較研究》，英國牛津：牛津大學出版社，1982 年。

位，因為承認諸神同一就等於喪失了唯我獨尊的基礎。事實上，宗教基要主義者儘管往往因把持教職而聲音聽起來很大，但占信仰者人數的實際比例卻很少。任何宗教中絕大多數的信眾都不是穩固的基要主義者。信仰共同體並不需要所有人的認同才能構建。追求真實信仰、認同諸神同一、尋求宗教信仰和諧的人們完全可以繞開少數基要主義者，從信眾層面開展信仰共同體的構建。由於非基要主義信眾占世界人口的絕大多數，基要主義的障礙可以被繞開或克服。

對於各種宗教信仰和各類信眾來說，除了諸神同一之外，信仰目標也基本相同，天然構成信仰共同體的另一基礎。信仰的目標主要是尋求救贖、解脫、彼岸天國、保佑、祈福免災、與神聯結合一、終極關懷、滿足精神需求等，這些在各宗教都有程度不等的體現，彼此大同小異。深入研究，還會發現各宗教在信仰本質、信仰源頭、精神追求、價值倫理等方面也相同或接近。即便不依賴于諸神同一，其中任何一項單獨也能支撐起信仰共同體的構建。因此，即便有人因任何原因暫時或長期不能認同諸神同一理念，仍可能在信仰本質、信仰源頭、信仰目標、精神追求、價值倫理、信仰文化等方面認同的基礎上參與信仰共同體的構建。在信仰理論構建上，單一宗教的神學往往淪為狹隘的護教學。而全球化時代人類需要的是包容、融合、開放、跨宗教的全球神學或人類共同神學。

全球化意味著人類的共同體化。世界人口中超過 90%是信仰者或准信仰者意味著人類共同體可能並應該建立在某種共同的精神信仰基礎之上。一個持久和平的世界既不可能由沒有信仰的人建立，也不可能由信仰彼此對立而無法調和的人建立。在全球化時代，信仰共同體的構建是事關人類前途命運的生死選擇，而不僅僅是學術理論的探討。

二、精神維度

　　宗教信仰都是基於對神的體認和回應，而對於認識層面較高的人來說神毫無疑問是精神性的。因此，宗教共同體作為跨宗教的信仰機制具有顯著的精神維度。近來有學者在宗教共同體的背景下提出全球靈性概念，認為全球靈性是宗教共同體的核心，甚至認為在全球化時代"靈性"將最終取代宗教信仰。儘管其對於"靈性"的定義尚模糊多變，"靈性"作為宗教信仰的一種附屬性質將取代宗教信仰的立論也難以立足。但"靈性"如果被還原到其通常含義，卻正是宗教共同體的一個重要維度。所謂"靈性"，是英文"spirituality"的一種譯法，該詞的另一種通俗譯法就是"精神性"。

　　精神一詞，原本指精氣、元神，以神為詞幹。精神性的原本含義，是指基於對神的信仰而尋求與之靠攏、聯結或合一，從中獲取生命的終極價值意義的特性。當然，隨著世俗化的氾濫，該詞也被賦予了世俗的含義，被廣泛借用甚至濫用於世俗表達，以至於人們往往在談論世俗事物時大量濫用"精神"一詞而忘記其宗教來源和本意。就精神性而言，各宗教儘管看似宗派壁壘森嚴，但精神追求的至上理念卻甚為相似，如印度教追求的梵我合一、儒教追求的天人合一、道教追求的生道合一、基督教追求的神人合一、伊斯蘭教蘇菲派追求的人主合一等等。這從另一角度證明各宗教儘管進路不同，但在精神追求的高深層面卻趨近於一致，人類信仰有共同的源泉和本質。

　　事實上，精神追求是人類有別於動物的基本特性，是人類普遍的共同需求，是人的共性，並不一定要依賴於某種特定宗教或宗教形式而存在或實現。因此，有精神信仰的人們，無論其宗教歸屬如何或有無歸屬，都有可能在精神追求相同的基礎上彼此認同，形成某種形式的人類精神共同體。精神共同體是宗教共同體的一個維度，也是實現後者的一種方式；它與信仰共同體關係緊密，可以在互動中相互促進加強。提出共同體概念的滕尼斯甚至說，"精神共同體在同從前的各種共同體的結合中，可以被理解為真正的人的和最高形式的共同體。"[8]精神性與信仰密切相關，沒有信仰就沒有精神性，反之亦然。因此如果能夠在信仰對象、信仰目標、信仰本質、信仰源頭等任一方面達成共識，都會有助於精神共同體的形成。

建立精神共同體，不僅從學術上看來是可能和必要的，我國政界也對此表示認同。胡錦濤總書記提出"弘揚中華文化，建設中華民族共有的精神家園"，其中"中華民族共有的精神家園"就是中華民族的精神共同體，而作為其構建基礎的中華文化其實是以儒道佛為主體的宗教性文化。

在實現精神追求的靈修方式上，各宗教也有許多近似之處。例如，佛教的坐禪、道教的打坐內丹、儒教的坐忘、印度宗教的勝王瑜伽、基督教和伊斯蘭教蘇菲派的冥想，其本質是一樣的，其修行方法也非常接近。又如，祈禱、祭祀、行善、守戒、懺悔、施捨、齋戒等是許多主要宗教都通行的靈性修行方式。就人類靈修方式的共同性來說，印度宗教的瑜伽四行提供了有趣的範式。瑜伽四行是高度發展的印度宗教總結出來的與神聯結即靈修的四種途徑，包括虔信瑜伽即通過虔誠信仰與神聯結，智慧瑜伽即通過增長知識和智慧與神聯結，行動瑜伽即通過無私行善與神聯結，勝王瑜伽即通過禪那冥修與神聯結。如果逐一研究，就會發現人類所有的靈修方式

---

8 費迪南·滕尼斯：《共同體與社會》，林榮遠譯，北京：北京大學出版社，2010年，第53頁。

大體都可以歸入這四種類型之中。這無疑是人類共同精神的又一展示。

　　如果能夠擺脫狹隘的宗教門戶之見，各宗教及其信眾完全可能在靈修方式上以開放的態度相互借鑒學習，交流互動，取長補短。人類精神共同體的建立將極大地促進信眾間的交流學習，使其充分受益。有悖於各宗教一成不變的錯覺，宗教史學有無數證據可以證明，各宗教在歷史上都經歷過重大，甚至根本性的改變，各宗教都毫無例外地經歷過與其他宗教交匯融合、採納吸收其他宗教元素的過程，以至於大多數現存宗教與其創教初期相比，竟判若不同宗教。既然宗教間的交匯融合、相互借鑒吸納是自然進程，那麼為了彼此和人類社會的共同受益，各宗教信眾就更應該在靈修方式上主動交流合作，相互學習借鑒，通過構建精神共同體來滿足共有的精神需求，消除彼此的對立衝突，增進認同感和社會福利。在全球化時代，各宗教的所有靈修方式也應當經過整理加工，擺放在所有信眾之前，供其選擇採用，以造福大眾，而不再是獨家秘笈或排他性禁忌。

三、價值維度

　　價值觀是指人對事物的善惡、對錯、真假、利害、美醜、重要性、可取度等的看法和評價參照系，決定著人生態度和行為取向。個人價值觀的形成，除了受本性、家庭、教育、社會等因素影響外，還深受其信仰的影響。群體和社會價值觀作為個人價值觀的認同集合體，不僅影響個人價值觀的形成，也受到個人價值觀的影響和改造。宗教信仰作為古往今來人類精神思想的主導力量，無疑對無論個人價值觀還是社會價值觀的形成和改變都具有重大影響。

　　有人指出，隨著飛速發展的現代化進程，人類的價值理念產生了重大缺陷，造成個人自身、人與人、國與國、人類與自然等方面的深刻矛盾和危機。如果不反思和修正這些缺陷，人類將會在自己創造的輝煌中走向滅亡。全球如今通行的市場經濟是以鼓勵和發揮人的自私貪欲為基礎的，雖然提高了人類物質生活水準，卻同時造成拜金主義、功利主義、消費主義的氾濫，致使人們向物欲單邊傾斜。喪失了精神信仰和健康價值觀的人們缺少對人生意義的深刻理解和信念，儘管物質消費遠超過其實際需要，依然精神空虛，內心脆弱，無法應對生老病死災變和自身內在的迷茫，幸福指數不升反降。人從物競天演進化而來的本性是自私的，市場經濟則把人的自私貪婪發揮到極致。由於缺乏精神制衡，人與人之間的競爭、對立、緊張關係日益加劇，社會道德空前衰落，與和諧社會的理想背道而馳。現代國家之間的關係深受自私對立的人際關係影響，只不過比人際關係更少制約。科技的飛速發展雖然給人類帶來巨大的利益，但同時也提供了種種人類自我毀滅的手段。國家間、宗教間、利益集團間等等的對立衝突完全可能借助科技造就的大規模殺傷武器毀滅這個世界。無節制的自私貪欲和消費主義還造成對地球有限資源的加速掠奪和大量浪費，在促使資源迅速枯竭的同時毀滅性破壞人類賴以生存的生態環境。面對日益枯竭的自然資源，爆炸式增長的自私貪婪人群之間必然爆發劇烈爭奪和戰爭，成為人類創造的自我毀滅的諸多方式之一。

　　這些矛盾和危機都源自價值理念的偏差，因此只能通過修正價值理念來化解。然而，影響價值觀形成的所有世俗要素如家庭、教育、社會、國家等等都已飽受現代社會自私貪婪、唯利是圖、競爭崇鬥價值觀的薰陶，要求其自我糾正就如同陷入泥潭的人試圖自拔頭髮脫離泥潭一樣無效。必須有一種影響力大於現有價值觀的超越力量才能對其有效修正，而宗教信仰正是具有這種影響力的存在。就此而言，各宗教有許多共同或獨特的價值觀資源可資開發利用。例如，各宗教的共性之一是重精神追求、輕物質欲望、超凡脫俗。這與現代社會氾濫的拜金主義、功利主義和消費主義完全相反，是後者的天然消解力量。宗教信仰是人的終極關懷，能夠闡釋人生的意義，充實人的精神境界，消除人生的困惑，讓人以最小的物質消耗獲得最大的幸福感。這些精神價值觀對於化解現代社會中個人、人際和資源環境等矛盾危機都有重大作用。又如，各宗教的信仰結構大多是通過人對自我的否定或克制，實現從個體自我為中心轉向以神為中心，將對神的愛普化成對他人的愛，進而轉化成發自內心的利他主義。這種精神價值觀有助於抵消人的自私貪婪本性，對沖個體為中心的現代價值觀和人際間的競爭衝突，是構建社會和諧的有效資源。推而廣之，如果建立在個體基礎上的國家都能以這樣的價值觀作為其行為的基礎，那麼國家間的緊張危險關係就有望緩解，全球化的人類和合共生就有望實現。再如，道教不僅主張清心寡欲、節儉惜福，而且注重人與自然環境的和諧共生。這類價值觀念在現代社會中越來越顯示出其智慧和意義。面對有限的自然資源和脆弱的地球生態，人類只有克制對物質財富的欲望，制止過度的開採消費，注重他人的利益和生態保護，才能做到人際、國際、天人之際的和合共生，才可能持續地生存發展。

　　難以否定的是，各宗教在倡導自我克制、與人為善等優秀價值觀的同時，自身卻不時反其道而行之，教派間對立衝突不斷，違背自身教義原則的惡行時有發生。因此，各宗教團體及信眾應該首先清理、整合各自的價值觀，就良善理念達成共識，相互之間形成自製、自律的人類價值共同體，做到宗教自身的揚善抑惡，才能向社會提供公認的良善價值觀。這樣的價值共同體在宗教共同體的理念下有可能得到最好的實現。

人類價值共同體是全球化時代人類持久和平共處的重要基礎。全球化要求人類必須形成公認的共同價值觀和秩序，才能避免相互的衝突、爭鬥和毀滅，維護全人類的共同生存發展。因此人類價值共同體並非奢侈品，而是關係到全人類前途命運的必需物。現代社會盛行的世俗化和民族主義狹隘價值觀使得一些人看不到人類價值共同體的可能。其實，人類社會有充足的資源可以用來構建價值共同體。共同的人性、人類共同生存發展的需要、對人類共同利益的關切、全球化必將帶來的人類共同體新形勢等等，是人類價值共同體的世俗資源。跨宗教的共同信仰本質和精神追求、各宗教真善美的共同價值取向、各宗教共有的道德金規則等等，則提供了更強有力的精神信仰層面的共同價值資源。世界人口中超過 90%是信仰者和准信仰者，因此以精神信仰為基礎的人類價值共同體能對人類社會發揮重大影響，足以對抗物質主義和個體本位主義的價值觀。價值共同體作為宗教共同體的價值維度，對於全球化人類的生存發展將具有重大意義。

四、倫理維度

現代社會廣泛的道德衰敗使世人普遍深受其害，窒息了社會的共同生存發展，已經成為必須解決的重大頑症。康德認為，道德的本質是人們內心的自律。[9]馬克思也認為，道德的基礎是人類精神的

---

9 康德：《道德形而上學原理》，苗力田譯，上海：上海人民出版社，1986 年，

自律。[10]這無疑是關於道德本質的最深刻洞見。但現代社會面臨的最大困境是，如何才能從人的內心建立起自律？事實證明，法律、強制措施、政治號召等等都是外在的他律手段，治標不治本，單獨不足以在人的內心建立起自律。而宗教信仰則可以提供足夠強大的力量促成人的持久自律。人的本性是自私的，而道德的本質是要求人們限制或克制自我，尊重並維護他人和公共的權益，以促進和維護人們共同的權益。在自私本性與利他要求的衝突中，需要有一種神聖的壓倒性精神信仰作為其基礎，以戰勝人的自私本性，形成人們發自內心的自覺意識和自律行為。然而，這種神聖性難以人為製造，即便能夠也難以長期維持。對信仰者來說，來自神的道德要求是神聖而不容違犯的，應該得到無條件的自覺遵從。這就是宗教信仰能促成道德自律的原因，也是其能有效維護和提升道德的基礎。歷代無神論和有神論的有識之士都推崇神道設教，原因也在於此。世界人口中高達 90%以上是宗教信仰者和准信仰者，使得通過精神信仰認同建立人類道德共同體成為可能。

由此可見，現代社會中道德水準江河日下、屢治無效就是因為道德主張中缺少了信仰的神聖性和約束力，因而不能有效轉化為公民自覺的遵守意識和自律行為。東西方社會的狀況都能證明此理。例如，中國社會自文革完全摧毀傳統宗教信仰體系之後，社會道德嚴重衰敗，重建社會道德的努力由於缺乏信仰體系而效果差強人意。又如，西方社會自實行政教分離之後，因宗教被邊緣化而失去了神聖性的道德教化和約束力量，致使社會道德水準明顯下降而苦於無法應對。現代西方一些著名學者如哈貝馬斯等人大力提倡宗教

第 86 頁。
10 《馬克思恩格斯全集》，北京：人民出版社，1956 年，第一卷，第 15 頁。

融入公共領域，重振社會道德，就是因為看到除宗教信仰之外，其他社會力量難以起到這樣的作用。但這些學者面臨的困境是：實行政教分離的原因是為了避免宗教間的對立衝突擴散到公共領域，如果沒有找到解決宗教間對立衝突的有效辦法就讓宗教重返公共領域，原先極力避免的宗教間衝突隱患會重回公共領域，為害社會，結果又回到害大於利的原點。

　　哈氏等人的主張用意固然很好，但有待解決的問題是如何才能消解宗教間的對立衝突，以便讓宗教順利融入公共領域，重振社會道德。現代社會能夠找到消解宗教間對立衝突的有效方法嗎？各宗教能就社會倫理達成共識嗎？縱觀所有可能途徑，建立一種宗教間多元通和、和而不同、和合共生的宗教共同體可能是化解諸宗教對立衝突，協調其倫理行為規範的唯一有效辦法。這種模式已經在傳統中華民族多元社會中證明可行有效，經過改良發展同樣可以適用於全球化的人類多元社會。從構建資源來看，各宗教都有主張揚善抑惡的教義教規，彼此之間非常相似或相近，其中被總結為"己所欲，施於人"的道德金規則更是被各宗教共同持有。各宗教類似的道德教化資源可以用作倫理共同體構建的基礎。筆者曾將各主要宗教的道德規範列出清單比較，發現各宗教大多數主要道德規範相同或近似，相互抵觸的幾乎沒有。[11]由此可見，在人類宗教共同體的背景下構建人類倫理共同體，是解決現代社會道德衰敗的現實可行途徑。

　　全球化時代需要構建人類共同倫理準則，作為人類社會新秩序的基礎，已經不是最新認識了。上世紀末宗教思想家漢斯·昆等人就發起了著名的全球倫理運動，在 1993 年的世界宗教議會上通過了《全

---

11 安倫：《理性信仰之道》，上海：學林出版社，2009 年，第 105-107 頁。

球倫理宣言》，並得到聯合國教科文組織的支持。只是由於缺乏落實行動的主體和機制，該運動陷入停滯狀態。在人類宗教共同體的背景下構建人類倫理共同體，能夠有效解決全球倫理缺乏主體和機制保障的問題，為全球倫理運動注入生機，可能是實現全球倫理的最有效方式。

　　宗教信仰具有強大的道德功能，有待人們的發掘和利用。與此同時，宗教也應當積極發揮和發展其道德教化功能，爭取在造福社會的同時使自身得到健康發展。康德認為宗教的本質是倫理，雖然有失偏頗，但也不無道理。人們最終會發現，宗教信仰是建立人類共同倫理的有效力量，而人類宗教共同體是構建人類倫理共同體的有效途徑。

五、文化維度

　　宗教共同體不僅有精神信仰維度，還有顯著的文化維度。宗教文化是人類文化的重要組成部分，還是其來源與基礎。宗教信仰不僅影響信眾，還通過各種文化形式影響整個社會，推動社會文化發展。世界所有民族的文學、藝術、舞蹈、音樂、繪畫、雕塑、戲曲、書法、建築、語言文字、哲學、人文、民俗、養生、醫藥等等都印有宗教文化的深刻烙印。對於宗教的文化維度，我國許多老一代宗教學家都有深刻認識。例如，牟鐘鑒先生認為，"宗教文化本質上是人們以宗教為表現形態的精神勞動成果，連同宗教本身也是人類歷史文化的產物。"[12]呂大吉先生則把宗教定義為"一種特定的以超

12　牟鐘鑒：《宗教文化論》，載西北民族大學學報(哲學社會科學版)，2012年，第2期。

世信仰為核心的社會文化體系。"[13]

世界所有民族的傳統文化都有宗教性。每個民族文化的起點都是其精神信仰，所以文化傳統必然有宗教性。保羅·蒂裡希認為，宗教是文化的實質，而文化則是宗教的表現形式。[14]霍爾姆則認為，沒有宗教，各種文化形式便失去效用和依據；沒有文化形式，宗教則被架空。[15]新文化運動以來我國許多主流學者受西方中心論偏見的影響，否定儒道佛是宗教，進而否定中華文化的宗教性，認為中華文化是人類社會中唯一沒有宗教性的文化。這種認識偏差使得中華民族及其文化不僅在世界文化之林中處於完全孤立地位，而且喪失了宗教信仰可能提供的種種寶貴的社會功能，應該本著客觀務實的態度予以全面的撥亂反正。

宗教信仰不僅表現為文化，而且是最高層次的精神文化。宗教信仰以其對真善美的追求和豐富的文化內涵，可以起到豐富精神生活、提升人生境界、促進道德教化、改良社會等作用。在現代社會低俗文化充斥，高雅文化衰落的困境中，發展和弘揚健康的宗教文化，以真善美的高雅文化對抗市儈功利的庸俗文化，淨化社會風氣，符合社會的迫切需求，能夠促進文化建設與社會和諧，具有重大的社會意義。

"宗教是大多數民族和民族國家的精神支柱和文化的精神方向"，"宗教文化居於民族文化的核心地位，維繫著民族共同體的延續和道德風俗。"[16]共同的超越信仰能夠把不同階層、職業、教育

13　呂大吉：《宗教學通論新編》，北京：中國社會科學出版社，1998 年。
14　引自卓新平：《全球化的宗教與當代中國》，北京：社會科學文獻出版社，2008 年，第 396 頁。
15　同上。
16　牟鐘鑒：《宗教文化論》，載西北民族大學學報(哲學社會科學版)，2012 年，第 2 期。

背景和地域的人們凝聚在一起，是維繫民族團結的重大要素。歷史經驗證明，能夠讓一個民族、一國國民形成認同和凝聚力的，主要是以精神信仰為基礎的文化傳統。一個民族如果喪失其宗教文化傳統，就會喪失其精神文化認同，喪失其價值和道德觀念的認同，進而喪失其民族凝聚力。

世界民族林立，文化千差萬別。不可逆轉的全球化意味著人類的共同體化，要求人們最終作為世界公民共用人類共同體的文化。如何在保護、開發和利用各民族宗教文化資源的同時消除不同文化的對立排斥，使之融合而形成適合人類共同生存發展的共同體文化，是對人類的重大挑戰。人類宗教共同體作為人類精神信仰的共同體可以從精神信仰的源頭上促進各民族文化的交流融合，汲取各種文化的精華，消除排他障礙，促進人類文化共同體乃至人類文明共同體的形成。這種文化維度的共同體既以宗教共同體諸要素為基礎，又反過來推動宗教共同體的形成和發展。

中華民族作為世界上最大的民族，其文化自古以來對人類社會便有重大影響。在全球化時代，中華民族也當仁不讓應為人類共同體文化的形成做出應有的貢獻。這就要求我們首先準確把握中華文化的本質和特點，特別是認清其宗教性，拔去自我強加的文化異類標籤，擺脫自我孤立的文化地位。胡錦濤總書記提出"弘揚中華文化，建設中華民族共有的精神家園。中華文化是中華民族生生不息、團結奮進的不竭動力。"[17]這說明我國政界也開始認識到中華文化不可替代的關鍵作用。中華文化是以儒道佛為主體的多元宗教文化，其最重大的優點是包容開放，表現為多元通和、和而不同、和合共

---

17 胡錦濤：《高舉中國特色社會主義偉大旗幟，為奪取全面建設小康社會新勝利而奮鬥》，北京：人民出版社，2007 年。

生，這其實就是宗教共同體的基本特徵。我國傳統的儒道佛三教合流，對基督教、伊斯蘭教、佛教、猶太教等等各種宗教文化的兼收並蓄，都展示了這種優秀的文化傳統。這種共同體文化傳統恰巧是全球化時代構建人類文化共同體最需要的關鍵因素。就此而言，中華文化有望成為人類文化共同體的先導性文化。

六、組織建制維度

宗教共同體的組織建制形態是一些學者甚為關切的問題。筆者個人認為，宗教共同體的內涵是信仰，其主要意義體現在信仰、精神、價值、倫理、文化的認同及其積極社會功能；而組織建制只是實現其內容和意義的外在形式，只要有利於此的組織形式都可以探討或嘗試，包括而不限於宗教團體和信眾間的自發機制、協調機構、聯誼、聯盟、緊密組織、鬆散聯合等等。因為不牽涉到世俗權力和利益的劃分，所以並不一定需要強大的權力機構，也不一定要拘泥於某種特定的組織形式，可以靈活多樣。由於涉及到各宗教教派內部、各宗教派別之間、信眾的意願和偏好、宗教與政治、宗教與社會等各種複雜因素，宗教共同體的組織形式不是任何人事先可以硬性規定的，有待探討論證，更有待在實踐發展中逐步演進和完善。

據哈佛大學著名宗教學者 W.C.史密斯的考證，建制性的宗教是西方人近代才製造出來的概念，是對信仰人群及其他外在形式的建制化產物，導致了概念混亂、對立排他等不良後果。因此，他認為應該取消 "宗教" 一詞的使用，而代之以信仰和累積傳統兩種概念，其中信仰是指人對神的體認、敬畏和回應，代表的是人與神的關係，而累積傳統是圍繞信仰的外在形式，包括組織、教義、教規、儀式等等。信仰是所謂宗教的不變內涵，而累積傳統則千差萬別，變動不居，並非固定不變的實體。[18]例如，19 世紀初才被西方人勉強命名為印度教的其實並非統一的建制性宗教，而是不斷變動中的多種信仰形態的共同體。只是 "宗教" 一詞已被世界廣泛接受和通用，很難像史密斯建議的那樣被取消。筆者認為可以用 "宗教" 一詞來專指累積傳統，以有別於信仰。當然，如此使用時還應牢記宗教的表現形式千姿百態，多數並不像人們相信的那樣具有建制性的信眾組織，也未必符合亞伯拉罕宗教的模式。至少筆者本人在用到宗教與信仰兩詞時含義如此。

　　史密斯認為，西方學者過分注重建制性宗教，以此取代宗教的核心即對神的信仰，原因是研究者往往不是內在的參與體驗者，而是外在的觀察者。後者分析宗教信仰就如同瞎子分析顏色，聾子分析聲音一樣。"內在的參與者能夠洞若觀火地發現，外在的觀察者或許對一種宗教體系瞭解得 '頭頭是道' ，然而卻完全不得其要旨。"[19]我國一些現代學者關注建制性宗教甚於其信仰內涵，原因也在於此。建制性宗教大多是在近現代 "宗教" 概念的誘導下人為造成和強化的，導致宗教間的排他、對立、衝突、信仰概念混亂和異化，弊多於利，應該被弱化。所謂諸宗教，如基督教、佛教、印度教等等，其累積傳統千姿百態，變動無窮，並不具備人們信以為真的整體性和固定性，現實中並沒有其統一和固定不變的整體。被稱為基督教、佛教、道教、印度教等的諸宗教內部的差異往往大於諸宗教之間的差異。人們在忙於強化宗教的建制性結構時忘記了一個簡單道理：神是神聖的，而宗教是人為的，並不神聖。有鑑於此，

18　W. C.史密斯：《宗教的意義與終結》，董江陽譯，北京：中國人民大學出版社，2005 年，第 333-334 頁。
19　同上書，第 290 頁。

宗教的研究和實踐應當返璞歸真，不再強調和強化建制性宗教，而應回歸於以信仰為中心。這一原則同樣適用於宗教共同體。畢竟，宗教是為信仰內涵服務的，理所應當為信仰的健康發展做出調整和適應，而不應喧賓奪主。宗教共同體的主要使命之一是消除宗教間的對立衝突，發展人類共同的健康信仰以造福社會，所以更應該避免有潛在弊病的建制，使其外在的組織形式最大程度有利於其信仰內涵和積極社會功能的發揮和發展。

宗教共同體的基本原則是多元通和、和而不同、和合共生，其建制無論最終如何發展都應符合這一原則，並應能充分適合與滿足各類信眾的需求，因勢利導而有所創新。為適應不同需求，可以發展出多種多樣的建制。譬如，為了信仰理論和教育的共同發展，各宗教可以聯合舉辦跨宗教信仰院校。各宗教學者齊聚一堂，既可以加深跨宗教的信仰理論研究發展，培養視野開闊的高素質教職人員，又可以促進跨宗教交流學習，消除彼此的隔閡對立。又如，有自治能力的各宗教教派、團體、場所、信徒可以本著自願原則組織或參與聯合會、協會或聯盟，共同發起和協調宗教信仰活動。再如，為了滿足廣大信眾的多種信仰、文化和社會交往需求，還可以嘗試創辦一種新型的公共信仰文化場所，對所有信眾完全開放，開設各宗教的講經說道、儀式、研修課程和靈修項目，供信眾自由選擇參與。這些場所同時可以作為日常開放的社區高雅文化中心，舉辦如瑜伽班、氣功班、心理諮詢班、音樂會、音樂講座、美術展覽、美術講座、藝術沙龍、文學沙龍等文化藝術項目。此類機構還可以組織信眾共同參與慈善公益活動，在造福社會的同時提高信眾的團契感和精神境界。新場所中氛圍應親切友好，參與者彼此待若兄弟姊妹，活動應豐富多彩，具有真正的吸引力；不僅能給民眾提供精神寄託和高雅文化的日常歸宿，提高其修養和情操，而且可以通過潛移默化實現對信眾的道德教化。當然，以上都只是一些設想。鑒於國內現狀，宗教共同體的體制要待社會就其理念形成共識並計畫付諸實施時才能進入深入具體的探討。

七、社會功能維度

宗教學研究業已證明，宗教信仰有多種重大的社會功能，其中至少包括滿足精神需求、提供心理調適、維護提升價值倫理、文化傳承、凝聚民族和社會、維護社會秩序與和諧、制約不良思想和行為、鼓勵博愛利他、反戰促和、提供公益慈善服務等等。這些功能具有解決人類社會中許多重大問題和危機的巨大潛力，而且多數是人類社會任何其他力量所不能替代的。因此，宗教信仰是人類社會中一種重大資源。

然而，這種重大資源迄今為止既沒有得到充分認識和重視，更沒有得到有意識的開發利用，造成人類社會中最大的資源閒置浪費。不僅如此，各宗教還不時有明顯違背其教義精神的各種惡行出現，甚至發展到相互對立衝突乃至戰爭毀滅。造成此種狀況的原因主要是對宗教信仰的認識尚有許多誤區，人為強化和神聖化建制性宗教，使得宗教教派相互對立排斥合法化。各宗教往往缺乏發揮其積極社會功能的主動意識和社會責任感，也沒有自我調控約束的意識和機制。在全球化將人類的命運結為一體的時代，人類面臨的一大挑戰是要麼馴服調控宗教，使之發揮巨大潛力造福人類社會，要麼聽之任之，任其發揮對立衝突乃至戰爭等負面潛力威脅人類生存。這是一項艱巨的任務，謀求應對這一挑戰的西方社會志士仁人在嘗試過宗教對話等方法無果之後已經陷入困境。

　　宗教共同體的主要目的和作用是在宗教信仰團體和信眾之間形成共識和共行，建立自我調控機制以理性檢驗和修正宗教的不良因素，有意識地整合發揮其各種積極社會功能，最大限度地抑惡揚善，造福社會，因此是對這一困境的有效突破。這種建立在人類共同信仰基礎上的共生機制不僅可以充分挖掘和發揮宗教信仰的所有積極社會功能，而且還能成倍放大這些功能的作用，並增加許多在宗教對立派系林立時沒有的積極功能。本文中談到的宗教共同體的信仰、精神、價值、倫理和文化諸維度其實就是共同體能夠發揮其積極社會作用的相關領域。在全球一體化最終完成之前，世界各國，包括我國社會，也可以從宗教共同體的各種社會功能中受益良多。

　　實現世界大同是人類思想精英們千百年來的偉大理想，從古代的孔子、柏拉圖到近現代的馬克思、孫中山、費孝通等人對此都曾有美好的憧憬。但由於當時條件不成熟，這一理想往往被人譏笑為夢想。對此，全球化帶來的不僅是世界大同的契機，更是不以人們意志為轉移的必然。全球一體化其實就是人類的共同體化，亦即世界大同。不管人們贊成與反對，其作為人類歷史的必然趨勢越來越明顯，越來越無可辯駁。儘管如此，人類還遠未為此做好準備，尚有文明衝突乃至毀滅等巨大隱患沒有消除，人類在這次大轉變中前途未蔔，面臨生死存亡的風險和抉擇。宗教共同體的重大作用之一就是消除文明衝突等風險，在精神、信仰、價值、倫理和文化等方面建立全球化人類的基本認同，為世界大同鋪平道路。人類共同體的實現固然需要體現在政治、經濟、法律等外在形式上，但同等或更加重要的是築基於精神、信仰、價值、倫理和文化等內在維度中。沒有這些維度的廣泛認同和堅實構建作為基礎，世界大同或人類共同體就仍是脆弱的建築。就此而言，宗教共同體是同時實現精神、信仰、價值、倫理和文化等多維度認同和保障的最有效的載體。對此，有資深學者評論說，"基於世界宗教狀況，'宗教共同體'幾乎可與'世界共同體'同義。"[20]

八、餘　論

本文談及宗教共同體的七個維度。雖然這七個維度幾乎都可以分別作為基礎構成一種共同體，但這並不意味著其彼此之間的關聯度可以割裂或削弱。諸維度之間具有緊密的相生相應、相輔相成關係，其中任一維度共同體的實現都會促進其他維度共同體的實現，每一維度的共同體都分別是實現宗教共同體的有效途徑。其多維度的可區別性使得宗教共同體有可能不必在所有維度同時實現，而可以成熟一個，實現一個，甚至連實現順序也可以順其自然。當然，信仰、精神、價值、道德、文化、功能等維度的共同體非同於政治、經濟共同體，未必有相同的形式或定義，未必著重於顯著的組織實體，而更可能重在理念的認同、實踐的有效性。還應當指出，諸維度之間並非界限完全分明，可能在許多方面有明顯的相互跨越或交錯重合。

本文意在指出宗教共同體至少有七個維度可供深入研究和探討，絕非奢望在一篇短文中窮盡七個宏大課題的討論。拋磚引玉是本文的目的。此外，本文談及宗教共同體的七個維度，非謂其只有七個維度。隨著宗教共同體研討的深入開展，或許對此會有新的認

20 王曉朝：《倫理"之後"是宗教——倫理共同體與宗教共同體淺議》，載《宗教與中國社會倫理體系構建》高層論壇論文集，同時載鳳凰網《佛教頻道》，2011年6月。

識和發現。因條件所限，本文也未論及如何加強宗教共同體的內生性和內部的共同性，以及如何形成內部法則。

　　最後應當指出，宗教共同體這個名稱顯然不能準確表達其所有內涵和維度，未必是最恰當的名稱。我在提出這一名稱時就指出，"恰當的名稱可以待集思廣益後再確定。"[21] 宗教的核心是信仰，而作為累積傳統的宗教只是實現信仰的外在形式。以宗教共同體來命名這個以信仰為核心的共同體，易於使人偏重於宗教信仰的外在形式，而忽視其信仰內涵，加強已有的對建制性宗教的過分偏重。因此，儘管受語言的限制也許永遠找不到完全恰當的名稱，但稱之為"宗教信仰共同體"也許比宗教共同體更為適當。

21　安倫：《理性信仰之道——人類宗教共同體》，上海：學林出版社，2009年，第129頁。

植根于中華文化的宗教共同體[1]

　　人類宗教共同體，或稱宗教共同體，自從 2009 年被正式提出以來，已經受到海峽兩岸宗教學界的關注。臺灣中興大學國際政治研究所所長巨克毅教授在一篇專論宗教共同體的論文中指出，"近兩年來中國大陸宗教學術界討論'人類宗教共同體'，此項議題甚囂塵上，已在大陸許多傳播媒體、學術期刊與出版專書上大肆報導與出現，業已形成當前宗教新思想爭論的主要焦點。"[2]然而，本文的目的不是討論該話題的熱點關注，而是探討人類宗教共同體與中華文化的內在關係。

　　所謂人類宗教共同體，簡單來說就是人類為了順應全球化時代共同生存發展需要而將形成的各種宗教信仰的信眾和教派多元通合、和而不同、和合共生的宗教信仰機制，特點是繼承吸收各宗教的全部精華，消除擯棄各宗教對立排他等消極因素，求大同存小異，所有信眾和宗教教派可以在此框架中保持各自特色而和諧共存。共同體既不是一元化的單一宗教，也不是一種新興宗教，而是在尋求共同信仰目標、共同價值觀和倫理取向，關切和維護人類的共同生存發展利益的基礎上，可以協調思想和行動，和諧共生的各宗教教

1　本文原載於臺灣《宗教哲學》季刊 2012 年 9 月號，總第 61 期。
2　巨克毅：《宗教共同體與宗教大同的反思》，載於中國社科院世界宗教研究所、中華宗教哲學研究社、山西省海外聯誼會、山西民族宗教文化交流中心聯合舉辦的《海峽兩岸"中國文化與宗教大同暨五臺山佛教文化"研討會》論文集，2012 年 8 月，第 1 頁。

派和信眾的普世兼容體。

巨克毅教授認為，“以宗教大同概念取代宗教共同體一詞將更為貼切與適用”。[3]然爾觀其對宗教大同的表述，如“各大宗教間求同去異，不分彼此，……和平共存，相互合作，為造福人類社會而努力”等等[4]，與我所說的宗教共同體並無本質不同，實乃“大同”。至於如何稱呼，我在人類宗教共同體概念發表伊始就聲明，“本書中權且名之為‘宗教共同體’。恰當的名稱可以待集思廣益後再確定。”[5]因此，巨教授對宗教共同體及其名稱積極探討提議，我深表歡迎。我之所以避免使用“宗教大同”一詞，原因是擔心被誤解為企圖將所有宗教合併為一。不出所憂，宗教共同體理念自問世以來遭遇反對意見的唯一類型正是如此。“宗教大同”受到如此誤解的可能性更大，所以我雖不反對，但也不敢擅用。

概括來說，傳統中華文化既是宗教共同體的思想理念來源，又提供了其傳統實踐基礎，更是其走向全球化世界的支撐。在西方近代科學主義和世俗化的巨大影響下，人們心目中已將文化和宗教做了徹底分離。尤其是在多年推行唯物主義無神論的中國大陸，中華文化已普遍被理解為與宗教無關的文化。那麼為什麼還要說宗教共同體植根于中華文化呢？這首先應該從中華文化的宗教性談起。

一、重新認識中華文化的宗教性

人類宗教共同體是以宗教信仰為核心的共同體，能夠作為其植

---

3 同上，第 9-10 頁。
4 同上，第 9 頁。
5 安倫：《理性信仰之道——人類宗教共同體》，上海：學林出版社，2009 年，第 129 頁。

根基礎的文化必然是宗教性文化。那麼，傳統中華文化是否像現代中國主流社會引以為常的那樣是非宗教性文化呢？如果是，必須證明傳統中華文化何以能一反人類所有傳統民族文化的宗教性常態成為唯一的非宗教文化。如果不是，也必須有充足證據加以證明。

其實，證明中華文化是宗教性文化並不困難。如果說，傳統中華文化是以儒道佛為主體的多元文化，則任何尊重事實的人都很難提出重大異議。問題的癥結是近代中國社會對儒道佛是否宗教存在異議。如果能夠證明儒道佛都是宗教，則中華文化的宗教性不證自明。

否定儒道佛是宗教的觀點源自新文化運動以來中國的"知識精英"們全盤接受西方思想，全面否定傳統中華文化的激進思潮。文人們之所以認為儒道佛，特別是儒，不是宗教，根本原因在於以亞伯拉罕宗教範式為標準來判斷中國宗教。以基督宗教為範式的西方宗教學認為，構成一種宗教必須具備教義、教規、儀式、神學體系、建制性組織和教徒等基本要素。中國傳統的儒道佛和所謂民間宗教既無獨立于世俗文化思想的完整神學體系，又無像西方宗教那樣獨立於世俗體系的建制性信眾組織，甚至沒有西方意義上的信徒，從各方面來看都不符合亞伯拉罕宗教的標準特徵。以此標準衡量，確實不是宗教。無怪乎盲目全盤接受西方宗教觀的人們或聲稱中國沒有宗教，或致力於按亞伯拉罕宗教模式詮釋和改造中國宗教。其實，如果同樣以西方人的特徵制定人的認定標準，應用者也會以不符合這些標準特徵為由得出中國人，包括他們自己，都不是人的結論。

筆者認為，判斷一種人文體系是否宗教，不應以其是否具有亞伯拉罕宗教那樣的建制、教義、組織、信徒等外在形式，也不應以其是否有世俗內容或其多寡為標準，而應看其是否有超越性信仰和神聖維度為主導。大量宗教學調研證明，人類多數宗教傳統並不具有亞伯拉罕宗教的建制等外在形式；幾乎所有的宗教都有明顯的世俗內容，只是多少不同而已。如果以這種普適性標準判斷，儒道佛分別有以天、道、佛的超越性信仰和神聖維度為主導，其為宗教應不難認定，至少其宗教性不可否認。如果儒道佛是宗教，中華文化的宗教性就應該被承認。如此，中華文化是人類社會唯一非宗教性文化的離奇觀點則不攻自破。

中國傳統宗教模式與亞伯拉罕宗教模式大相徑庭的現象從上世紀六十年代起就被學界一些有識之士覺察。美籍華人社會學家楊慶堃就將中國傳統宗教歸類於彌漫性宗教，以別於基督宗教那種"有自己的神學、儀式和組織體系，獨立於其他世俗社會組織之外"的建制性宗教。[6]循此思路仔細考察，可以發現中國傳統宗教至少存在形式、教義教規、信仰者歸屬形式、宗教間關係等各方面有其自身特點，與亞伯拉罕宗教迥然相異。這使得中國宗教完全不符合以基督宗教為範式發展起來的西方宗教模式。因此，傳統中國宗教絕非以建制性基督宗教為範式發展起來的西方宗教學所能正確詮釋。為了客觀深入認識中華文化的宗教性及其內在價值，必須放棄以西方中心論為基礎的宗教觀，糾正其所造成的認識偏差和誤導，而代之以全面、客觀、普適性的宗教觀。

習慣于用西方觀念看待中華文化的人之所以難以認識到中華文化的宗教性，另一個重大原因是中華文化與彌漫性的中國宗教混然一體，彼此之間並無清晰分野，與西方社會中神聖與世俗分離的狀況完全不同。這使得將西方模式套用在中華文化上的人不僅將中華

---

6 楊慶堃：《中國社會中的宗教》，範麗珠等譯，上海：上海人民出版社，2007年，第35頁。

文化與中國宗教當成兩種不相干的事物看待，進而否認中華文化的宗教性，而且將中國宗教當作迷信落後，至多不過是劣等宗教而加以拋棄。

近百年以來，受西方激進思潮驅動的歷次政治運動的反復浸淫，中國主流社會已習慣於將宗教視為封建迷信或敵對勢力，賦予其負面的涵義。因此，認識和正視中華文化的宗教性的倡議可能會被許多國人拒斥。其實，中華文化有宗教性並非壞事，而是對中國社會大有裨益的好事。宗教性的中華文化在中國幾千年的文明史中始終承擔著維繫精神信仰、價值倫理、社會穩定、文化傳承、民族凝聚力等多種重大功能。隨著傳統中華文化被新文化運動至文化革命的歷次政治運動掃地出門，其所承擔的這些重要功能也因不復有載體而喪失。目前威脅中國社會和諧穩定最嚴重的信仰缺失、精神空虛、價值虛無、道德淪喪、物欲橫流、缺乏凝聚力和文化軟實力等問題，究其根本，無一不與宗教性中華文化的缺失有關。現代社會未嘗沒有試用過各種手段解決以上問題，但正是因為這些世俗手段都缺乏傳統中華文化的神聖性、超越性、精神性及其深入人心的影響力，在應對以上問題中都被反復證明為蒼白無力。重新認識、發掘和發揮宗教性中華文化的社會功能是解決這些問題的有效途徑。

二、中華文化是宗教共同體的
理念來源和實踐基礎

人類宗教共同體的理念，既非烏托邦式的空中樓閣，亦非無源之水。中國著名宗教學家卓新平先生就曾指出，"對於形成'宗教共同體'這麼一個理念，我認為是依于我們文化思想的一種積澱，

使我們認識到有這麼一種可能性。"[7]究其根本，傳統中華文化不僅
為宗教共同體的理念來源提供了深厚的思想積澱，而且為其提供了
原生態下的實踐經驗和在新時代條件下成功發展的基礎，使之具備
了現實的可行性。

筆者曾多次表示，宗教共同體的基本理念可以被概括為宗教間
和信眾間的"多元通和、和而不同、和合共生"。可以說，凡是符
合這些理念的宗教教派和信眾間的關係機制都可稱為宗教共同體。
"多元通和、和而不同、和合共生"從詞語到基本理念都源自于傳
統中華文化，是其傳統思想和實踐的自然產物。

首先，"多元通和"為多元宗教並存帶來的種種矛盾提供了解
決原則。循此原則，各宗教信眾和教派可以在保持多元化的同時求
同存異，通過對基本共同點的認同達到"和"的目標。其中的"通"
既可以是多元宗教間的溝通、通融，也可以是向"和"的通達。通
過溝通、通融加強對基本面的認同，各宗教教派和信眾之間就能有
效實現"通和"。

其次，"和而不同"的理念為解決多元宗教共存問題貢獻了中
國先人的獨特智慧，解決了一與多、個殊與整體的關係問題。西方
人面對多元宗教共存和文明衝突的難題，或者強調宗教的絕對性和
排他性，推行宗教間的弱肉強食，或者認為只有取得宗教的完全同
一，才能實現宗教間的和平，或者試圖僅通過宗教對話這種效果有
限的方法加以解決，其實是束手無策。"和而不同"則能有效實現
多元宗教間的和合共生而不以抹殺宗教的多元性和多樣性為代價，
具有現實的可行性。只要各宗教放棄對立排他的態度，不違背求同

---

7 卓新平、安倫：《世界宗教能否走向"共同體"——關於全球化宗教發展願
　景的對話》，載於《學術月刊》2010 年 7 月號，總第 494 期，引自第 10 頁。

存異、和平共處的基本原則，各自的特色和外在形式等次要方面的不同或差異將是宗教共同體中各宗教派別存在的常態。

最後，宗教信眾及多元教派的"和合共生"、人類社會的"和合共生"，是宗教共同體的目標，也應是全球化時代人類社會的努力方向。對其正當性任何人都難以公然否定。宗教傳統的唯我獨尊、排他對立是人類社會對立、衝突和戰爭的重要根源，如果不能有效消除，並在宗教間形成一種和合共生的機制，在地球村的狹小空間內遲早會給人類帶來大災難。人類如果能夠形成任何形式的宗教間和合共生的關係機制，那一定是一種宗教共同體。

"多元通和、和而不同、和合共生"三個詞都含有並且突出"和"，是中華文化中"和"理念的集中體現。以此為基石的宗教共同體不僅能為中國社會的和諧穩定、長治久安起到關鍵作用，而且將是中華文化為人類社會和合共生所做的最重大貢獻。

除了作為思想理念資源，傳統中華文化還為宗教共同體提供了實踐經驗和構建基礎。宗教共同體在理論上是一個較新的提法，但在中國社會的實踐中卻並不陌生，其在中國社會不僅是一種理想，更有著深厚的歷史根源和現實的社會認同基礎。中國社會從唐代以來就實行儒道佛三教合一，並且在歷史上對所有的本土和外來宗教都以包容、吸收與融合的態度對待。三教合一、多元包容，其實就是中國古代社會中一種初級形式的宗教共同體。從這重意義上講，宗教共同體其實就是中國傳統宗教關係模式在全球化時代的延伸和發展。中國宗教作為一種儒道佛教與社會的各個方面水乳交融的共同體，還跨越和涵蓋了中國社會的精神、信仰、價值、倫理、文化、學術、政治、經濟等不同維度。因此，傳統中華文化就是一種宗教性的共同體文化。這種與世俗社會融為一體的共同體模式在危機重重的全球化時代是一種非常有借鑒意義的模式。此外，由於上千年的儒道佛三教合一傳統文化的深入影響，中國社會從上層到普通民眾都沒有世界有些地區的宗教排他心態，普遍對各種宗教都持有多元包容、兼收並蓄的態度，對於宗教共同體的理念有天然的接受力。這些都為宗教共同體提供了生根發芽、成長發展的最佳土壤。

　　中華文化還從社會需求層面為宗教共同體提供了巨大發展空間。一般來講，凡是大眾對其有廣泛和深度需求的事物，就必定會興旺發展，就具有最大的可行性。宗教信仰是人類最深層次和最廣泛的需求，其生命力和可行性不言而喻。中國社會經過數十年對宗教信仰的打壓禁忌，形成了人類歷史上規模空前的精神信仰真空。隨著人為的打壓禁忌逐漸消除，中國社會將釋放出規模最大的信仰需求。受傳統中華文化的深刻影響，大多數國人在這場信仰回歸中不可能選擇對立排他的宗教取向，多元包容的宗教共同體將會成為這些人的自然選擇。以中華文化為土壤的宗教共同體在中國社會能夠最有效地全面滿足大多數人的精神信仰需求，同時整合弘揚中華文化的精神信仰和價值倫理，提升社會道德和民族凝聚力，符合絕大多數人的最大利益，能夠被廣泛認同和接受，因而有巨大的發展空間。

　　全球化時代的人類宗教共同體植根于傳統中華文化，但並不等同于傳統中國社會中那種自發、初級的宗教共同體。它應是在全面吸取和發揚傳統中華文化優秀成分的基礎上，包容吸納其他民族精神文化的優秀成分，以全球化時代人類多元社會共同生存發展為願景，順應現代和未來社會的狀況和需求，可以理性調控和發展的升級模式。

三、宗教共同體立足中華文化才能在 全球化時代發揮重大作用

中華文化不僅為宗教共同體提供了理念來源和實踐基礎，而且將為其成長和發展提供取之不竭的動力。宗教共同體要在全球化時代為人類的共同生存發展發揮作用，做出貢獻，仍需時時回顧博大精深的中華文化，從中汲取營養和資源。

全球化時代對於世界和平即人類生存威脅最大的莫過於美國學者亨廷頓所說的文明衝突。他指出，"宗教是界定文明的一個主要特徵，正如克里斯多夫·道森所說，'偉大的宗教是偉大的文明賴以建立的基礎。'"[8]顯然，他所說的文明是指宗教文明，故所謂文明衝突其實就是宗教文明衝突。人們在對亨氏觀點的缺陷大加批評的同時，卻以史上最高的頻率引用其文明衝突論，正是反映了宗教文明衝突對人類生存的毀滅性威脅之現實存在，以及對其揮之不去的憂慮。在全球化時代，由於大規模殺傷性武器的存在，以宗教為背景的戰爭衝突對人類生存的威脅更加嚴峻，使得人類隨時都生活在毀滅的陰霾中。能否消除這一威脅對於人類是生死攸關的大事。一度熱門的全球宗教對話其實就是這方面的一種積極努力，只不過人們已經逐漸認識到對話的種種局限性，意識到單靠對話不能消除文明衝突，需要尋求更加有效可行的方法來達到目的。

全球化時代人類面臨的另一大挑戰是建立全球治理體制和人類共存共榮的新秩序，以應對全球化的新形勢。任何社會都必須有主

---

8 薩繆爾·亨廷頓：《文明的衝突與世界秩序的重建》，周琪等譯，北京：新華出版社，2002年，第19頁。

導的精神信仰、共同的核心價值和倫理體系才能維持社會成員賴以
共同生存的秩序和凝聚力。全球化的地球村社會也不例外，成員們
不可能各自擁有相互水火不容的精神信仰、價值理念和倫理標準而
能夠和平共處。因此，能否建立大多數成員認同的核心價值和倫理
體系就成為成功建立全球化人類共同生存秩序的先決條件。最早認
識到全球倫理必要性的是漢斯·昆等人。他們發起的全球倫理運動，
尤其是 1993 年通過的《全球倫理宣言》，對全球倫理及其必要性做
了較詳盡的表達。但可惜的是全球倫理運動因一些根本問題無法解
決而陷入僵局。全球倫理如何得到世界宗教信眾和派別的普遍認同
和遵守，如何對全球社會和宗教產生約束力，如何有效實施等根本
問題得不到解決，該運動因此只能止步不前。

　　全球宗教對話和全球倫理運動都有良好的意願，都認識到全球
化時代人類面臨的危機並試圖給出解決的辦法，但共同的缺陷是既
缺乏有代表性的承諾和實施主體，又沒有保證實施和履約的機制，
因而其良好意願無法得到落實。宗教共同體能夠彌補二者之不足，
為其目標的實現提供有效的推動實施平臺，使其能有明確的目標和
實施主體，提供體制的保障和充足的可行性。反過來講，如果宗教
對話和全球倫理運動所尋求達成的目標是多元宗教間和合共生，為
全球化時代人類共同生存發展創造和平環境和倫理秩序，那麼其追
求實現的目標與宗教共同體一致，而造成其無法實現目標的缺失載
體正是宗教共同體。

　　古往今來人類所有傳統社會的價值倫理基礎都是由該社會的主
導宗教信仰提供和支持的，就此而言迄今為止人們還沒有找到效果
堪比宗教信仰的替代品。因此，地球村社會如果沒有普遍認同的精
神信仰就不會有穩固的共同核心價值和倫理體系。古代中國社會之

所以發展出三教合一這樣多元包容的共同體體系，是因為那是一個多元的社會，需要一個多元包容的宗教信仰體系為全社會提供普遍認同的精神信仰、價值倫理及其凝聚力。全球化的人類社會是比古代中國社會更加多元的社會，任何單一宗教都不能單獨為其提供普遍認同的精神信仰和價值倫理；相互對立排斥的宗教關係則不僅不能提供全社會認同的精神信仰和價值倫理，反而會通過其對立衝突瓦解多元社會的存在基礎。因此，要為地球村人類建立普遍認同的核心價值和倫理體系，首先需要取得人類多元信仰的認同，將形形色色的多元宗教信仰整合到人類一體的大框架之內。這個大框架就是人類共同體視野下的人類宗教共同體。就建立人類共同的核心價值和倫理體系，維護人類和平生存而言，任何社會力量都不可能像宗教信仰那樣行之有效，而任何單一宗教都不可能起到宗教共同體這樣的獨特作用。因此，宗教共同體的產生和存在是全球化時代人類生存發展的歷史需要。

全球一體化其實就是人類走向共同體化，亦即所謂的世界大同。宗教信仰應該在此進程中起到積極促進的作用，而不應扮演消極阻礙的角色。人類的共同體化必然呼喚其宗教信仰的共同體化。然而，宗教共同體雖然有促進實現世界大同的良好理念和可行性，符合人類的共同利益，但其實現並不會因此而暢通無阻，放之五洲而皆准。宗教排他性強烈的國度的人們既不會馬上看到宗教共同體的可行性，也不會輕易接受它，需要有外力的引導和推動。因此，宗教共同體不可能在這些國家發源，而將經歷由中國到外國，由東方至西方的過程；只有在多元包容的中華文化土壤中首先發展壯大，才有可能借助中華文化的強大影響力和中華民族大國國勢傳播至他國，給予其所需的推動力。為此，中華文化在宗教共同體生長、發展和走向世界的全部過程中都會始終是其不竭的源泉和動力、不可或缺的母親大地。

以上是一幅理想的宗教共同體發展路線圖，但就其實施而言目前最大的障礙是缺少了最重要的一環：中華文化的復興。經歷了自新文化運動至文化革命的一系列政治運動的清洗打壓之後，傳統中華文化已與中國宗教一起被破壞殆盡。文革之後雖不再有無情打壓，但慣性沿襲的否定勢力並未消除，中華文化的真正復興還處於起步階段，任重道遠。目前中國社會甚至在什麼是中華文化、應該復興發展怎樣的中華文化、中華文化的宗教性及其社會功能、宗教是否有害社會、儒道佛其中之一能否代表中華文化等等基本問題上認識混亂，莫衷一是。基本認識問題不解決，復興中華文化就是一句空話。而中華文化得不到有效復興發展，宗教共同體就成為無根之木。當然，反過來講，中華文化一旦真正復興發展，宗教共同體就勢在必然。

宗教共同體需要怎樣的現代中華文化？優秀的現代中華文化應當是在復興發展優秀中華傳統文化的基礎上，進一步容納吸收如基督宗教、伊斯蘭教、印度宗教等等人類其他文化的優秀元素而形成的最偉大的文化，這其實就是人類共同體文化。這樣的文化能以海納百川的胸懷包容融合人類所有文化的精華，是文化的最高境界。它不僅能有效復興弘揚中華文化，而且能向全球化時代的人類提供維護其共同生存發展所必需的共同文化。

冥修通向天人合一的宗教共性[1]

　　天人合一與冥修都是宗教實踐和宗教學研究中經常遇到的概念，但對其在宗教信仰生活中的地位、在不同宗教中的表現、是否有宗教共性，以及二者之間的關係等問題卻鮮有專門的研究和著作。本文的目的是就以上問題引發初步的探討。

一、天人合一是宗教信仰的最高境界

　　天人合一是中國傳統宗教文化的重要概念。但追求天人合一不僅在中國傳統宗教中，而且在基督宗教、伊斯蘭教、印度宗教及其他許多宗教中都有所表現，儘管其形式可能不同。綜合各主要宗教對此的認識，天人合一就是尋求與終極神聖聯接、結合、化入神聖境界或升入天國。因為天是至上神，所以天人合一其實就是神人合一，二者是同義概念。宗教學創始人麥克斯·穆勒認為，宗教信仰是聯結有限和無限的紐帶。倘如此，則天人合一就是宗教信仰中聯接有限與無限、短暫與永恆、現實與超越、此岸與彼岸、形下與形上、世俗與神聖的最高境界。

　　天人合一中的"天"代表至上神，在各宗教中表現為不同的稱

1　本文原載於臺灣《宗教哲學》季刊 2013 年 6 月號，總第 64 期，並被收載於《宗教心理學》第二輯，北京：社會科學文獻出版社，2015 年。

呼,如帝、天帝、上帝、主、上主、天主、真主、梵、梵天、道、天道、神、天神、安拉、雅赫維等等,但其含義都指向超越的終極神聖。宗教學研究證明,各宗教的至上神幾乎都是由天或天神的概念轉化而來的,"天神信仰幾乎是普遍存在的",[2] "可以肯定的是,天神總是至上的神靈"。[3]據考證,天主教的天主、基督教的上帝、伊斯蘭教的真主安拉、猶太教的雅赫維、印度宗教的梵等等都是從"天"演變而來的。天是至上神的認識在中國商周文化中就已確立,其傳統綿延至今。在《尚書》、《易經》等經典中,神、天、上天、帝、天帝、上帝是同義詞,其指向是同一的至上神。基督教中文的"上帝"其實是早期傳教士從中國古代典籍中採用的詞彙,並非泊來品,由此可見基督宗教的上帝與中國傳統的上天指向一致。

天人合一的表述系由《莊子》首先提出,後經儒教創立者董仲舒發展,成為在中國古代社會中佔據主流地位的儒教文化的主體意識,進而成為傳統中華文化的主旨之一。董仲舒認為:"天者,百神之君也"[4],"天亦有喜怒之氣,哀樂之心,與人相副。以類合之,天人一也。"[5]儒教敬天貴德,認為其所敬拜的天既是主宰世間萬物和人類命運的至上神,也是人類精神、價值和倫理的終極來源。

儒教追求天人合一的意義是循順天道,以德配天,達到天人符合的境界。這與一些現代學者所解釋的純物質的天人合一顯然不同。一位以強烈主張無神論著名的宗教學者"從《四庫全書》中共找到二百餘條明確表述'天人合一'的材料。發現'天人合一'中

2　米爾恰·伊利亞德:《神聖的存在》,晏可佳、姚蓓琴譯,桂林:廣西師範大學出版社,2008年,第35頁。
3　同上書,第37頁。
4　董仲舒:《春秋繁露·郊義》。
5　董仲舒:《春秋繁露·陰陽義》。

的‘天’包含著如下內容：1、天是可以與人發生感應關係的存在；2、天是賦予人以吉凶禍福的存在；3、天是人們敬畏、事奉的對象；4、天是主宰人、特別是主宰王朝命運的存在（天命之天）；5、天是賦予人仁義禮智本性的存在。”[6]該學者還指出：“今天不少人把‘天’理解為自然界，因而認為‘天人合一’就是‘人與自然合一’的內容，則一條也沒有找到。”[7]這足以證明傳統中華文化中的天人合一是指人與作為至上神聖的天合一，而不是經西方偏見洗腦的現代國人所說的人與自然界的合一。在傳統中華文化中，天是人類吉凶福禍的主宰，是至上的宗教信仰對象，也是人的精神價值來源。一些現代人否定天的超越意義，無視人的精神價值來源，割斷人與天地的精神聯繫，其所談論的“天人合一”觀念完全扭曲，使天人合一失去其本真意義。在以儒教為主導的傳統中華文化中，天人合一具有強烈的宗教意涵，尋求天人合一則始終是中國人宗教信仰的最高境界。

　　追求天人合一在各主要宗教中都有不同形式的表達，在非建制性宗教信仰實踐中也普遍存在，可以說具有宗教信仰的共性。天人合一在道教的典型表達方式是生道合一。道與天的真正區別並非在於二者是不同的本體，而只在於道比起天來說是老子對超越者更深刻的認識。為此，在《道德經》中道與天道乃至天是並列使用的同義詞，天人合一也是道教經常使用的理念。天人合一在印度宗教的《奧義書》和吠檀多等經典中被表達為梵我合一。其中的梵又稱為梵天，顯示梵與天是同義表達，指向同一的本體，而外在的我只是摩耶的輪回幻象，阿特曼則是深藏於人內在的神我（即真我），與

6　李申：《什麼叫“天人合一”——資料與說明》，載《東方國際易學論壇》論文集，2004 年 11 月 18 日。
7　同上。

梵同質，但被人的欲望、無明和愚昧等因素蒙蔽，致使人與梵分離。因此，印度宗教的最高境界是通過修煉找到阿特曼神我，從而實現梵我合一。佛教是印度宗教的一個分支，構建於印度宗教的傳承基礎之上，所以理解佛教及其天人合一不能脫離對印度宗教的理解。佛教的原始教義理論雖然只講解脫，不以論神為主旨，但發展之後的佛教卻與其他任何宗教一樣也是有神論的，只不過其形式是在信眾層面的實踐中以佛、菩薩、護法等等替代了其他宗教中的眾神。在實踐中，佛教中的法身、真如類似於印度宗教中的梵，而法力無邊的佛則頂替了其他宗教中的上帝。佛教禪宗講明心見性，其中的心代表人的真我，而性則等同於神或者天。位居六經之首的《易傳》中稱"天命之謂性"，定義了性就是天命。[8]因此明心見性其實是天人合一的另一種說法，其教義邏輯類似於印度宗教的梵我合一。天人合一在基督宗教中的說法是神人合一，其中的神被譯成中文時採用了天主或中國經典中與天同義的上帝，足見神人合一就是天人合一。此外，基督宗教中還有進入天國、天國就在人的心中等說法，其境界和邏輯也類似于天人合一。與此相似，伊斯蘭教的蘇菲派追求人主合一，其中的主即基督宗教中的天父上帝，故而人主合一就是天人合一。天人合一的理念在其他認識水準較為進深的宗教中也有表現。因篇幅所限，不一一列舉。

　　不可否認，宗教信仰的目的追求不止有天人合一，還有如祈福消災、救贖解脫、延年益壽、預知天意等其他訴求；追求天人合一的方式除冥修之外，還有虔誠敬拜、篤行善事、智慧覺悟、以德配天、祭祀儀式等其他形式。然而，如果將宗教的各種目的訴求加以比較，就會發現追求天人合一是宗教認識水準達到相當高度的表

---

8 《中庸》第一章。

現，是人類的終極關懷，也是宗教信仰的最高境界。認識水準達到一定高度的世界主要宗教都有此表現，提示追求天人合一是宗教信仰達到一定認識高度後的共性。

二、冥修通向天人合一的認識、實踐與融通

主要宗教中對於天人合一的追求大多都經歷了從外在世界轉向內在世界的過程。在人類文明的幼年時期，由於認識思維能力低下，人們難以對超越者做出抽象認知，宗教信仰多以拜物教、圖騰崇拜、萬物有靈論等形式出現，人們普遍在物質世界的有形萬物間尋找神聖並將有形物當作神來崇拜。

在宗教信仰高度發達的印度有這樣一個傳說。曾經有一個時期，所有的人都是神，但由於人們濫用其神性，主神梵天決定取走人類的神性，藏在他們永遠發現不了的地方。至於隱藏於何處梵天諮詢了其下屬，討論之後發現山巔、地下、海底都容易被發現，最後決定將神性藏在人內在的深處，因為那裡最不容易被想到和找到。從此人類就開始上天、入地、潛水、登山去尋找那本已蘊藏於自身之內的神性。宗教神話雖沒有字面的真實性，但往往有其深刻的寓意。這則神話傳說給人的啟示是，神性潛藏於每個人的內心深處，通向天人合一的最佳途徑是以某種方式找到人內在的神性存在，從而與終極神聖匯合。視民族語言和認識角度的不同，這種內在的神性存在被認識為靈魂、營魄、元神、阿特曼（atman）、soul、spirit、anima、psyche、潛意識等等。

隨著人類認識能力的提高，少數宗教精英逐漸認識到有形萬物並不是真正的至上神，通過有形物並不是通向天人合一的最佳途

徑，而深藏於人之內心深處的神性可能是與至上神融合的關鍵。於是，在這些精英那裡，追求天人合一的方向從外在世界轉向內在世界，從外在超越轉向內在超越，如何找到並回歸深藏於人內在的神性成為修行成功的關鍵。冥修正是宗教精英們通過大量宗教實踐發展出來的一種讓人在有生之年能夠抵達其神性所在的修行途徑。冥修作為一種通向天人合一的內向途徑，在人類數千年的文明史中經久不衰，廣為流傳，足以證明其效力和深奧。

世界各主要宗教對於冥修通向天人合一都有所認識和實踐。印度宗教以勝王瑜伽通向梵我合一，道教以打坐內丹通向生道合一，佛教以禪那入定證入涅盤或真如，或通向明心見性，儒教以心齋坐忘通向天人合一，基督宗教以冥想通向神人合一，伊斯蘭教蘇菲派以冥思通向人主合一等等，都是其顯著表現。當然，冥修的傳統實踐以東方宗教為多。通過冥修達到天人合一境界的原理，在印度宗教的《瑜伽經》、《奧義書》等經典中得到較為充分的闡述，其他宗教對此的闡述與之有相似之處。瑜伽在印度宗教傳統中指個體與神的聯接，而印度宗教傳統認為人與梵的聯接或合一的重要途徑是勝王瑜伽，亦即冥修。

冥修不僅在現代世界各主要宗教中都有認識和實踐，古希臘的許多大思想家對此也有認識和實踐。例如，畢達哥拉斯及其弟子將"靈魂不朽"和"靈魂轉世說"作為其二元哲學思想的基礎，並經常採用**沉寂**的方式淨化心智，實現其宗教信仰追求。柏拉圖認為，最高的理念是依附於人體，寓居於"形式"之中的靈魂；而靈魂不必借助於實際事物，單憑自身的回憶和**內省**，便可達到對萬物本原的認識。[9]菲洛認為，一個人要接受上帝的智慧，獲得真正的知識，

---

9 陳永勝：《現代西方宗教心理學理論流派》，北京：人民出版社，2010 年，

就必須擺脫一切感覺器官的干擾，通過做夢或**沉思**，使自己的靈魂得到淨化，這樣才能獲得與世俗相分離的神聖啟示。[10]普羅提諾則認為，人的靈魂是世界靈魂的一部分。在靈魂依附於人體之前，即以直覺形式從上帝那裡認識了善；但當靈魂歸於塵世進入肉體時，便趨向於墮落。為避免靈魂的墮落，必須通過**沉思**等方式，清除一切肉體的欲望，與神合而為一，這樣才能獲得解脫。[11]這些認識其實已在相當程度上闡釋了冥修通向天人合一的機理，與現代各主要宗教對此的認識非常近似。

事實上，冥修通向天人合一是一種具有共性的宗教信仰修煉方式，並不必然附屬於哪種宗教。它不僅普遍存在于各種傳統宗教中，而且在非建制性宗教信仰中也有其表現。近年來歐美社會中印度瑜伽和有東方宗教色彩的打坐冥想在有、無宗教教派歸屬的人群中都同樣日漸盛行，更是一種較為客觀的證明。

普通人大多在日常生活中都聽說過坐禪、禪修、禪那、瑜伽、打坐、內丹、內功、冥想、冥思、內省、沉思、靜坐、心齋、坐忘、氣功等等不同的名稱，聽起來像是全然不同的概念。人們出於基要主義唯我獨尊的動機或無知也會宣稱其信奉的內修方式與眾不同，更加重了這種分別知認識。但如果對以上各種內修方式深入研究並加以橫向比較，就會發現其本質、取向和實踐基本相同，所不同的只是對其的認識角度、體驗、心得、側重、觀點和名稱。這正如人們對於超越者的認識一樣，依認識者的角度、側重和體驗的不同，可能有形形色色的不同觀點、說法和名稱，但超越者卻是同一的。鑒於以上形形色色名稱所指的靈修實踐本質相同，為方便統一指稱

第 3 頁。
10 同上書，第 4 頁。
11 同上。

和避免歧義，本文中將其統稱為"冥修"。該名稱既能較為恰當地
表達精神修煉的本質和實踐，又可避免對任何單一宗教的偏向和某
些用語的誤導。

　　更深入的研究還可以揭示，各主要宗教冥修的理論和實踐可能
有相互融通和傳承的關係。例如，佛教的坐禪顯然是從印度宗教直
接傳承的；基督宗教和伊斯蘭教蘇菲派的冥想很有可能受到古希臘
傳統和印度瑜伽的影響；道教的打坐和儒教的坐忘在形成初期是否
也曾受到過印度宗教的影響，尚有不同觀點，但至少可以說儒道佛
三教的冥修實踐相互有過廣泛深入的相互借鑒和融通。

三、冥修通向天人合一的宗教心理學闡釋

　　隨著宗教心理學在近現代的興起，冥修通向天人合一從宗教心
理學那裡得到相當程度的理論闡釋和支持。宗教心理學的創始人之
一威廉·詹姆斯首先提出潛意識是宗教的根源，而進入潛意識的神
秘經驗是通向神聖的宗教核心：無論是漸進性的皈依經驗，還是突
發性的皈依經驗，或者神人契合的神秘經驗，都是在潛意識發生的。
[12]詹姆斯在這裡使用的心理學詞彙"潛意識"用宗教詞彙來說就是
個人的靈魂所在，而靈魂則通向上帝。對此他說明："作者的假設：
一、潛意識的自我為自然界與較高區域居間。二、較高區域，或說
'上帝'。"[13]

　　潛意識的概念在榮格那裡得到深入發展。榮格將心靈分為個人
意識、個人潛意識、集體意識和集體潛意識等四個層次，其中的集

---

12 威廉·詹姆斯：《宗教經驗之種種》，唐鉞譯，北京：商務印書館，2003
　　年，《第九講、第十講：皈依》，第190-258頁。

13 同上書，《本書綱目》，第12頁。

體潛意識是潛意識的深層基礎。集體潛意識的內容主要是原型。原型是本能的潛意識形象，是人類心理經驗的先在的決定因素，它促使個體按照他的祖先所遺傳的方式去行動。原型形象是原型對個人心靈逐漸累積的經驗起作用而形成的深層基礎形象。集體潛意識裡充滿各種原型和原型形象，其中與自我相對的"本我"原型是原型的最高核心。榮格的"本我"原型有明顯的神秘色彩，類似於宗教中的靈魂。榮格認為集體潛意識原型和與神合一等"聖秘"體驗是宗教信仰和意義的源頭，"每一種宗教教義最初一方面建立在"聖秘"體驗的基礎上，另一方面建立在對'聖秘'的體驗之上……因此可以說，宗教一詞是指已被"聖秘"體驗改變了意識的獨特意境。"[14]他還認為，由於宗教信仰是人類遠古以來歷代經驗的濃縮性積澱，因此早已成為人性的內在需求，通過遺傳方式傳承。榮格還通過東西方宗教心理比較和自身體驗論證了"聖秘"體驗對宗教信仰的關鍵作用，特別指出東方宗教中天人合一等神秘體驗與他的集體潛意識心理學理論不謀而合。

　　將印度宗教對其最為神聖的曼陀羅咒語"唵"的理解與宗教心理學的潛意識理論相對照，頗有啟發意義。唵的念法是 AUM，是印度宗教的至上咒語，亦廣泛用於瑜伽冥修等神秘體驗之中。根據《曼都卡奧義書》，AUM 是上帝無所不包的全名，其中 A 代表清醒狀態，U 代表做夢狀態，M 代表深眠狀態，AUM 合起來囊括人類所有的意識感知和體驗，因而包括人類可以感知的過去、現在和未來以及全部時空世界。如果用心理學意識理論闡釋，則 A 代表意識狀態，M 代表潛意識狀態，而 U 則代表潛意識浮現在與意識交界的層面形成

---

14 Jung, C. G., Psychology and Religion: West and East, R.E.C. Hull (trans.). The Collected Works of C. G. Jung, Vol. II, London：Routledge, 1969, p. 8.

的夢幻狀態。看來，印度神秘主義大師們在尚無心理學的古代就對此形成了深奧洞見。

對於詹姆斯和榮格都談到的潛意識，弗蘭克爾更進一步認為，潛意識的宗教性可以被看作是人類自我和神聖超驗之間的必要聯繫；宗教感深深植根於人的潛意識之中，缺少了潛意識的神秘體驗，宗教就失去了與神聖來源聯繫的紐帶。他把這種與潛意識有關的對象件稱為神，並特別說明這並不是說神是潛意識的，而是指人的存在是神的潛意識，是人與神關係的潛意識。在弗蘭克爾看來，宗教的本質是人類對終極意義的追求，即對生命的最終原因和意義的追求；而對終極實在即神的信仰是人對終極意義信仰的基礎，這種信仰是人的先驗性精神需求。通過弗蘭克爾的深入挖掘，潛意識與神的關係及其在宗教信仰中的意義和地位得到更為詳盡的論證。

宗教性的高峰體驗是以需求層次論著稱于世的馬斯洛的心理學理論的核心概念。他中年之後在其著名的需求層次論中最高一層即自我實現需求層之上，增加了宗教性的超越需求層。馬斯洛認為，超越需求層的高峰體驗是一種最高境界的宗教體驗，表現為出神入化、神迷忘我、極度愉悅等狀態，從中可以體驗到超越者並與之整合統一，並伴有崇拜、敬畏、謙恭等感情。在高峰體驗中，主客體合一，既無我，也無他人或他物，對於對象的體驗被幻化為整個世界，同時意義和價值被傳遞給體驗主體。在描述高峰體驗特徵時，馬斯洛反復使用了超越、神聖、終極等宗教性詞彙，並廣征博引東西方古今宗教神秘主義理論和實踐，有明顯的宗教神秘主義色彩。如果將馬斯洛的高峰體驗與冥修等宗教實踐體驗相比較，就會發現二者非常相似。至少可以說，冥修體驗在相當程度上符合馬斯洛在《宗教信仰、價值觀與高峰體驗》一書中對高峰體驗的描述。

與上述幾位宗教心理學大家相比，瓦茨更加強調宗教神秘體驗的重要性和共同性。他強烈批判西方文化將整體割裂成細小部分並以各種詞彙命名，再將各分部拼合成"整體"的做法，而對東方文化與宗教，特別是印度宗教和中國道教中的整體思維方式表示高度的讚賞。瓦茨認為，個體內向的神秘體驗是宗教的核心來源，而上帝、神等詞彙只是人們為了表現神秘體驗而取的名稱，因此名稱、經文、教義等外在的宗教形式不能也不應取代神秘體驗的內核。他總結道："不同的宗教都以神秘體驗為基礎"，"對上帝的直接體驗無論在哪裡都是相似的，而所有宗教中的神秘主義者都講述同樣的事情。無論哪一個時期，幾乎所有的文化中都會出現這種體驗。"[15]

研究比較宗教心理學有代表性的主要學者的觀點，就會發現雖然他們的理論論述各異，側重面也不同，但在幾個重要問題上他們中多數的觀點事實上卻高度相似和趨同。將其整理歸納如下，有助於瞭解宗教心理學對冥修和天人合一的機理有哪些建樹和共識。

1、除了宗教心理學尚處幼稚時代的佛洛伊德和劉巴等極少數學者之外，幾乎所有著名的宗教心理學學者都是明顯的有神論者，都對宗教信仰的潛在積極作用予以肯定，其中不僅包括上文中列舉的幾位，還包括諸如霍爾、斯塔伯克、普拉特、馮特、埃裡克森、弗洛姆、奧爾波特等。佛洛伊德試圖以"俄狄浦斯情結"的潛意識性心理本能來解釋人類的一切心理活動，將宗教信仰視為"普遍的神經官能症"，而劉巴則追隨當時盛行歐洲的實證主義和物質主義，堅持認為世間一切事物都須得到科學實證，並因宗教不能得到實證

---

15 Watts, A. W.：The Supreme Identity, New York: Random House, 1972, pp. 41-42.

而主張消滅宗教。這種結論在先，對宗教信仰持先決性否定的態度導致了二人喪失客觀性和科學性，從而不能客觀認識理解宗教信仰及其真正的心理學機理和功能。在同樣缺乏實證的情況下斷然否定神的存在和宗教的積極意義，還先決性地否定了宗教及宗教心理學的價值和基礎。

2、上述大多數著名宗教心理學學者都對潛意識的宗教意涵高度重視。儘管潛意識又被細分為個體潛意識和集體潛意識等等，但在這些宗教心理學者那裡，潛意識就是個人的靈魂所在，是個體靈魂通向終極神聖的通道和匯合點，是人類自我和超越者之間的內在聯繫所在，也是宗教神秘體驗的基礎和指向。由此而來的共識是，潛意識是宗教信仰的內在來源，宗教感植根於人的潛意識之中。將以上理論與宗教實踐相關聯，個體靈魂與神聖的匯合其實就是各宗教的神人合一或天人合一，而潛意識作為宗教信仰的來源意味著發生在潛意識領域的天人合一是宗教信仰的最高境界。

3、上述多數心理學學者認為與潛意識緊密相關的宗教神秘經驗是宗教信仰的來源途徑，而對體制性宗教的形式化弊端持強烈的批判態度。其中較有共識的觀點是，冥修等神秘體驗是進入潛意識從而與神匯合的主要途徑；缺少了與潛意識密切相關的神秘體驗，宗教就失去了與神聖來源聯繫的紐帶。當論及宗教神秘體驗的內容和形式時，多數宗教心理學家都將冥修作為一種主要的關注對象，特別是東方宗教中的神秘主義冥修實踐。因此，冥修通向天人合一不僅是宗教傳統中至為重要的修行方式，而且得到宗教心理學家的高度重視，開始獲得宗教心理學的理論闡釋和支持。

4、如前所述，追求天人合一或神人合一在各大宗教中都有表現，具有顯著的共性，宗教心理學則從潛意識的內在層面對其做出闡釋。此外，儘管學者們對於宗教神秘體驗使用了宗教經驗、神秘經驗、聖秘體驗、高峰體驗、超越體驗、通靈體驗等種種不同的術語，但仔細分析比較，其實質和指向卻是接近或相同的。瓦茨等心理學家進而認識到，不同的宗教都以神秘體驗為基礎，對神的體驗無論在哪裡都是相似的，各宗教中的神秘主義者所做的是同一回事，宗教神秘體驗具有共性。這提示人類各種宗教信仰儘管外在形式或進路不同，但在精神追求的深層次卻趨近於一致，人類精神信仰有共同的源泉和本質。正因為如此，宗教心理學才可能從對不同宗教信仰的研究中抽象出關於神秘體驗和潛意識閾下神人合一的概括性理論。

人類命運共同體與人類宗教共同體[1]

一、人類命運共同體

　　"人類命運共同體"是習近平擔任我國黨政最高領導以來首次提出的全球理念。他在中共十八大報告中指出："這個世界，各國相互聯繫、相互依存的程度空前加深，人類生活在同一個地球村裡，生活在歷史和現實交匯的同一個時空裡，越來越成為你中有我、我中有你的命運共同體。"此後，他又在不同場合數十次提及和論述"命運共同體"，並反復提倡"推動建設人類命運共同體"。因此，"人類命運共同體"已經成為中國對外政策的主要基調。

　　"人類命運共同體"的提出，標誌著中國領導人認識到全球化背景下人類共同體化的必然趨勢，開始從人類共同體化的角度看待中國與世界的關係，認為不同制度、不同宗教信仰、不同意識形態的民族、國家和群體可以和平共處，讓共同利益壓倒分歧對立，理性選擇世界的未來。以"負責任的大國"身份倡導和參與人類命運共同體的構建，是對人類共同命運和發展前景的積極姿態，符合人類發展的歷史趨勢。

1　本文系《2016 年中國宗教學年會暨宗教與人類命運共同體》高峰論壇參會論文，原載於該會議論文集。

十八大以來，中國領導人對人類共同體的認識從人類命運共同體出發，進而擴展到利益共同體、責任共同體等概念。隨著認識的深化，最終將導致對作為主體的人類共同體及其各組成部分共同體的全面深入認識，特別是對其中起主導作用的各維度共同體的認識和重視。

二、全球化與人類共同體

儘管全球化在上世紀末才開始成為熱門話題，但全球化的進程卻在十五世紀人類經過遠洋航海證明其居住的場地是球體後就悄然開始了。科技、交通、通訊、貿易、經濟的迅速發展將人類所有民族和國家的政治、經濟、文化、科技、精神信仰、思想觀念、生活方式等等都納入全球一體的視野和格局，致使地球上的人類居民都深切感覺到地球越來越小了，越來越成為名符其實的地球村。有人對全球化提出種種質疑，提出各種反對或抵制意見。但他們沒有意識到的是，全球化並不是某種建議或主張，而是勢不可擋的人類歷史發展趨勢，並不會因為其反對或質疑而停止或扭轉。

為了解決地球村人類共同面臨的問題，應對共同的挑戰，協調共同的利益和形成共同認可的秩序和治理機制，人類已經開始在各個領域形成各種形式的共同體，如聯合國、IMF、WHO、WTO 等等。雖然這些組織尚不成熟，其治理效果也差強人意，但都可以被看作是正在形成的人類共同體的初級組成部分或早期的嘗試。隨著全球化進程的深入，越來越多、越來越成熟有效的人類共同體組織將會出現，“全球治理”將越來越不再是遙遠的事務，如果人類不想在四分五裂的地球村中共同遭遇厄運的話。雅斯貝斯早就指出，“技術使前所未有的交往和通訊變為可能，它造成了全球的統一。人類整體的共同歷史開始了。統一的命運控制著人類整體。……因此全球的政治統一只是一個時間問題。"[2]

　　全球化正在將人類所有的民族、國家、人民融為一體，這個體即人類共同體。所謂全球化，其實就是人類共同體化；所謂地球村，將是人類共同體的居住村落，這也是不以人們的意志為轉移的歷史趨勢。正如全球化的遭遇一樣，人類共同體也遭到許多人的反對和抵制。這些人片面強調人類各國、各民族和各群體的個性差異，認為其在宗教信仰、思想觀念、文化習俗、生活方式乃至利益、責任、命運等各方面都不相同，且不可調和，因而不可能或不應形成共同體，而忘記了人類之所以為同類，就是因為其成員具有基本的共性，並不會因次要差異而成為不同種類。反對人類共同體的人們猶如在說，居住在同一村落的人類居民是沒有共性的不同動物，不會也不需要有共同的精神信仰、價值倫理、文化文明和治理機制，也沒有共同的利益和命運，因而不會也不應該形成共同體。誠然，全球化和人類共同體的形成不會一帆風順直線前進，會有大量的波折和反復，但這些只是總體趨勢線上的波動和噪音，改變不了整體趨勢。

　　"天下大同"是古代聖賢在兩千多年前的軸心時代就提出的理想，近代以來又被孫中山、費孝通等人重新倡導，雖然由於歷史條件不成熟被認為是不切實際的幻想，但現已日益被證實為必然趨勢。其實，天下大同的現代同義詞就是人類共同體。人們已經身處這個趨勢之中，卻仍未清醒意識到它的來臨。無論願意與否，全球化已經將人類的命運捆綁在一起，再難以分割。人類的共同命運可

---

2 卡爾・雅斯貝斯：《歷史的起源與目標》，魏楚雄、俞新天譯，北京：華夏
　出版社，1989 年，第 220 頁。

能好也可能不好，取決於人類是否能團結一致共同為最佳命運做出努力。在此背景下，提出人類命運共同體理念，如果目的確實是倡導人類為爭取共同的美好命運而做出努力，則符合人類的共同需要。

　　人類的政治共同體、經濟共同體、貿易共同體、命運共同體、利益共同體、責任共同體、宗教信仰共同體、精神文化共同體等等，共同之處不僅在於其都叫作共同體，更在於其相互之間有著密不可分的內在關聯。其實，這些都是正在形成的人類共同體的不同維度，故而各維度共同體之間有著共同的主幹和密不可分的內在關聯。各維度共同體應對的是人類共同體的不同維度，因而都不是孤立存在的。人類共同體的實現有賴於人類各維度共同體的實現，同時也會促進各維度共同體的實現。同理，各維度共同體的實現也有賴於其他維度共同體的實現，並且會影響到其他維度共同體的實現，相互之間有著相輔相成、相生相依的密切關係。例如，利益和責任是密切相關的，各國不能只追求利益而無視責任的承擔，也不能只承擔責任而得不到相應利益。所以利益共同體的實現既離不開責任共同體的存在，又會促成責任共同體的改進。又如，人類的精神信仰、價值倫理、思想行為最終決定著人類的命運，所以這些維度的共同體與人類命運共同體息息相關，甚至可以說決定了人類命運共同體的命運。

　　人類命運共同體與人類共同體的幾乎所有重要維度都緊密關聯，是人類共同體的一個獨特維度。如果說全球化已經將人類的命運捆綁在一起，那麼無需特意構建，人類命運共同體已經存在，只是命運好壞不定而已。因此，需要特意構建的只能是給人類帶來共同福祉，讓人類能夠共同和平生存發展的命運共同體。這是構建人類命運共同體必須明白的前提。人類命運共同體因為跨越軟、硬領域，與人類共同體的幾乎所有重要維度都緊密依存，所以其成功構建不可能單獨完成，而在很大程度上依賴於人類其他各重要維度共同體的構建成功度，其中既包括政治、經濟、環境、生態等"硬"維度的共同體，更包括宗教、信仰、價值、倫理、文化等"軟"維度的共同體。如果不腳踏實地地積極開展這些領域的共同體構建，人類命運共同體就會空洞蒼白，流於口號。

三、人類命運共同體與人類宗教共同體

　　人類命運共同體和人類宗教共同體，二者乍一看來似乎沒有多大關聯，深入考察卻會發現其不僅相互關聯，而且密切關聯。

　　首先，統攝人類思想行為的是精神信仰，後者既決定和制約人類的思想行為，又在很大程度上決定人類的價值倫理，人類的思想行為和價值倫理則在人類可控的範圍內最終決定著人類的命運。因此可以說，人類的精神信仰決定其思想行為，進而決定其命運。從本始意義來說，所謂精神信仰就是指宗教信仰，各種其他的所謂信仰都是其派生物或替代品。鑒於人類命運與宗教信仰的密切關係，人類命運共同體的有效構建不能僅從物質、經濟、政治等層面完成，更應當從精神信仰的源頭著手，提綱挈領才能有效帶動整體，否則就會是舍本求末。從現實狀況來看，人類的宗教信仰千差萬別，在很多地域彼此難以相容，甚至相互排斥對立，文明衝突從深層次威脅人類的命運。要使宗教信仰能夠對人類命運共同體構成有效支撐，首先需要對人類各種宗教信仰加以整合，消除相互間的對立紛爭，形成多元通和的宗教信仰共同體。這就使得構建人類宗教共同體成為人類命運共同體成功構建的必要條件。

　　其二，如著名宗教學家伊利亞德所言，宗教是人類學常數，意味著凡是人都有宗教信仰的稟賦，都有宗教性，只不過表現形式不同。這不僅被世界人口中仍有近 85%是宗教信仰者的高比例所證實，而且還被其餘人口仍以各種不同形式表現其精神信仰的事實所佐證。中國傳統的宗教沒有西方宗教的建制性結構，信仰者一般不正式加入任何宗教組織，因而當人們以近代西方宗教的標準統計時，大多數傳統形式的宗教信仰者都被排除在信教人口之外，造成官方公佈的我國信教人口統計數字大幅低於實際。其實，儘管經過近百年的無神論教育和運動，如果以符合實際的非建制性標準統計，我國的宗教信仰者人口比例則與人類所有其他民族的信教者比例大幅趨近。由此可見，宗教信仰絕非可以忽略的次要因素，而是具超級影響力的人類普遍現象，足以對我國和人類社會發揮舉足輕重的作用。因此，無視宗教信仰及其重大作用，人類命運共同體的構建就會步履艱難，忽視宗教信仰共同體的作用和建設，構建人類命運共同體的努力就會事倍功半，反之則會事半功倍。通過主動以宗教共同體的方式整合人類宗教信仰，可以從人心深處獲得人類命運共同體構建的主導權，進而改善人類的共同命運。

　　其三，從人類各民族的經驗來看，共同的宗教信仰和精神文化歷來都是民族共同體最重要的凝聚力來源和維繫力量。放棄或忽視這種黏合力最強但成本最低的資源，維繫民族共同體的手段就只剩軍事、政治、法律等強力手段。事實反復證明，單純靠強力手段維繫一個民族共同體，不僅代價高，效果差，難以持久，而且容易加劇社會矛盾，惡化民族的共同命運。反之，以神道設教，充分利用宗教信仰和精神文化資源維護社會凝聚和穩定，不僅是我國歷朝歷代明智的統治者成功治理之路，也是其他國家成功治理的經驗結晶。人類共同體是由人類所有民族融合而成的共同體。因此，人類各民族運用精神信仰維繫社會的有效經驗，特別是中華民族三教合一、多元通和的共同體經驗，可以而且應當被應用到人類共同體的構建，以有效改善人類的共同命運。這也從另一個角度反映了人類命運共同體和人類宗教信仰共同體的密切關係。

其實，人類命運共同體和人類宗教共同體並不獨立存在，都是正在形成的人類共同體的重要維度和組成部分。二者不僅共同作為人類共同體的有機組成部分而間接關聯，而且直接關聯互動。如果將人類共同體看作一個有機體，那麼其組成部分不僅通過這個有機主體內在關聯，而且相互之間還直接關聯，相輔相成，特別是像人類命運共同體和人類宗教共同體這樣的重要組成部分。

人類歷史反復證明，宗教間的對立衝突即亨廷頓所謂文明衝突是對人類共同生存發展命運的重大威脅，因此是構建人類共同體的巨大障礙。人類要構建和睦共存的共同體，進而改善共同的命運，就必須設法消除宗教間的對立衝突，從精神信仰層面取得基本共識，建立協調宗教思想行為的機制。沒有多元通和的人類宗教關係機制，人類共同體就難以形成，人類命運就凶吉未蔔，人類命運共同體則可能淪為厄運共同體或外交辭令。無法想像人類在彼此精神信仰對立衝突的狀況下能夠有效構建和諧共榮的命運共同體。未經人類理性整合的人類各宗教在其對立紛爭的現狀下，不僅不會對人類命運共同體的構建發揮積極作用，而且可能對其構成嚴重障礙甚至威脅。中華民族在傳統社會實踐中進化發展出的宗教關係實踐模式卻能為解決這一難題提供良好借鑒。這種模式可以稱為宗教共同體的初級形式，經過理性改進，有望發展成為最適合人類的宗教信仰共同體，從根源上解決文明衝突等諸多重大問題，進而極大地改善人類命運的前景。

　　植根于中華文化傳統模式的宗教共同體之所以能夠比人類已知的其他模式更有效地化解宗教間的對立衝突，進而形成有利於人類共同體構建的宗教關係和諧模式，原因在於其自身的特點。這種模式的特點是不重體制建構、不尚對立排他，立足於多元通和、和而不同、和合共生的基本理念，與亞伯拉罕宗教的排他性建制模式形成鮮明對比。其中“和合共生”是多元宗教和諧共存的目標和境界，“多元通和”既保證了宗教的多元共存，又確立了“和”的共同取向，“和而不同”則是在維護“和”的前提下求大同、存小異，是解決宗教間差異衝突的高明方法。這個模式並非烏托邦式的空中樓閣，而是源自中華民族兩千年多來的宗教實踐，植根于中華文化的深厚土壤，被實踐反復證實過其可行性和有效性。中國傳統社會是由數百個民族融合而成的多元社會，中國本土宗教是以儒道佛為主體的多元包容性宗教，中國傳統宗教關係的模式正是在這樣的背景下發展進化而來，並且在實踐中被反復證實適合多元社會的生存和需要。全球化的人類只是一個更大的多元社會，可以說是中國傳統所謂“天下”的廣義延伸，因此被中國傳統社會反復證實行之有效的多元宗教關係模式經過適當改進，完全能適合全球化時代人類共同體的需要。

　　由此可見，植根于中華傳統文化的宗教共同體是構建人類命運共同體的重大資源，也是中華民族能夠為人類共同體做出的重大貢獻。值得注意的是，由於我國目前對宗教的認知與人類絕大多數民族和國家不同，致使國人反而對本民族這樣重大的寶貴資源視而不見，廢棄了從上流源頭提綱挈領引導構建人類命運共同體的有利條件。在世界人口仍有超過 85%是宗教信仰者的大背景下，中國是目前世界上堅持無神論的唯一大國。正是中國與人類其他民族國家的這種巨大認識差異使得我們忽視了宗教信仰這種對於人類至為重要的存在，荒廢了構建人類命運共同體的重大資源。顯而易見，中國要引領人類共同構建命運共同體，就不能以己度人，一廂情願地將自己的思想觀念強加於人類大多數成員，而應該設身處地從人類絕大多數成員的角度看問題，理解他們對宗教信仰的認知、需求和情感，這樣才能充分利用固有的宗教文化資源以取得其認同。同理，中國要在新的世界格局中真正樹立起讓全人類心悅誠服的負責任大國的領袖地位，也利在取得人類其他成員從精神信仰層面的認同，而不應忽視宗教信仰的重大作用，更不應在精神信仰層面與之保持對立。成功構建人類命運共同體不能單靠經濟利益，更需要人類大多數成員發自內心的認同和積極回應，很難想像這個共同體可能以不涉及甚至對立於人類絕大多數成員的精神信仰的方式成功構建。還值得注意的是，中國目前對宗教信仰的認知與人類絕大多數民族國家不同，是特殊歷史階段的人為原因造成的，而非自然狀況下的常態。縱觀民國之前的全部中華民族歷史，中華民族始終都有全民的宗教信仰，其傳統文化始終都是宗教性文化，全民幾乎都是信仰者，就此而言與人類其他民族並無不同。因此，客觀深入認識人類宗教信仰的天然稟賦，充分利用此類資源，是成功構建人類命運共同體的應選之路。

第二部分：

宗教在現代社會的潛在作用

化解信仰危機的積極對策[1]

　　改革開放 30 多年成果斐然，經濟騰飛、國勢重振，中華民族重又步入盛世。然而，在沒有被眼前成功衝昏頭腦的有識之士間卻有清醒的共識：在歌舞昇平的經濟繁榮背後，中國社會也面對著新的危機。社會出現了物質追求至上、精神文明荒廢、信仰缺失、拜金主義、道德衰落、腐敗猖獗等問題。如果忽視這些深層次的社會問題，不採取積極措施予以化解消除，則有可能引發嚴重的社會危機。歷史證明，僅靠軍事或經濟實力的大國崛起通常難以持續，只有以精神文化為主導的崛起才有持久的生命力。因此，擺脫精神信仰危機的困擾，建立具有民族凝聚力和教化力的共同精神信仰體系已經成為當務之急。居安思危，正視社會深層次問題，尋求以積極舉措除患于未然，是國運長久之道。

一、信仰缺失和理念混亂

　　中國所面對的信仰危機不同於發生在世界其他國家的信仰危機。發生在中國外部世界的是宗教保守勢力與科學理性對抗和宗教分裂等信仰危機，這些在中國都不成其為主要問題。中國的信仰危

1　本文原載於《世界宗教研究》2010 年第 5 期，總第 125 期，發表時編輯對本文有所刪減修改。

機是傳統信仰體系的崩潰，信仰傳統的喪失，占世界人口約五分之
一的國家背離了人類古往今來普遍的信仰常態，成為一個缺乏精神
信仰的社會。一個社會，如果喪失了精神信仰的主導和道德制約，
而代之以對利、性、權的盲目追求和崇拜，必然導致本末倒置，危
機四伏。能使一個社會實現和諧、公正、穩定的是共同的精神信仰、
共同的價值觀、有約束力的道德倫理體系和有效的教化實施機制，
其中精神信仰是其他所有要素的基石。信仰缺失必然造成國民精神
空虛、道德衰敗嚴重、人際關係緊張、各種矛盾突出、社會動盪不
安。這正是我國社會的危機所在。

　　據各種統計數字，全世界各種宗教的信仰者人數占世界人口近
85％。[2]而據中國官方公佈的數字，中國各宗教信徒人數總共一億略
多，占全國人口比例約 10％[3]。對比 10％和 85％的懸殊比例，不難
看出中國與世界宗教信仰狀況的巨大差異。世界宗教信仰人口比例
反映了人類在自然狀況下的常態，而中國宗教信仰人口比例則是近
現代人為打壓的結果。中國社會既背離了自己的信仰傳統，也一反
人類社會古往今來的信仰常態。從這一意義上講，國人面對的是中
國現代特有的一種信仰危機。

　　某地商會做了一次問卷調查，其中有幾道問題是關於會員信仰
狀況的。有一題將上帝、佛、菩薩、老君、玉皇、財神、上天等常
聽說的神靈列舉出來供選擇，用以瞭解會員的信仰狀況。結果是名
不見經傳的財神竟然以高票當選為最受崇拜的神。從信仰者連財神

2　關於世界信教人口比例有 81％、83％和 85％等不同統計數字，較新數字 85％
　　見卓新平：《"全球化"的宗教與當代中國》，北京：社會科學文獻出版社，
　　2008 年，第 232 頁。
3　該數字公佈於宗教白皮書《1997 年中國的宗教信仰自由狀況》等官方文檔，
　　國家宗教局局長至今仍將其作為官方數字反復引用。

究竟是何身份都說不清（曾被不明不白地當作財神祭拜過的有趙公明、比干、範蠡、關羽、趙朗、武五路、四仙官、劉海蟾等等[4]），足見財神的虛幻。然而對於財神的虔誠信仰絕非該商會獨有的現象。從全國迎財神的爆竹聲最響最長、財神在全國商家店鋪受供奉最多、新年期間公眾場合"迎財神"歌曲不絕於耳、連主要媒體拜年的首要賀詞都是"恭喜發財"等種種跡象顯示，財神似乎已遠遠超越所有神靈成為國人的第一大信仰。據財神的主流信仰者認為，財神就是三國時期敗走麥城被東吳所殺的關羽。關公以孔武重義氣聞名於世，生前不曾有什麼理財高手的光輝事蹟，死後近一千八百年當中也未嘗聽說經高師傳授過投資理財的寶典秘笈，何以被冊封為財神，殊覺費解。連關公這樣風馬牛不相及的忠勇之士都被追認為財神，更說明財神之荒誕不經。所謂財神，其實就是金錢。崇拜財神，其實就是赤裸裸的拜金主義。人類古往今來任何民族都沒有將財神當作過主要信仰。財神儼然成為國人當今的主要信仰，其拜金主義從另一個側面折射出我國信仰危機的嚴重。

近現代以來中國信仰危機的形成，始於清末民初改朝換代特殊歷史時期的社會動盪和西方極端思潮影響，歷經上世紀新文化運動及其後的歷次政治運動，最終在"文革"中達到了巔峰。文化大革命在人類歷史上首次一舉消滅所有的宗教信仰，造成了正當信仰的絕對真空，而代之以個人崇拜甚至迷信，其結果是中華文明的精神信仰傳統遭受滅頂之災。這場浩劫造成巨大的衝擊和破壞，使中國社會在倫理道德、文明禮儀、社會秩序、國民素質、意識形態等各個方面迄今都難以擺脫其惡劣影響。其中，宗教信仰是受害最大的

---

4 古書《集說詮真》中就曾指出："俗祀之財神，或稱北郊之回人，或稱漢人趙朗，或稱元人武五路。聚訟紛紜，不究伊誰。"

重災區之一。儘管改革開放以來，撥亂反正，實行了宗教信仰自由
政策，但"文革"造成的信仰危機並未從根本上得到消解，成為中
國社會重大的潛在危害發生源。"文革"時期形成的對宗教信仰的
敵對否定觀念，未經徹底清理而得以沿襲，造成社會對宗教的認識
定位不清，宗教理念嚴重混亂。例如，視宗教信仰為敵的慣性思維
直接與執政黨關於宗教是促進社會和諧的積極力量的新觀點形成對
抗[5]，復興中華文化的呼聲與對傳統中華文化全盤否定的態度清濁交
匯，發揮宗教積極作用的號召與對宗教壅堵壓制的慣性做法矛盾並
存，從思想到實踐都存在嚴重混亂的現象。

二、信仰理念辨析

也許有人會以"信仰馬克思主義"作為對現今信仰缺失的否
定。然而，把馬克思主義當作一種宗教信仰本身就是充滿矛盾的行
為。眾所周知，馬克思認為"宗教是人民的鴉片"，[6]說明馬克思絕
不可能讓其學說作為另一種"人民的鴉片"來替代宗教信仰。因
此，馬克思主義絕非宗教，也應與宗教式的"信仰"無關。其實，
馬克思主義是關於物質和現世世界的政治和經濟理論學說，而宗教
是關於精神和彼岸世界的信仰傳統累積，二者處於不同的維度，並
非相互競爭者或替代物。造成人們將屬於政治經濟範疇的馬克思主
義當成屬於精神信仰範疇的宗教而加以"信仰"，是概念的混淆。

---

5 參見胡錦濤：《不斷鞏固和壯大統一戰線，共同建設中國特色社會主義》，
　《人民日報》2006 年 7 月 13 日。
6 《馬克思恩格斯選集》，北京：人民出版社，1972 年，第一卷，第 2 頁。

要避免政治和宗教間因概念混淆而造成的越界扭曲及其不良後果，關鍵是厘清二者的界限和社會分工，"讓凱撒的歸凱撒，上帝的歸上帝"。[7]這種社會分工還有助於走出當前在意識形態方面政治和宗教的矛盾困境，走向互利全贏。通過確立政治和宗教的分工配合關係，馬克思主義可以繼續其在政治意識形態的主導地位，宗教可以通過行使精神信仰功能、維護價值倫理、教化民眾、從事慈善公益等功能配合政治治理，維護社會和諧穩定。

宗教學研究證明，宗教信仰是人類社會的普遍現象，是人類常態。宗教信仰是人類心靈中複雜而強大的精神力量，也是人類本性中最為根深蒂固的力量之一，不可能被永久性"消滅"。著名宗教學家伊利亞德關於"宗教是人類學常數"的論斷早已被國際學界廣泛認同。文革中被"徹底消滅"的宗教又死灰復燃、蓬勃發展，則以最貼近的歷史事實為以上論斷提供了又一例證。事實上，我國社會的信仰缺失是特殊歷史條件下的人為產物，是人類常態的人為例外。在信仰缺失環境下長大的國人看來，外國人普遍有宗教信仰是不正常的咄咄怪事，殊不知我們的信仰缺失在國際社會看來卻是真正的不正常，是背離人類常態的怪事。我們其實是見怪不怪，見不怪而怪。江澤民前總書記就已經認識到宗教消亡論的錯誤，認為"宗教的存在有著深刻的社會歷史根源，將會長期存在並發生作用。"[8]

既然這種信仰缺失是人為造成的，在人為因素消失之後我國社會就會向人類的信仰常態自然回歸。隨著我國社會在改革開放中日益與國際社會接軌，隨著文革式的思想禁錮被取消，我國約 10%的信仰人口比例向世界約 85%的信仰人口比例快速靠攏，複歸於自

---

7 《聖經》簡化字和合本，中國基督教兩會，1998 年，《新約·馬太福音》22:21。
8 江澤民：《在全國統戰工作會議上的講話》，2000 年，載于《江澤民論有中國特色社會主義》，北京：中央文獻出版社，2002 年，第 371 頁。

然，是無法阻擋的必然趨勢。如果不能認識宗教信仰是人類常態，不能正視絕大多數人的潛在信仰需求和信仰回歸趨勢，仍舊慣性沿用早期對宗教的壅堵壓制策略，就會在信仰回歸的滔天洪水前疲于應付，陷入被動地位。對此，"大禹治水"的故事[9]提供了有用的啟示。大禹治水，始於父輩。禹的父親鯀奉王命治水，採用的策略是防範壅堵。結果不僅沒有消除水患，反而造成江河更加氾濫，百姓苦不堪言。舜因此殺鯀而令禹繼其父治水。禹接任之後，深入研究水文地理，因而一改父親的策略，採用因勢利導疏通的方法治水，結果不僅水患大治，而且經疏導的水還能灌溉農田，對農業發展做出重大貢獻。禹因此深得民望，繼舜位而為王，被尊為聖君而流芳百世。宗教信仰豈不就是水？國人面臨的豈不就是壅堵和疏導二者之間的選擇？當何去何從，惟明君裁之。

　　由於我國傳統的人神雜糅和民國初年以來極端思潮造成的宗教理念混亂，許多人認為，人們可以信仰神，也可以信仰某種理念、某個人、某種主義、某種理想、某個事物，並且認為宗教信仰可以被世俗事物替代。其實，信仰，就其本義來說，是專用於神的宗教術語。中文的"信仰"是個很有意思的複合詞：信者，相信也；仰者，因其神聖和超越而崇拜仰望也。被信仰的對象應當高不可及，具有神聖性、精神性和超越性才值得相信且崇拜仰望。任何世俗事物、理念、人物、主義或理想都不具有這樣的本真，因而都不是正當的信仰對象。故即便對其信仰，也難以持久。現實世界中，信仰某種理念、某個人、某種主義、某種理想、某個事物的現象之所以存在，原因是信仰者將這些物質世界的被造物當作神，將次終極的

9　大禹治水的故事散見於《史記‧夏本紀》、《尚書》、《左傳》、《國語》、《水經注》等多種古籍。

事物當作終極信仰對象，把神的精神性、神聖性和超越性賦予不具有這些特徵的世俗對象，從而產生了信仰轉移或信仰替代。被現代社會廣泛應用於世俗事物的"信仰"概念其實是對宗教概念的借用或濫用。對於世俗事物，"相信"、"信念"甚至"堅信"，都可能是適當的用語，而"信仰"則欠妥，原因是世俗事物並不高高在上，沒有神聖性、精神性和超越性，故而不需要"崇拜仰望"。對世俗事物加以信仰，不僅用詞不當，而且會因概念的混淆而導致實質的危害。迄今為止，信仰轉移或信仰替代的所有案例不是以最終失敗而告終，就是帶來惡劣後果。當信仰者將宗教信仰的狂熱投放到並不真正具有精神性、神聖性和超越性的世俗對象上，尤其是活著的領袖人物上時，往往造成嚴重的邪惡後果。二戰時期日本的天皇崇拜、文革時期的個人崇拜和太平天國的活人崇拜都是造成巨大災難，令人類深受其害的典型例證。

三、信仰缺失對社會的危害

中國現在的信仰缺失對社會的危害首先表現在社會道德、文明禮儀和人際關係上。經過三十年的經濟騰飛，國民財富和物質生活空前地豐裕了，但在信仰缺失和市場經濟唯利是圖取向的雙重影響下，社會道德卻出現了嚴重衰敗。對於財富無止境的貪婪追求，對於名、權、利不擇手段的巧取豪奪，損人利己、貪污腐敗、造假詐騙、賣淫嫖娼等等醜惡現象，已經成為現代社會司空見慣的常態。這些社會陰暗現象從本質上腐蝕著社會和諧存在的基礎。"文革"中鬥人整人的人際關係模式被延續應用到市場經濟社會中，加劇了市場經濟社會中人際關係的爾虞我詐和相互傾軋。中國社會在轉型過程中丟失了傳統中華文明的仁、義、禮、智、信、孝、慈愛、克己、利他、無私等道德理念，在引進西方先進科學技術的同時卻沒有引進西方文明的精神信仰和道德禮儀，結果造成社會道德、文明禮儀的全面缺失。

　　信仰缺失對社會的另一種危害是人們普遍的精神空虛。伴隨著改革開放和市場經濟體制的引進，物質財富極大地豐富了。先前食不果腹、衣不蔽體的人們轉眼間走向另一個極端：山珍海味、花天酒地、紙醉金迷、窮奢極欲，甚至狂賭濫嫖。但脫貧致富的人們很快就會發現：窮奢極欲滿足的只是動物的低等需求，即便是超過自身物質需求千百倍的財富也不能填補精神的空虛。沒有信仰的世界是失落的世界，缺乏精神生活追求，專注於物質生活的人是空虛庸俗的人，充滿這種人的社會是空虛庸俗的社會。有學者指出，"一個沒有信仰和理想的個人，猶如一個沒有靈魂的肉體，其生命是缺少意義的。而一個民族失去了信仰和理想，僅以吃飯穿衣等物質生存條件為目標，則會變得十分可怕。"[10]其實，現今社會琳瑯滿目的種種弊病多數可以從此中找出其深層根源。

　　信仰缺失的再一種危害是給迷信和邪教等不良行為留下可乘之機。人都有信仰的稟賦和本能，這既不能被消除，也不可能長久閒置，但卻可能發生信仰替代。信仰真空不可能長期存在，總是有某種信仰或類信仰試圖來填充它，而它也會自然地接受其填充。填充物可能是正信的信仰，也可能是迷信；可能是正當的宗教，也可能是邪教；可能是宗教，也可能是世俗的替代物。如果不主動用正當信仰充實信仰空間，就難免有迷信、邪教或危險替代物乘虛而入。

---

10 李向平：《信仰但不認同》，北京：社會科學文獻出版社，2010 年，楊鳳崗《序 2》，第 2 頁。

我國社會廣泛存在的拜金主義和迷信氾濫其實就是因信仰真空的存在所造成的信仰替代。這不僅昭示人類信仰本能的普遍性，而且提示主動建立正當信仰體系充填信仰空間的必要。上世紀末一些淺薄的類宗教得以輕易崛起，動輒發展到百萬甚至千萬信眾，正是得益於信仰真空的存在。這樣的類宗教崛起在信仰充實的社會中是難以想像的。防止類似事件的發生，與其採用事發後的撲救，不如事前從根源上加以防止；與其採用顧此失彼的堵壓辦法，不如主動因勢利導，樹立有利於社會的正信信仰、提供信仰導向，使民眾能正當釋放其信仰能量。如此，則必能起到順天應人、化害為利、事半功倍的功效。反之，如果允許信仰缺失狀況長期存在，則給邪教、迷信、金錢崇拜等各類危險替代物留下可乘之機，給我國社會留下長期隱患。

　　信仰缺失對於社會最重大的危害是對社會和政權穩定的威脅。社會和政治的穩定與否只是外在現象，決定這些現象的卻是人們的思想，而能夠最有效地影響和左右人的思想的是精神信仰。在信仰缺失的社會裡，少的是公允的價值觀、對於個人欲望和野心的精神制約，以及善惡對錯的是非觀和對道德底線的持守，多的是惡性膨脹的自我，對名、利、性、權肆無忌憚的追求，對他人權益和社會秩序的漠視，以及弱肉強食的衝動。在一個信仰缺失的社會裡存在過多的上述威脅穩定的因素，又缺乏精神信仰的制衡，政治和社會穩定都不得不靠各種外力和堵壓手段來維持。但堵壓手段不僅成本高，而且本身就是加重不穩定的因素，況且其維穩效果難以持久，使得社會和政治穩定成為執政者必須時時關切的頭等大事。有鑑於此，古今中外明智的統治者都會積極扶持和利用宗教，作為教化民眾、維護社會和政權穩定的重要支柱。宗教有"推一推為敵，拉一拉為友"[11]的特性,但這一"推"和一"拉"的代價和獲益卻有天壤之別。

在這個經濟社會裡,人們隨時關心和防止的是經濟危機;但真正對社會潛在危害最嚴重、最深遠而且亟待救治的是精神危機、信仰危機。

四、化解信仰缺失危機的積極對策

對於化解信仰危機,避免信仰缺失的危害,合乎邏輯的解決方案是以某種正當的信仰來填補真空,引導充實民眾的信仰。但這並不等於問題的解決會輕而易舉,決策者仍將面臨一系列的難題:應當同時復興所有宗教還是選立一宗主導宗教?如選前者,如何應對各種宗教的差異和可能發生的宗教矛盾糾紛?如選後者,樹立"國教"在信仰日趨自由的國際大環境背景下是否有"逆時代潮流而動"之嫌?如何處理與"落選"宗教的關係?是否有一種宗教適合作為主導宗教,單獨足以承擔起重建中華民族信仰和價值體系的重任?選擇哪種方案可以達到目的而不至於帶來更多的矛盾和問題?如此等等。問題的清單還可以進一步加長,回答和論證每一個問題都會引發大量的思考。但最終的結論可能是:在封閉型思維下現有可供選擇的方案中沒有一個可以妥善重建中華民族信仰,而不帶來更多的矛盾和問題。理想的方案應當做到:既能重建民族共同的精神信仰、價值和倫理體系,又不會引起與現行政治體制和各宗教的

---

11 卓新平:《"全球化"的宗教與當代中國》,北京:社會科學文獻出版社,2008 年,第 40 頁。

矛盾衝突，也不致逆時代潮流而動；既能適合中國國情，解決國內社會各種深層次問題，又能兼收並蓄世界宗教文明精華，融入世界並引領全球化時代的世界精神文明；既能充分享受信仰重建的所有好處，又不會引起額外的矛盾和問題。筆者認為，同時滿足所有這些需要的方案只有一個，就是人類宗教共同體。

所謂人類宗教共同體，就是人類為了順應全球化時代共同生存發展需要而將形成的各宗教教派和信眾多元通合、和而不同、和合共生的信仰體制。其特點是繼承吸收各宗教的全部精華，消除摒棄各宗教對立排他等消極因素，求大同存小異，信眾可以藉以相互開放、交流、融合，所有宗教教派可以在此框架中保持各自特色而和諧共存。共同體既非一元化的單一宗教，亦非新興宗教，而是有共同終極信仰對象、共同信仰目標、共同價值觀和倫理取向，關切和維護人類的共同利益，可以協調思想和行動，和諧共生的各宗教教派和信眾的普世兼容體。

對中華民族來說，宗教共同體就是在復興儒道佛三教合一的傳統中華文明基礎上發揮中華文化海納百川的優勢，進一步融合吸收基督教、伊斯蘭教、印度宗教等世界各種文明精華並加以昇華發展而成的現代中華精神文化共同體。這樣的先進文明體系不僅能夠滿足上述所有要求，化解我國社會面臨的信仰危機及各種相關的宗教和社會問題，而且能夠提供中國大國崛起所迫切需要的文化軟實力，值得現代社會深入探討。

從中國視域看，宗教共同體的主要作用是復興發展中華文化、重建民族信仰和價值倫理體系、維護社會和諧穩定、提供民族凝聚力、解決日益嚴重的各種宗教和社會問題。從全球視域看，宗教共同體的主要作用是消除宗教對立、衝突和戰爭，避免毀滅，維護人類共同的和平生存發展，提供地球村人類共同的核心價值和倫理取向。這些作用是任何單一宗教都不能提供，也不能替代的。

中華文明重新崛起的歷史機遇[1]

——也談中國大國崛起的軟實力

　　中華文明，作為人類早期最輝煌的文明之一，數千年來曾持續不斷地對人類文明的形成和發展起著舉足輕重的作用。不幸的是，清末民初以來，這個偉大文明在西方列強的衝擊、國內矛盾與自我否定的夾擊下衰敗了。中華民族經歷一百多年的危機和政治動盪後，傳統精神文化遭到了毀滅性的破壞，被棄如敝屣。

　　改革開放以來，伴隨經濟的高速發展，中國的硬實力重又躋身世界之強，為中華文明的重新崛起奠定了物質層面的基礎。任何一個偉大的文明，都是以精神信仰、價值倫理、文化傳承等軟實力作為其內涵和主導，以政治、經濟、制度等硬實力作為其外延和支撐，中華文明也不例外。因此，中華文明的重新崛起，既需要強大的經濟硬實力作為支撐，更需要精神文化軟實力作為基礎。中華文明的重新崛起，其實就是中華民族的偉大復興，二者在一定意義上是同義語。在民族復興成為最強音的時代，傳統精神文化的復興發展必將成為重中之重，中華文明的重新崛起也勢在必然。在此背景下，中華民族面臨中華文明重新崛起的獨特歷史機遇。

1　本文原載於上海社科院《當代宗教研究》2010 年第 2 期，發表時有較大刪節改動。

一、中國大國崛起所需的軟實力

伴隨中國經濟和國力的快速發展，中國的大國崛起已成為熱門話題。央視的紀錄片《大國崛起》引發了對於中國大國崛起之路應該如何走的思考和討論，但顯然並沒有給出答案。對於現代大國成功崛起的關鍵因素，社會各界眾說紛紜、觀點各異。深入考慮，除浮於表面者外，有深度的觀點大體可以歸納為以下幾點：

1、大國崛起的基礎分為硬實力和軟實力，其中硬實力主要包括經濟、軍事等因素，軟實力則主要包括精神信仰、價值倫理和思想文化等因素，二者缺一不可。歷史反復證明，單純的經濟崛起不能持久，難逃興而複衰的命運；單純的軍事崛起則只能給本國和世界帶來災難，註定難以持久。

2、強盛的軟實力是大國崛起的內在基礎，主要表現為強大的精神思想文明、國民認同的精神信仰和價值倫理、良好的國民素質、完善的治理體系、內在的凝聚力。穩固的大國崛起是其軟實力內涵的自然外延，以先進精神思想為主導的和平崛起才能被世界接受和認同。缺乏精神思想文明的大國是泥足巨人，沒有強大精神思想文明支撐的崛起是不能持續的崛起，而保持崛起的持久生命力遠比崛起本身更加困難。

3、全球化使大國崛起的定義和形式發生了根本的改變。能被國際社會接受的崛起將不再是傳統狹隘的單一國家的民族主義崛起，而是在崛起國帶領下全人類的共同繁榮。符合人類共同利益並能以精神文明引領全人類共同繁榮發展的和平崛起才是真正的崛起，是廣受世界接受和歡迎的崛起。

簡而言之，軟實力是大國崛起最重要的內在因素，能夠主導和凝聚本國國民，並被人類社會廣泛接受認同的先進精神思想文化是全球化時代大國崛起的重要基礎。

那麼，中國是否具備大國崛起所需的主要因素呢？論經濟實力，中國的突飛猛進有目共睹，目前已晉升為世界第二，雄踞第一只是時間問題。論軍事實力，隨著經濟的壯大遲早也會名列前茅。硬實力滿足要求幾乎已成定局。但若論到更重要的精神文化軟實力，就不得不從世界排名的另一端去尋找了。從新文化運動到文化革命的一系列運動摧毀了傳統中華文化，造成文化的嚴重斷層和缺失。經過文革等政治運動的徹底清洗，受過市場經濟唯利是圖取向的全面薰陶，中國社會已經畸形地向物質主義單邊傾斜。物質文明極大地豐富了，精神文明卻成為稀缺物。國人喪失了傳統的中華文明，又沒有在引進西方市場機制和科學技術的同時引進西方的精神文明，以致泱泱文明古國淪落成最缺乏精神文明的國家。當今社會的信仰缺失、道德衰敗、禮儀淪喪、精神空虛、窮奢極欲等等現象，無不隨時隨地向人們警示我國精神文明缺失的嚴重。國人引以為傲的中華文明，其實只不過是我們的祖先曾經有過的文明輝煌，現已凋零破落，用以充當我國崛起的軟實力不足，拿來映證我國現代社會精神文明的缺失卻有餘。如果不能及時重建強大的精神文明體系，遲早會導致嚴重的國內社會危機，遑論崛起於國際社會。顯而易見，如此貧瘠虛無的精神文化狀況不僅不能滿足大國崛起的軟實力需要，更難以承擔起負責任大國對全球化人類共同精神文明體系構建應盡的貢獻責任。正在崛起的中國最迫切需要的是重建強大先進，能得到國民和國際社會真正認同的精神文明體系。無論人們口頭承認與否，這是無可否認的現狀。

二、中華文明與精神文化共同體

　　什麼是全球化時代中國大國崛起需要的精神文明？從人類文明史考察，西方文明是植根于基督教文化的文明；伊斯蘭文明是植根于伊斯蘭教文化的文明；印度文明是植根于印度宗教文化的文明；中華文明是植根於儒道佛三教合流多元文化的文明……　全球化時代人類的共同文明，需要植根於人類共同的精神文化。這種普世的精神文化不可能由上述任一文明獨家壟斷提供，也不可能將上述任一文明排除在外，更不可能人為憑空創造，而只能是人類各種文化多元通和、和而不同、和合共生的精神文化體系。重新崛起的中華民族同樣需要一種多民族共同的精神文化作為其文明復興的基礎。從中華民族復興的自身需求和全球化時代人類整體發展形勢考察，理想的中國現代精神文化體系應當同時滿足以下的要求：既能主導和凝聚中華民族全體成員，又能被全球化時代的人類社會廣泛認同；既能促進本國國民的福祉和社會和諧，又能引領人類社會走向共同的和平繁榮；既能復興弘揚中華傳統文化，適合中國國情，又能兼收並蓄世界文化精華，與世界融為一體；既能化解當前的重大社會問題，又能久盛不衰；既能弘揚精神信仰，又能與科學和理性相輔相成；既能保留容納各宗教傳統的特色，又能消除各宗教間的矛盾衝突；既能達到中華文明崛起的目的，又不會引起額外的矛盾和問題。能夠同時滿足這麼多重大需求的精神文化體系，只能是一種多元包容的精神文化共同體。

　　這個精神文化共同體，就是中華民族在全球化背景下為了民族復興發展需要而應當謀求形成的各民族、各信仰派別和信眾多元通合、和而不同、和合共生的精神文化體系。這個共同體既不是一元化的單一宗教信仰，也不是一種新興宗教，而是有共同終極信仰對象、共同信仰目標、共同價值觀和倫理取向，關切和維護共同利益，可以協調思想和行動的普世精神文化兼容體，也就是胡錦濤倡導構建的"中華民族共有的精神家園"。

　　對於中華民族來說，這個精神文化共同體就是傳統中華文化的現代化。傳統中華文化，其實就是一種形式的精神文化共同體。中華民族是歷史上數百個民族融合的共同體，而傳統中華文化就是彙聚吸收了三教九流、諸子百家和各民族精神文化精華的多元包容的共同體。拋開儒道佛三教及其為主導的精神文化共同體，就無所謂傳統中華文化。因此，現代中國精神文化共同體應該是在儒道佛三教合一、多元包容的基礎上發揚中華民族海納百川的優秀傳統，進一步吸納人類所有文明精華發展而成的共同體，這是傳統中華文化合乎邏輯的延伸和發展。中華文明是中華文化發展的成果，中華文明的復興有賴於中華文化的復興發展，而構建中華民族精神文化共同體則是中華文化復興發展的最佳途徑。就此而言，復興中華文明，就是重建中華民族精神文化共同體。

　　中華文化是所有中國人的根和魂。只要中華民族尚存，尋根追魂復興中華文化就將是歷史必然。伴隨改革開放的深化和國勢的日益強盛，復興弘揚被文革摧毀的中華文化已經被提上議事日程。胡錦濤在十七大報告中提出，要"弘揚中華文化，建設中華民族共有精神家園。中華文化是中華民族生生不息、團結奮進的不竭動力。"[2]這是我國執政者對經歷百年打壓後的中華文化的重新表態。顯然，

---

2 胡錦濤：《高舉中國特色社會主義偉大旗幟，為奪取全面建設小康社會新勝

符合所有炎黃子孫的心願和根本利益，是民心所向。但最大的困難並不在於對此取得國民共識，而在於如何有效落實。事關民族復興的根本大計，需要舉國上下的高度關注、大量投入和扎實行動才能實現。但迄今為止落實行動嚴重欠缺，得到的關注和投入與經濟建設相比百不及一，實為我國軟實力欠缺的重要原因。

值得注意的是，中國社會已經有人開始為復興弘揚中華文化做出可貴的努力。但困境是沒有對中華文化及其重要組成部分的中國宗教做出客觀正確的認識和界定，以致概念混亂，目標方向不明，迄今難有真正進展。例如，有人認為傳統中華文化的一切都是精華，不容批判發展；有人否定中華文化的宗教性；有人將儒道佛其中之一當作全部中華文化來努力推廣；有人主張全盤復古；有人甚至鼓吹中華文化的絕對性和排他性，將之與人類其他精神文化對立起來，如此等等，不一而足。客觀而論，這些都無助于中華文化的復興，反而增加了復興的障礙。

任何文化都有其精華和糟粕，理性地繼承、發展和弘揚其精華而批判、摒棄其糟粕，是一個民族文化得以久盛不衰的明智之道。反之，對於本土文化或外來文化全盤否定或全盤肯定都是不明智的。中華文化當然也不例外。中華文化有兩種顯著的精華成分。其一是理性智慧，是智者對自然及超自然的深刻洞見。老子闡發的道教教義、孔子闡發的儒教教義、釋迦牟尼闡發的佛教教義，無一不是理性智慧的結晶，無一不展示智者對於世界的洞見。其二是對各種文化精華兼收並蓄的融合力和包容性。中華民族海納百川、兼收並蓄各種精神文化的包容性和三教合一所展示的融合力，是許多其他民族望塵莫及的文明優勢。這些都是今人應當繼承、發展和弘揚

利而奮鬥》，北京：人民出版社，2007年。

的寶貴財富。

　　新文化運動以來，國人在西方激進思潮和文革極端思想影響下形成的對於傳統文化和宗教的錯誤認識，是當前復興中華文明的最大障礙。時至今日，我國社會仍有許多人將宗教等同於愚昧迷信或敵對勢力，將宗教信仰當作不正常的現象。認真閱讀過老子、孔子和釋迦牟尼學說的人不難發現，這些聖人創立的教義中充滿了卓越的理性智慧，與愚昧迷信格格不入。愚昧迷信是古代社會認識和教育水準低下的產物，非宗教獨有。因歷史原因摻雜在儒道佛教中的迷信成分，既違背這些聖人的理性精神，又形成宗教的歷史包袱。各宗教在低端確實有愚昧迷信，但這並不能全面代表宗教，現代人也沒有義務背著這樣的歷史包袱生活。有人先入為主地將宗教定性為愚昧迷信的產物，進而將宗教與理性思想對立起來，從而陷入儒、道是"教"還是"家"、佛教是哲學還是宗教等偽命題的爭議，由此否定儒道佛的宗教性。其實，儒道佛的原始教義和理性思想本為一體，並無彼此之分，古代智者對於自然和超自然的體悟和洞見既是宗教教義，又是思想學說。儒道佛是宗教，已經被國際學界和國內宗教學界廣泛認同，目前仍對此持否定意見的大多是受新文化運動以來西方宗教觀影響較深的非專業人士。有人在儒道佛被稱為思想學說時就認為是可以弘揚的中華文化，被稱為宗教時就視為異端而加以排斥，就是這種認識混亂的表現。只有樹立對宗教的客觀正確認識，洞悉中華文化的宗教性本質，才有可能真正復興弘揚中華文化。

　　其次是宗教信仰是否正常之辨。著名宗教學家伊利亞德有句名言："宗教是人類學常數"，指出宗教信仰是人類生活的正常狀態。這不僅被國際學界和國內宗教學界普遍認同，而且被古往今來的歷史和事實證實。宗教史學和人類學研究證明，人類所有的民族文化都無一例外是宗教性的。即便在世俗化嚴重的現代社會，世界人口仍有近 85%是宗教信徒。[3]對比之下，我國官方公佈和承認的宗教信仰者只占我國人口的 10%左右。[4]由此可知，我國之外世界上絕大多數人是宗教信仰者，世界上絕大多數無宗教信仰者在我國，而我國則是人類社會古往今來宗教信仰缺失的特例。值得注意的是，中國目前的信仰缺失是文革等政治運動人為造成的非正常狀態，所以在人為因素解除後中國人就會向人類宗教信仰的正常狀態自然回歸。我國改革開放以來宗教死灰復燃、迅速發展就是一種證明。據多種公佈的調研資料，儘管經過幾十年的無神論強制教育，仍有逾 90%的中國人並非真正的無神論者，而是宗教信仰者、准信仰者或潛在信仰者。[5]此外，宗教學研究表明，宗教有多種重大的積極社會功能可以用來造福社會，其中蘊含著有待開發利用的寶貴社會資源。因此，只有解放思想，客觀研究認識宗教，並據此制定務實合理的宗教政策，才能不再步文革後塵仍將宗教盲目視為封建迷信或敵對勢力加以排斥，從而排除復興以儒道佛為主體的中華文化的主要障礙。

　　還有些人將其個人信奉的單一教派或學派當作全部中華文化來弘揚，甚至鼓吹中華文化的排他性。這種做法只能引發和加劇宗教信仰派別間及中華民族與其他民族的對立衝突，與弘揚中華文化的目標背道而馳。此外，復興和弘揚中華文化不應是復古，而應是繼

---

3 《國際宣教研究公報》，2007 年第 1 期，轉引自劉義：《全球化背景下的宗教與政治》，上海：上海大學出版社，2011 年，第 49-50 頁。

4 引自國務院新聞辦 1997 年發佈的《中國的宗教信仰自由狀況》白皮書，國家宗教局局長王作安近期仍多次使用這一數字。

5 參見童世駿等著：《當代中國人精神生活研究》，北京：經濟科學出版社，2009 年，第 233-248 頁；以及 2007 年 WORLD VALUE SURVEY 等多種經調研公佈的數據。

承其精華，並在此基礎上有所創新和發展，在新的歷史條件下發展
出與時代相適應的先進文化。

中華文化海納百川、兼收並蓄的包容性和融合力在全球化時代
尤為可貴。全球化其實就是人類走向地球村一體化的進程。同住一
村的村民們不可能保持彼此水火不容的精神信仰和價值倫理而和平
共存。建制性宗教最大的缺陷是唯我獨尊，相互對立排斥。這種狹
隘排他曾經導致人類歷史上無數的宗教戰爭衝突，現代社會日新月
異的科技成果則賦予該類戰爭衝突以毀滅地球生態的能力，威脅到
人類整體的生存。全球化時代的人類面臨著嚴峻的抉擇，要麼找到
共同的精神信仰和價值倫理而共同繁榮發展，要麼在對立衝突中走
向毀滅。迄今為止人類仍陷於尋找的迷茫困惑之中。共同體中華文
明其實就是人類亟需的共同文明，以其能繼承發揚包容融合的優秀
傳統，兼收並蓄人類所有精神文明的精華，摒棄建制性宗教的排他
狹隘，提供人類共同的精神信仰和價值倫理，引導人類走向共同和
平、繁榮和發展。這樣的文明利己利人，能有效化解人類面臨的生
存危機，勢必被全人類接受而真正崛起。就此而言，全球化為共同
體中華文明的崛起提供了強烈的需求和最佳的機遇。

有人擔心兼收並蓄世界其他文明精華後中華文明就不再是中華
文明了。這種擔心是沒有必要的。中華文明之所以偉大，就是因為
能包容吸收不同傳統和民族的文明精華。外來文明精華一旦被包容
吸收，就成為中華文明的組成部分。傳統中華文明因包容吸收古代
國人視野中所有的多元文明精華而偉大，現代中華文明將因包容吸
收全人類的多元文明精華而將躍升為人類最偉大的文明。這種文明
就是共同體文明，這樣的文明是中華民族特有天賦的結晶，是兼收
並蓄人類所有文明精華的最博大的文明，是全球化時代超脫狹隘局

限的人類共同文明。

三、共同體中華文明的崛起條件

當然，精神文化共同體必須有現實的可行性才有意義。精神文化共同體在我國有現實的可行性嗎？共同體中華文明具備崛起的條件嗎？

從需求角度來看，凡是大眾對其有廣泛和深度需求的事物，就必定會興旺發展，就具有強大的生命力。精神信仰是人類內在的自然稟賦，是人類最深層次的需求，也是人類最為廣泛的需求，因此具有強大的生命力。能夠包容融合各信仰派別，充分吸收各宗教信仰的優點，避免各宗教的缺陷的共同體信仰模式，在國民普遍向信仰常態回歸進程中，其生命力更是顯而易見。精神文化共同體與我國政府構建和諧社會、弘揚中華文化、共建精神文明家園、和平崛起等政策珠聯璧合，可以作為落實上述政策的有力載體，從而還具有政策上的可行性。

從利益權衡的角度來看，凡是有利於大眾、有利於社會、有利於民族、有利於人類的理念和事物，遲早會被大多數人接受和採納。精神文化共同體能夠最大程度滿足人的精神信仰需求，提升社會道德，促進社會和諧穩定，消除戰爭衝突，有利於人類的生存發展，必然會得到絕大多數人的接受和採納，因而具有最大的可行性。信仰缺失嚴重的中國社會從中的潛在獲益空間更大，因而精神文化共同體在華的可行性就更強。

從解決問題的角度看，精神文化共同體是醫治中國社會一些疑難痼疾的濟世良方。對於信仰缺失、精神空虛、價值虛無、道德衰敗、民族凝聚力欠缺、對西方普世價值侵入擔憂等久治不愈的社會深層次問題，構建精神文化共同體可能是最有效的解決途徑。[6]除提供精神信仰和價值倫理等顯著作用外，“共同的宗教認同也可以是維繫國家內部成員信任的紐帶，從而促進民眾對主權國家的忠誠。”[7]共同體還是解決困擾我國的宗教極端主義、宗教分裂主義、邪教滋生、體系外宗教等多種棘手的宗教問題的有效策略。同時，它還能從根本上改變中國在國際社會中宗教信仰缺失的孤立地位和壓制宗教信仰的被動形象，使中國一躍而成為引領世界精神文明的先進大國，並樹立與此相應的精神領袖形象。即便僅從解決問題的角度考慮，共同體也是一種社會成本低廉、成效顯著、有利無弊的上選方案，其實用性進一步提高了其可行性。

從社會接受能力來看，中華民族原本就具有精神文化共同體的傳統和對此的民心認同。從唐代以來，中國就實行儒道佛三教合一，其理念已深入人心。事實上，多數中國民眾心目中的宗教信仰就是不太明確的共同體信仰，而現在所談的只不過是明確的精神共同體。中華民族超強的民族融合力和包容力、民間原有的多元信仰意識、儒道佛三教合一的逾千年實踐，使得中華民族成為世界上唯一能夠發起和推動共同體的大民族。從我國實際狀況看，五大宗教在政府領導下統一協調活動已成常規，有些地方甚至成立了五大宗教聯席會議，具備了共同體的雛形。這些都證明共同體不僅可行，而且在一定程度上已被實行，只是沒有被人意識到而已。

從選擇的角度來看，共同體模式可能是復興中華文明的最佳選

6　有關論述詳見《理性信仰之道》第七章，上海：學林出版社，2009年。

7　徐以驊：《當前宗教與國際關係的若干問題》，載於《中國社會科學院院報》2008年4月3日，第3版。

擇。離開儒道佛三教合一的共同體傳統,就無所謂傳統中華文明,更談不到中華文明的復興。現代中華文明不可能是脫離傳統文明基礎,不採用外來文明建材,憑空構建的空中樓閣。全球化時代,撇開在傳統中華文明基礎上兼收並蓄其他文明精華發展出包容融合的全球性文明,實無可以構建中華文明的更佳選擇。有人主張儒道佛其中之一或其他一種外來宗教可以單獨挑起重建中華文明的重任,這其實是宗教排他論的翻版。在全球化時代,人類亟需的是化解宗教文明間的對立衝突,尋求多元宗教文明之間的和合共生。主張一教獨大,否定或排擠其他宗教信仰只能加劇宗教間的對立衝突,給社會帶來災難,破壞人類和合共生的前景。連其他宗教都不能包容,如何走向世界?況且,排他論不符合中華民族包容融合的傳統和理念,不可能引起中國社會的共鳴。因此,如果復興中華文明是歷史必然,共同體模式作為復興中華文明的最佳選擇,也將成為歷史必然。

　　從全球化趨勢來看,共同體是其必然結果。究其實質,全球化就是人類共同體化,全球化時代就是人類走向共同體的時代。無論人們贊成還是反對,全球化將不可逆轉地到來,把人類全體的生存和命運凝為一體。人類已經在政治、經濟等領域形成聯合國、WTO等初級形式的共同體,並將在其他所有主要領域也逐漸形成共同體。很難想像人類在主導其精神思想的宗教信仰領域會保留唯一的例外,維持宗教間水火不容的對立關係而完成人類共同體的進程。因此,精神文化共同體既將是全球化的必然結果,也將是人類不可避免的選擇。作為世界第一大民族的中華民族既有義務,也有切身利益成為這一歷史趨勢的先行倡導者。

　　從社會發展角度看,共同體的生命力將不斷增強。伴隨中國經濟的高速發展，國民教育水準普遍提高，國民理性認識能力也持續提高。共同體的理性信仰與宗教間和合共生理念適合受過良好教育、認識和反思能力增強的現代人和未來人，因而其民眾接受度將持續提高。國民教育的普及提高為共同體的生命力和可行性提供了穩固持久的國民素質基礎。

　　綜上所述，共同體在中國不僅有深厚的傳統基礎和現實需求，而且有充足的可行性。關鍵是解決對宗教的認識問題。

四、中華民族面臨的歷史機遇

　　中國社會精神信仰嚴重缺失的現狀是否構成共同體中華文明崛起的重大障礙？深入的研究揭示，這種現狀不是障礙，而是機遇。信仰缺失的中國社會，猶如飽受饑餓煎熬的人，對於信仰的精神食糧應該有更迫切的需求。隨著極端思潮的消退和對宗教信仰的認識深化，中國社會必然會向人類的正常信仰狀況回歸，因此目前的信仰缺失並不構成重大障礙。中國人逾 90%是非無神論者，其中多數雖然不是建制性宗教的信徒，但卻是傳統意義上的非建制性宗教信仰者或潛在信仰者，是世界上人數最龐大的沒有門戶之見和排他心理的信仰需求群體，構成共同體的現成信眾基礎。我國民眾在向信仰常態自然回歸過程中，將面臨宗教信仰的選擇。現有的宗教派別中沒有哪一宗能單獨滿足我國民眾的多元信仰需求，普遍認同宗教融合理念的國人多數也很難接受宗教間水火不容的觀念，成為單一宗教的排他性基要主義分子。伴隨科技的進步和人類認識能力的提高，人類早期從不同角度對於精神世界的片面認識已經不能令人信服地單獨主張真理性和完全性，現代國民需要的是像共同體這樣更全面、更融通、更理性的多元通和信仰機制。這些因素註定了絕大多數國民會接受共同體理念，從而形成人數龐大的共同體信眾群體，對世界信仰格局產生舉足輕重的影響。世界上許多國家都有建制性單一主導宗教。凡是有單一主導宗教的國家，都存在強大的宗教排他勢力，即便能夠認識到共同體的合理性，一時還難以付諸實踐，其抵觸障礙在相當長的時期內會存在。中國信仰缺失，沒有堪稱"主導"的建制性宗教信仰，也就沒有建制性主導宗教的強大排他勢力，免除了共同體文明崛起的最大障礙。看似不利的因素反而為共同體中華文明的崛起提供了獨特的優越條件。

中華文明可能被全球化的人類社會接受為主導文明嗎？如果將中華文明狹隘地定義為傳統儒、道、佛三教之一，可能性幾乎等於零。即便在國內，大多數國民也難以接受這種狹隘觀念。但如果將中華文明定義為共同體多元文明，則被我國民眾和人類世界接受為主導文明只是時間問題。作為中華文明結晶的共同體兼收並蓄世界所有精神文明的精華，滿足全球化時代人類共同的精神需要，符合全球化時代人類共同生存發展的利益和趨勢，易於被受過良好教育的人類新生代接受，取代狹隘排他的舊有信仰模式而成為世界精神文明主導模式將是歷史必然。世界各國並非不能接受共同體的和合共生理念，也並非不能理解共同體理念對於人類共同生存發展的合理性，但由於宗教狹隘排他傳統勢力的強大，難以靠自身的力量實現如此重大的變革，需要強大的外力推動。中華民族作為世界第一大民族，如果充分發揮強大國勢和文化傳統的影響力，恰好能承擔和完成這一偉大的歷史使命。中華文明崛起的影響力足以讓世界各國突破傳統宗教排他勢力的障礙，使共同體的信仰理念被這些國家現代和未來社會中受過良好教育、認識和反思能力增強的群體廣泛回應和接受。世界是新生代的世界，隨著老輩保守勢力的退出和新生代的登臺，共同體終將成為世界的主導性精神信仰形式。

　　縱上所述，中華文明具備復興崛起，演進成全球化人類精神文明共同體所需要的所有有利條件。中華民族超強的融合力和包容力、釋道儒三教合一、多元包容的共同體傳統、中國社會有待填充的信仰空缺、不持排他偏見的廣大受眾、各大宗教多年協調行動的現實基礎、世界第一大民族的影響力、中華傳統文化的底蘊和輻力、經濟和國勢的持續壯大、大國崛起對精神文明軟實力的強烈需求等等，都是歷史賦予中華民族精神文化大國崛起的獨特條件，是世界上任何其他國家和民族都不具備的優勢。全球化時代人類對共同精神文明和價值倫理的需求、全球化社會對和平共處、長治久安的渴望、全球化人類大同的必然趨勢、精神文化共同體對人類所有精神文明的包容和涵蓋、知識化現代人類對理性信仰不斷增強的接受能力、共同體能給人類帶來的多種重大利益，則從整體上為共同體中華文明的成功崛起提供了保障。以上所有有利因素奇跡般地匯合，構成最強大的軟實力形成條件，為中華文明的崛起提供了人類歷史上空前絕後的歷史機遇。

　　對於中華民族來說，能夠抓住這個劃時代的歷史機遇，實現中華文明的重新崛起，引領世界文明，提供和成就全球化時代人類共同的精神文化與價值倫理體系，將是有史以來中華民族為世界文明做出的最偉大的貢獻，也是惠及人類千秋萬代的最偉大的功德。這一壯舉對世界的影響無論從重大和深遠程度上都將遠遠超過中國經濟和政治對外可能產生的影響。在全球化重新塑造人類共同的精神文明、價值倫理和新秩序的進程中，中華民族作為世界第一大民族，能否順天承運、積極承擔起這一神聖的歷史使命,將是人類歷史上影響中華民族和人類命運的最重大事件。

公民道德建設的信仰認同基礎[1]

　　近年來，中國社會的道德狀況已經引起社會各界有識人士的普遍擔憂。誠信缺失、損人利己、巧取豪奪、食品安全、賣淫嫖娼、官場腐敗、造假侵權等等，這些僅在三十年多前還會令人感覺聳人聽聞的道德淪喪行為，如今已經成為司空見慣的社會常態。道德淪喪無論從程度上還是規模上都空前猖獗，使得國民幾乎人人都是受害者。提起道德淪喪，多數國民，包括受害者和實行者，都會感歎指責。連溫家寶總理最近在談到食品安全問題時都感歎道，中國 "誠信的缺失、道德的滑坡已經到了何等嚴重的地步！一個國家，如果沒有國民素質的提高和道德的力量，絕不可能成為一個真正強大的國家、一個受人尊敬的國家。"[2]顯然，我國的公民道德已經到了亟待重新建設的關鍵時刻。

一、道德的信仰基礎

　　造成中國目前道德衰敗的原因，主要有兩個。一是文化革命徹

1　本文是中國宗教學會、中國倫理學會和浙江大學宗教學研究所於 2011 年 6 月
　　聯合舉辦的《宗教與中國社會倫理體系的建構學術研討會》參會論文，原載
　　於該研討會論文集，並於 2011 年 6 月被香港鳳凰網轉載。
2　溫家寶在同國務院參事和中央文史研究館館員座談時的講話，中新社北京
　　2011 年 4 月 17 日電。

底摧毀了中華民族傳統的精神文明和價值倫理體系，泯滅了人性的利他良善面，激發了人性的自私邪惡面；而改革開放後我國在引進西方市場經濟體制和科學技術的同時卻沒有引進，也沒有恢復重建新的價值倫理體系。二是市場經濟的基礎和動力是"看不見的手"，即人的自私貪欲；在精神信仰和價值倫理體系缺位、社會全面轉型過程中片面鼓勵人們盡情發揮其自私本能和貪欲，必然造成道德嚴重失範和社會失衡。我國政府並非沒有注意到問題的嚴重性，並對此有所行動，提出"精神文明建設"、"八榮八辱"等口號其實就是官方對社會道德衰敗的回應。然而，我國社會道德狀況持續惡化的現實提示了問題的嚴重性和根本性，迫使社會重新全面審視問題，尋求走出社會道德困境切實有效的新思路、新途徑。除化解自身道德危機外，作為世界人口第一的文明古國和負責任的大國，中國在全球化時代人類的普世價值倫理構建中也承擔有不可推卸的貢獻責任。

　　考察我國社會道德建設難以奏效的經驗，可以發現主要原因之一是道德主張缺少了精神信仰的神聖性和約束力，因而不能有效轉化為公民自覺的信守意識和自律行為。康德認為，道德的本質是人們內心的自律。[3]所謂"頭上的星空，心中的道德律"，二者有著內在的聯繫。正是因為有對頭上星空的信仰和敬畏，心中的道德律才有效。馬克思也同樣認為，道德的基礎是人類精神的自律。[4]這些觀點深刻揭示了社會倫理能行之有效的深層基礎，也間接說明法律、政治號召、強制措施等外在的他律手段離開精神信仰不能有效維持社會道德的道理。但問題的難度不在於就道德自律的重要性達成共

3 康德：《道德形而上學原理》，苗力田譯，上海：上海人民出版社，1986 年，第 86 頁。

4 《馬克思恩格斯全集》，北京：人民出版社，1956 年，第一卷，第 15 頁。

識，而在於如何才能在人們的內心有效建立起有約束力的道德自律意識。

人的本性是自私的，而道德的本質要求人們限制或克制自我，尊重和維護他人的合法權益。在自私本性與利他要求的衝突中，道德如果沒有一種神聖而超越的壓倒性精神信仰作為其基礎，就難以戰勝人的自私本性，成為人們內心的自覺意識和自律行為。然而，這種神聖性和超越性不來自於世俗社會，也不能人為製造而長期維持，對信仰者來說只能來自具有神聖性和超然性的宗教信仰。這就是宗教信仰能有效維護和提升道德的根本原因。歌德說，沒有信仰，就沒有靈魂，也不會有高尚的道德情操。換句話說，精神文明中沒有了精神，就沒有了文明，更不會有道德。現代社會中廣泛存在的道德衰敗現象從不同角度反復證實了這一深刻道理。西方社會實行政教分離之後，通過使宗教邊緣化喪失了具有神聖性的道德教化和約束，致使社會道德水準明顯下降。中國社會自文革毀滅傳統宗教文化體系之後，社會道德嚴重衰敗，八榮八辱等道德訴求由於缺乏信仰的神聖性而無人響應。

有人認為，世俗的信仰，如政治信仰、哲學信仰或國家信仰，可以取代宗教信仰作為道德的基礎。這不僅被事實所否定，而且道理也是欠缺的。漢語裡的“信仰”原本來源於宗教，只適用于具有超越性和神聖性的對象。新文化運動以來該詞在我國社會被廣泛濫用，致使宗教信仰和世俗事物概念嚴重混淆，並造成了很多實質性的危害。經驗證明，世俗事物即便被冠以“信仰”之名，仍然不具備神聖性和超越性，也不能長期取代宗教信仰的作用。因此，應當從信仰的本意來認識其對倫理的作用。

二、信仰與道德的關係

關於宗教信仰與道德的關係主要有三種觀點，即有神論者的道德神源論、無神論者的宗教對道德無用論以及有神論者和無神論者都可能贊成的神道設教論。其中道德神源論按呂大吉先生的觀點又分為"神直接頒佈啟示道德誡命"、"人的一切善或美德均起源於對上帝的愛或追求"和"道德源出於人的天賦而與生俱來的'本性'或'良心'"三種，[5] "三者的內容卻是基本一致的，都是主張神是道德的源泉。"[6] 執此觀點者認為，因為道德源自於神，所以宗教對道德起關鍵作用，"哪裡沒有信仰，哪裡就沒有道德"[7]，"宗教與道德是二而一的關係。"[8] 認為宗教對道德無用論者則舉出一些事例，如無神論者的道德不遜於宗教信仰者、宗教在歷史上的惡行等，試圖以此證明宗教與道德並無正相關關係。神道設教論則主張發揮利用宗教的道德教化作用，而不拘泥於有神無神之爭，故不僅被有神論者支持，而且還被一些無神論者基於宗教維護社會道德的獨特有效性而大力提倡。著名的被認為是無神論的神道設教提倡者在中國古代有荀子、王充等，在西方近代有伏爾泰、盧梭、霍布斯等（但從更專業的宗教學角度來看，這些人只是不同意當時主流信仰者對神的認識，而有自己的神靈觀，故而很難被定義為真正的無神論者。例如，伏爾泰和盧梭後來被認定為自然神論者）。這些人

5　呂大吉：《人道與神道──宗教倫理學導論》，上海：上海人民出版社，1991年，第 19-28 頁。
6　同上書，第 31 頁。
7　學誠：《人類道德危機與宗教倫理關懷》，載於《法音》，2005 年第 1 期，第 16 頁。
8　甘地：《甘地自傳》，北京：商務印書館，1985 年，第 148 頁。

不僅表示了對宗教的道德功能的重視，而且從有神論的角度較為客觀地闡述了宗教對道德的有效性。

宗教信仰對道德的形成、維護和提高有重大作用，已經是國內外學界大多數人的共識。一般認為，宗教從三個方面對社會道德產生影響：即道德源自宗教信仰（道德神源論）、宗教的道德教化作用和宗教的道德約束力。誠然，關於道德是否源自於神、宗教信仰是否對道德有積極作用等問題不是沒有爭議的，但這些爭議主要還是停留在有神無神的簡單化爭論層面，而沒有從"神"應該如何理解定義，道德神啟應如何理解，宗教與道德的關聯機制、程度和效應，宗教是否被有意識應用于道德提升等建設性層次加以探討。如果從這樣的深度建設性地加以探討，雙方未嘗沒有可能就許多問題達成共識。

現代社會儘管有嚴重的世俗化傾向，但根據許多公佈的調研數字，真正的無神論者只占世界人口不足 5%。[9]因此可以說，儘管仍有爭議，但持宗教對道德無用觀點者只占世界人口的極少數。考慮到現代社會人們對於這個世界上大多數事務都觀點分歧，持宗教對道德無用觀點者可以說是人類的絕對少數。

再仔細考察宗教對道德無用論者舉例證明其觀點的做法，就會發現其所舉事例大有以偏概全之嫌。現實世界中宗教與世俗等各種因素犬牙交錯，情況非常複雜，既有大量信徒信仰不虔誠、或不能以宗教道德戒律約束自己，也有非信徒深受宗教道德傳統影響而行為良善，還有宗教沒有有意識發揮其道德功能造成其道德效果不

---

9 見《國際宣教研究公報》，2007 年第 1 期，轉引自劉義：《全球化背景下的宗教與政治》，上海：上海大學出版社，2011 年，第 49-50 頁；大衛·巴雷特主編《世界基督教百科：西元 1900-2000 年現代世界各教會和各宗教比較研究》，英國牛津：牛津大學出版社，1982 年。

彰，甚至有假借宗教名義，違背宗教自身倫理發動戰爭、迫害壓迫等多種現象。僅憑幾個孤立的事例顯然不能證明宗教對道德沒有作用。持此論者若要證明其觀點，尚欠缺廣泛而有代表性的統計資料和嚴謹的分析論證。

有人以我國在上世紀五、六十年代宗教信仰被壓制而社會道德自律狀況較好的現象來否認宗教對道德有正面作用，殊不知這個事例正好可以從另一個角度證明宗教信仰對道德的積極作用。當時的中國社會雖然壓制了傳統宗教信仰，但卻代之以個人崇拜，以人代替神作為宗教信仰的對象，維持社會道德使用的實際還是宗教信仰的形式和力量，當然還輔之以國家暴力機器的作用。只不過這種虛假人為的信仰不能持久，人造的神聖性退去之後社會陷入嚴重的信仰和道德危機。

從宗教的實際狀況來看，各宗教都主張揚善抑惡，都有其系統的倫理教義和以此為基礎的清規戒律。以宗教信仰的神聖性及其對信徒的精神思想的主導作用之大，很難想像宗教的倫理要求對其信徒的道德行為，進而對社會道德沒有任何影響，更難從中得出宗教對道德無用的推論。從我國社會的實際狀況來看，宗教信仰不僅對信徒的道德構成影響（當然，普遍的世俗化和社會道德衰敗也對信徒構成反影響），而且通過殘存的儒道佛宗教文化和基督宗教、伊斯蘭教等對社會的輻射間接影響著非信徒的道德觀念。宗教對社會道德的影響是明顯並可觀察的。

然而，宗教對道德無用論卻遮蔽了對宗教信仰在道德建設方面積極作用的認識，阻礙了社會對宗教信仰的積極社會功能的開發和利用。這也是我國社會道德建設難以奏效的重要原因之一。在其他方式都被證明對構建社會道德幾乎無效的形勢下，宗教信仰對道德建設的強大功能仍未被認識和發揮，一方面嚴重浪費了寶貴的社會資源，另一方面使社會深陷道德困境而無法自拔。

　　阻礙我國社會認識和開發利用宗教信仰的道德建設功能的另一大原因是深陷宗教認識的誤區。新文化運動以來我國一些主流知識份子受西方中心論的影響，將基督教等西方宗教的狹隘定義生搬硬套到我國傳統宗教上，得出儒道佛都不是宗教、中國人沒有宗教性、也不需要宗教信仰的錯誤結論；通過全盤否定傳統中華文化造成民族文化虛無論的盛行，導致中國近現代社會對宗教的錯誤認識氾濫，貽害甚深。另外，文化革命對宗教的全盤消滅政策餘毒不散，致使將宗教視為封建迷信、敵對勢力者至今仍大有人在。對宗教信仰本身就認識混亂，對於其道德功能的認識不清就很自然。只有擺脫西方中心論的惡劣影響，肅清文革的流毒，以客觀全面的宗教定義界定儒道佛，才能認識到三者都是宗教，其中寶貴資源遠多於垃圾糟粕，宗教具有強大的積極社會功能有待開發利用。儒道佛的宗教性，不僅是我國社會自古以來的普遍認識，也是現代國際學界和中國宗教學界的主流共識，目前仍認為儒道佛非宗教的大多是受新文化運動影響較深的中國非宗教專業外行人士。如果還儒道佛以其宗教的本來面貌，就會認識到傳統中華文化其實就是以儒道佛為主體的宗教文化，撇開儒道佛教就無所謂傳統中華文化，中華民族與世界所有其他民族一樣具有普遍的宗教性。這樣才有可能名正言順地發揮利用中國傳統宗教文化的道德教化和約束作用。

三、公民道德的信仰認同基礎

　　公民道德，顧名思義就是一個現代化國家中公民普遍遵循的道德，因而其有效構建取決於一國國民對其道德觀念的信仰認同。歷史經驗證明，能夠讓一國國民就社會道德達成由衷共識的，只能是其精神信仰和文化傳統。每個民族文化的起點都是其精神信仰，而精神信仰都是神聖和超越的，所以任何民族文化傳統都必然有神聖性、超越性和宗教性。盧梭在《社會契約論》中說，"從未出現過沒有宗教基礎的國家"，就是從歷史的角度對這種關係的論證。一個民族如果喪失其宗教文化傳統，缺少了精神信仰，就會喪失其文化認同和身份，也喪失了價值和道德觀念的認同基礎，其結果必然是價值缺失，道德衰敗。

公民信仰認同是公民道德的建設基礎。我國社會如果不能構建被國民普遍認同的精神信仰體系，有效建立公民道德就是一句空話。對於像我國這樣多民族、多宗教信仰、多思想流派的多元大國來說，"公民宗教"概念，特別是另一個靠世界移民組建的多元文化大國美國的公民宗教現象，很值得參考借鑒。

公民宗教的思想可以追溯到法國思想家盧梭。他在《社會契約論》中首先闡述了這一思想，認為公民宗教是"純粹的公民信念表達"，可促成公民間的認同感、忠誠觀、政治價值的穩定及對公眾的號召力，以確保社會的秩序，是根據公民義務來表現的社會道德。而"沒有這種感情則一個人既不可能是良好的公民，也不可能是忠實的臣民。"[10]社會學家塗爾幹從社會學的角度對公民宗教做了進一步的詮釋，馬基雅維利、霍布斯、托克維爾等人也從不同的角度論及公民宗教的思想。公民宗教演化出不同的名稱，有學者將其譯成"國民宗教"，還有人稱之為"公共宗教"。

---

10 盧梭：《社會契約論》，何兆武譯，北京：商務印書館，2006 年，第 181 頁。

　　被認為是公民宗教概念創始人的美國社會學家羅伯特·貝拉（Robert N. Bellah）其實只是其現代闡釋者。1967 年，他發表了《公民宗教在美國》一文，指出在美國除了各種具體的宗教以外，還有一種實際存在的公民宗教，即全體公民都共同奉行的一些宗教信仰理念、認同的信仰符號象徵、共同參與的一些宗教儀式和共同尊崇的價值體系。美國公民宗教信奉一個超越各種宗教和教派的至上神，因為神是同一的，所以得到無論是基督新教、天主教、猶太教，還是其他宗教的信徒的廣泛認同，被絕大多數美國公民接受。貝拉認為，美國的公民宗教理念就是不同宗教和思想體系的價值觀念之和，包括各宗教教派的理念、源自希臘羅馬神哲學中的道德精神、現代社會的價值倫理觀念等等，它為美國社會提供了公共價值標準、認同基礎和社會凝聚力。公民宗教促成了"美國精神"，使得不同宗教教派背景的美國人在精神信仰上求同存異，為整合美國極為分化的多元社會提供了高度的認同感和凝聚力。這樣一種普世和超越的"泛宗教"不僅表達了大多數美國人共有的宗教特徵，而且體現了美國政治和國家的超越維度。儘管有人對建制性的"公民宗教"是否存在尚有疑問或不同理解，但作為美國多元社會整合基礎的非建制性的公民宗教現象卻是客觀存在的，構成美國社會價值倫理的基礎。

　　中國是有 56 個民族的多元化國家，除官定五大宗教外尚有多種宗教和教派實際存在。隨著改革開放繼續深入，國民出入境及與外界交流日趨頻繁，世界各國人民也紛紛往來，帶入世界上幾乎所有的宗教信仰，加劇了社會的多元化傾向。中國與美國非常相似，也是有重大影響力的世界大國，也是多元社會，並且面臨著與美國建國期間相似的如何整合構建民族國家共同的精神信仰、價值倫理、民族認同和凝聚力的重大需求和挑戰。所不同的是，美國社會有普遍存在的宗教信仰作為其公民道德的基礎，社會道德水準較高；而中國社會目前信仰缺失嚴重，道德空前衰敗；美國建國歷史短暫，傳統文化根底淺薄，而中國歷史悠久，有深厚的儒道佛及其他宗教融合的傳統文化資源，中國有比美國更強的包容融合傳統，提供了比美國社會更加有利的構建公民宗教信仰的條件。相對于美國無意識形成的公民宗教信仰，我國可以從美國汲取經驗教訓，有意識地構建比美國更完善有效的公民信仰體系。如前所述，在中國重新構建能得到全社會廣泛認同的價值倫理體系必須依靠傳統精神文化的寶貴資源，除此之外別無選擇。能否成功構建這樣的體系其實也關係到國家是否能有真實的內在認同和凝聚力，是否真有軟實力，能否和諧穩定、長治久安等根本問題。借鑒美國經驗，以傳統民族精神文化為基礎，主動構建一種包容融合各種宗教和思想派別，具有共同精神信仰、共同價值觀念和符號象徵、神聖超越的公民信仰認同將是我國多元社會國民價值倫理體系得以穩固建立的基礎。

　　我國主流社會如果能夠就公民信仰認同對公民道德建設的重要作用達成共識，並願意積極開發利用宗教文化的社會功能資源，宗教是否就能暢通無阻地發揮其道德建設的積極作用呢？答案卻是否定的。顯而易見，我國雖然有包容融合的優秀傳統，但受近現代西方建制性宗教理念的影響，各宗教仍有不同程度的唯我獨尊、排他對立色彩；彼此之間的道德規範雖然接近，但從來沒有經過有意識的努力整合。這使得各宗教和社會有一種普遍的錯覺，認為各宗教的倫理規範之間也是排他對立的。公民道德應當是同一社會中公民普遍認同和遵循的道德規範，否則就不成其為公民道德。因此，我國社會如果不能首先在各宗教之間就價值倫理達成共識，就會彌留在宗教教派的自重排他中，難以發揮利用各宗教普遍蘊涵的道德資源，構建共同的公民道德。

那麼，我國各大宗教之間是否有可能就基本倫理達成共識呢？深入學習過比較宗教學的人知道，各宗教之間有所謂"道德金規則"，即"己所欲，施於人"的道德基本原則。這在我國各大宗教中都有清晰的表述，如道教有這樣的重要信條："見人之得，如己之得；見人之失，如己之失"[11]；儒教祖師孔子有這樣的名言，"己所不欲，勿施與人"[12]；佛教祖師佛陀教導說："以己比人曰，我如是，彼亦如是，彼如是，我亦如是，故不殺人，亦不使人殺人"[13]；基督教的耶穌教導說："你要別人怎樣對待你們，你們也要怎樣對待他們"[14]；伊斯蘭教先知穆罕默德宣稱："最高貴的宗教是這樣的——你自己喜歡什麼，就該喜歡別人得什麼；你自己覺得什麼是痛苦，就該想到對別的所有人來說它也是痛苦。"[15]"道德金規則"其實是各宗教所有倫理規範的基石，它的本質是克己利他、仁慈博愛。可以不誇張地說，各宗教的其他倫理規則多是其擴展和延伸。筆者曾將各主要宗教的倫理信條並列比較，發現各宗教的倫理信條至少有半數以上完全一致，其餘的基本原則一致，相互對立衝突的幾乎沒有。[16] 因此，各宗教的基本倫理原本就相同或接近，只要有意識地相互整合協調，達成共識並不困難。

除此之外，各宗教還有許多其他的重大共同之處可以作為公民

---

11 《太上感應篇》，第三篇。
12 《論語》，顏淵篇第十二。
13 佛教《經集》。
14 《聖經·新約》，《路加福音》，6：31節。
15 《伊本·馬哲聖訓集》，緒論。
16 參見安倫：《理性信仰之道》，上海：學林出版社，2009年，第101-107頁。

信仰的構建基礎，例如共同的終極神聖、共同的信仰目的、共同的人性、對於人類共同生存發展利益的關切等等。[17]這些共同之處其實也是美國公民宗教信仰構成的基礎。事實上，我國社會具備比美國社會更有利的獨特條件，使得構建公民宗教信仰更加自然易行。中國的宗教包容融合不僅有傳統實踐，而且有現實基礎，不僅深入民心，各宗教也普遍沒有西方宗教所表現的那種強烈的排他對立傾向。事實上，被國人普遍接受認同的傳統中華文化原本就是儒道佛等各宗教思想的融合物，中國原本就有公民宗教信仰認同的基礎。只要發揚包容融合的優秀傳統，進一步吸收融合世界其他宗教文化的精華，中國的公民信仰認同構建將是水到渠成。困難其實並不在於構建本身，而在於中國主流社會能否就構建的必要性和對宗教信仰的社會功能達成共識。

四、以宗教共同體為基礎的信仰認同

全球化其實就是人類的共同體化。人類已經開始在政治、經濟等領域形成諸如聯合國、WTO 等共同體，也將在其他領域逐步形成共同體。很難設想唯獨在主導人類精神思想的宗教信仰領域會是例外，也很難設想宗教間維持對立衝突、你死我活的格局而不給這個星球帶來毀滅。為了應對共同面臨的種種重大問題和挑戰，抵禦自然和人為造成的各種對人類生存發展的毀滅性威脅，人類不得不求同存異，尋求建立共同的價值倫理和新秩序。如果不能建立以精神信仰為基礎的價值倫理共同體，地球村就不可能有村民們和合共生的秩序，人類就會走向厄運。但這並不意味著人類將在宗教信仰、

---

17 同上書，第四章，第 95-107 頁，其中對這些共同之處有較詳細的論述。

思想意識等各個領域都實現整齊劃一。相反，形式上絢麗多彩的多元化將是全球化背景下的常態。在保持宗教信仰多元化和信仰自由的同時，如何有效消除宗教間的對立衝突，如何建立必需的共同價值倫理和秩序，是人類面臨的最重大的挑戰之一。

為了應對這個挑戰，人類需要一場自覺的精神思想運動。近年來已經有一些應對這個挑戰的嘗試，如全球宗教對話運動的興起、宗教多元論的熱議、世界宗教議會的再次召開、全球倫理的推動等等等。這些活動代表著全球化時代人類對共同倫理需求的覺醒，富有遠見卓識。但由於缺乏實施主體和機制保障等原因，這些運動不能有效應對這一挑戰，已陷入停滯狀態。成功應對這一挑戰，需要有更全面深入的審視，更有效的機制保障。人類在各個領域都走向共同體化的時代，主動構建宗教信仰領域的共同體，作為構建人類價值倫理共同體的基礎和機制，將是明智的選擇。

人類在宗教信仰領域的共同體，簡稱宗教共同體，就是人類為了順應全球化時代共同生存發展需要而將形成的各宗教團體和信眾多元通合、和而不同、和合共生的宗教關係機制。宗教共同體既不是一元化的單一宗教，也不是一種新興宗教，而是有共同終極信仰對象、共同信仰目標、共同價值觀和倫理取向，關切和維護人類的共同命運和利益，可以協調思想和行動，促進人類和合共生的各宗教團體和信眾的普世兼容體。[18]

宗教共同體與公民宗教有何異同？相互關係如何？倘以典型的美國公民宗教現象與宗教共同體相比較，就會發現二者在大多數方面都極為相似。例如，二者不僅都立足於對終極信仰對象的認同，

---

18 關於宗教共同體的詳細論述，參見安倫：《理性信仰之道》上海：學林出版社，2009年。

趨同的信仰理念、認同的價值倫理、對於公民利益的共同關切等維度，而且社會功能也基本相同，都是促進社會認同和凝聚力、穩定社會和政治、構建公共價值倫理等。二者最大的不同將在於，美國的公民宗教現象是在無主動意識的狀態下自然形成的，缺乏理性的深思熟慮、整合協調以及明確的構建目標和方向，因而削弱了其有效性和穩定性；而宗教共同體通過有意識、有計劃的整合與構建，可以有效克服以上的弱點，從而給公民信仰認同提供明確的目標和穩固的基礎。因此，宗教共同體將是實現公民信仰認同和構建我國公民宗教的有效方式。

對於中國社會來說，宗教共同體不僅是一種理想，而且有著深厚的歷史根源和現實的社會認同基礎。中國社會從唐代以來就實行儒道佛三教合一，並且接納、包容和融合了歷史上所有本土和外來的宗教。受此影響，中國各宗教及信眾普遍沒有西方宗教那樣強烈的排他性。這其實就是當時社會中宗教共同體的初級形式，宗教共同體則是中國傳統宗教模式在全球化時代的自然延伸和發展。因此，儘管我國的社會認同和道德現狀差強人意，但具備獨特的構建公民信仰認同和公民道德的傳統和現實基礎。

構建以宗教共同體為基礎的公民信仰認同不僅能有效化解我國社會價值倫理缺失的危機，而且能為全球化時代人類普世價值倫理構建的困境提供出路。全球倫理遭遇的最大瓶頸是缺乏實施主體和保障機制，宗教共同體正好可以補其不足。中國社會如果能夠審時度勢，主動構建宗教共同體，將能通過中華文化對世界的傳統影響力和崛起大國的強大國勢將此信仰認同模式傳播到全世界，有效解決全球倫理構建的瓶頸問題。這將是中華民族為全球化時代新文明的構建做出的偉大貢獻，也是一個負責任大國對人類文明應盡的責任。近年來，有些國人對西方普世價值的侵入惶惶不安，這其實是自身價值倫理缺失的表現。如果能夠在宗教共同體的基礎上構建真正意義上的普世價值，我們面臨的將不再是畏懼西方或任何價值的侵入，而是以充足的信心向世界輸出能夠被國際社會普遍認同的普世價值倫理體系。對中國社會來說，這既是對當前信仰和價值倫理危機的破局，也是造福人類的壯舉。全球化時代，在信仰認同和公民道德問題上，中國與世界密不可分。如果把終將形成的全球一體化的世界視為人類的公民社會，世界第一大民族的公民信仰認同和倫理構建模式將對世界產生深遠的影響。儘管我國的信仰缺失仍很嚴重，英國前首相布雷爾最近在論及中國宗教狀況時以敏銳的政治嗅覺預感道，"中國選擇何種道路實現社會和諧，不僅對世界很重要，也將值得我們研究和學習。同樣，宗教信仰在世界其他地區如何左右和諧穩定，也將與中國息息相關。" [19]

---

19 Tony Blair: "How will religion's growth in China impact its relations with the West?"，posted on Blair Faith Foundation website, April 11, 2011.

維護社會和諧穩定的積極進路[1]

　　近些年來，"構建和諧社會，維護社會穩定"已經成為中國政治和社會中的主要基調。的確，社會的繁榮發展需要和諧穩定，國民的幸福有賴於和諧穩定，和諧穩定也是中華儒道佛傳統文化始終倡導的社會狀態，符合中國人的傳統理念。但回顧考察數年來的努力成效，卻會發現雖然為此做了大量的工作，但效果依然差強人意。誠信缺失、道德衰敗、腐敗氾濫、社會人際關係緊張、各種矛盾對立、群體糾紛、宗教問題、凝聚力缺乏等等問題依然嚴重，甚至在還有所加劇。許多老的問題沒有解決，新的問題又在產生。現實狀況要求國人對現行策略的有效性深刻反思和評估，也呼喚更加行之有效的積極進路。然而，路在何方？

一、借鑒古今中外的經驗

　　我國現代社會並非孤立的存在，維護社會和諧穩定亦非我國現代社會的獨有需求。因此，借鑒社會縱向和橫向的經驗就是尋求有效策略的重要途徑。從縱向看，中華民族自古以來就深明神道設教，教化民眾可以維護社會和諧穩定的原理。《易傳》有雲："觀天之

1　本文原載於《世界宗教文化》2011 年第 3 期，總第 69 期。

神道而四時不忒，聖人以神道設教而天下服矣。"[2]古人深刻揭示了敬順天意，樹立宗教信仰以教化民眾可以達到社會長治久安的道理。作為傳統中華文化主幹的儒道佛三教兩千年以來在中國社會中始終起著整合凝聚民心，維護社會和諧穩定的作用。任繼愈先生就曾指出："南北朝以來，儒教與佛道二教並稱為三教。這三教都具有輔助王化、整齊民心的社會功能，都受到政府的重視和支持。"[3]除儒道佛三教之外，諸子百家也大多是神道設教的倡導者。例如，春秋戰國時期偉大思想家墨子的尚同、尚賢、兼愛、非攻等著名理論，無不奠基於其天志和明鬼的神道設教思想。墨子的天志就是教導人們遵循"天欲義而惡不義"的天意，墨子的明鬼就是通過證實和宣揚超自然賞善罰惡的道理，為全社會設立道德行為的約束規範，進而達到天下大治的目的[4]。墨子的天志思想與儒教的"天道賞善而罰淫"[5]的觀點相互呼應，體現了中國古代聖人對宗教信仰維護社會和諧穩定作用的共識。

　　以神道設教藉以達到社會和諧穩定的原理如此深入人心，以至中華民族數千年來的歷代統治者絕大多數都是其忠實的信奉者或實施者，其中創立盛世的明君基本上都是運用宗教信仰維護社會和諧穩定的典範。在信仰缺失、物欲橫流、道德衰敗，社會迫切需要和諧穩定，但苦於治理無方的當今社會，重溫古往聖人神道設教的洞見和歷代政治家神道設教的政治實踐，有著重大的現實意義。

　　從社會橫向經驗來看，除我國之外的世界絕大多數國家都有主

2　《易經·象傳》。

3　李申：《中國儒教史》（上卷），上海：上海人民出版社，1999 年，任繼愈《序》，第 1 頁。

4　參見《墨子·天志上》和《墨子·明鬼下》。

5　《國語·周語中》。

導宗教作為其精神信仰和價值倫理的支柱。主流觀點普遍認為，歐美社會的和諧穩定主要得益于健全的法制和基督教文明，其中基督教文明提供了和諧穩定的精神信仰和價值觀，是社會和諧穩定的基礎。伊斯蘭教、印度宗教和其他主要宗教對各自所在社會也起到類似的和諧穩定作用。

　　無論從縱向還是橫向的社會經驗考察，宗教信仰都無疑是維護社會和諧穩定的重要力量，調動發揮宗教信仰的積極因素以維護社會和諧穩定幾乎是古今中外政治家的共識。不僅中國歷代統治者對於宗教維護社會和政治穩定的作用心領神會，就連造反起義的黃巾軍和太平天國軍也分別樹立太平道和拜上帝會作為其支柱宗教，藉以凝聚人心和維護其內部統治和穩定，可見連古代的造反派也深明宗教信仰的維穩作用。

　　觀察不同社會的狀況，很容易發現宗教信仰穩定並發揮其積極作用與社會和諧穩定的同步現象：社會的宗教信仰體系紊亂或被破壞的時期往往是社會動盪不安的時期，而宗教信仰體系穩定充實往往伴隨社會的和諧穩定。古往今來的例證不勝枚舉，而且尚無證據證明這種現象純屬巧合。對於二者之間同步的因果關係，至少可以指出，戰爭、衝突、爭鬥等社會動盪總是違背宗教信仰的基本精神和倫理的。認識到宗教信仰對政權的穩定作用，歷史上明智的當權者總是力圖通過鞏固和加強其支柱宗教信仰來維護政權的穩定，而造反奪權者往往企圖通過破壞或替代現政權的支柱宗教來撼動現政權的意識形態。對於尋求社會和諧穩定的人來說，這可能是一種有用的啟示。

二、宗教信仰維護社會和諧穩定的機理

宗教的維穩作用如此明顯，以至於改革開放前的宣傳中都將宗教稱為"舊社會統治階級統治人民的重要工具"。舊社會泛指 1949年以前中國社會數千年有文明史的歲月。宗教在數千年的中國舊社會始終被用作統治的重要工具，必有其深刻的內在原因和行之有效的道理，值得今人認真研究和借鑒。如果宗教在舊社會始終是維護統治穩定的有效工具，為什麼在新社會就不再是維護統治穩定的有效工具，反而變成妨礙政權穩定的阻力？其中的道理應當得到深入客觀的研究、論證和厘清，而不應被簡單地接受或忽視。如果無視先人屢試不爽的經驗，甚至反其道而行之，則不僅會錯失祖先遺留的最寶貴的財富，而且可能為此付出慘痛的代價。何況"舊社會"與"新社會"是相對的時代概念，從未來社會的角度來看，現在的"新社會"也會變成"舊社會"。像宗教這種在人類社會無時不在，無處不在的重要存在似乎不會因為社會的"新""舊"之別而改變其社會功能和作用。

宗教之所以被古今中外的政治家廣泛用作維護社會穩定的有力工具，有其顯而易見的內在道理。與行政、司法和軍事等國家機器手段相比，宗教的維穩不僅更少負面張力，而且更具根本性和持久力。前者維穩，靠的是壓力、暴力等外在力量，治標不治本，而且容易引起剛性反彈等負面效果。後者維穩，靠的是深入人心的內在力量，由本及標，不僅效果顯著，而且少有後遺症。只有通過二者的配合作用，剛柔並濟，標本兼治，才能達到維護穩定的最佳效果。單靠前者維穩，如楚霸王治世，必不能長久。當今倡導"八榮八恥"，相信也是基於對前者不能單獨維穩的認識，從思想意識方面尋求社會穩定的努力。但政治主張能否深入人心，行政指令能否產生足夠的內在約束力，是否需要更加強大的信仰力量的支持，都有待實踐和理性做出進一步的驗證和解答。

宗教信仰與社會和諧穩定的內在關係可以從人的本性來發掘認識。人都有以自我為中心和自私的一面，如果沒有精神信仰的教化薰陶，就可能惡性膨脹，形成與他人和社會的碰撞或對峙，負面影響社會和諧穩定。一個社會如果充滿了自我膨脹的成員，相互之間關係緊張、對立傾軋，缺乏和諧穩定是必然的結果。宗教信仰是人類社會中一種能夠從人的內心制約消除自我惡性膨脹的有效力量。各宗教從本質上講都主張從自我為中心向"神"為中心的轉變，[6]各宗教共同的"道德金規則"主張"己所欲，施於人"的利他主義，許多主要宗教還特別強調對他人的"愛"，如基督教的博愛、儒教的仁愛、道教和佛教的慈愛。如果一個社會能夠切實推行這些宗教基本法則，致使民風中充滿利他主義和愛的精神，和諧穩定豈不是水到渠成，這樣的社會豈不就是最和諧幸福的社會。從古往今來人類社會的經驗來看，宗教信仰的這種內在的維護和諧穩定的作用是任何其他社會力量都不能比擬和替代的。原因是宗教信仰的倫理和慈愛力量不僅可以深入人心，由內而外地體現在信徒的行為中，而且對信徒的行為具有強烈的約束力。

從教義主張角度看，維護和諧穩定的主張還廣泛存在於佛教、基督教、道教、儒教、伊斯蘭教、印度宗教和猶太教等世界主要宗教的教義教規中。一些主要宗教的教義直接主張尊重和維護政權統治，維護社會和諧穩定，並且從天意神授的角度教化民眾使之從內

6　相關論述詳見約翰·希克：《宗教之解釋》，王志成譯，成都：四川人民出版社，2003 年，第三章。

心遵從，起到任何政治、法律和軍事力量都無法起到的維穩效果。
特別是中國傳統的宗教信仰模式始終是政主教從，宗教信念嵌入政
治，內在地倡導和配合政治治理和社會和諧穩定，成為統治階層維
護政權和社會穩定策略的有機組成部分。

　　宗教信仰還有強烈的整合社會信念和價值倫理、凝聚人心的作
用，這對於維護社會和諧穩定也是有效的積極力量。我國著名宗教
學家卓新平先生就曾指出，"宗教以其信仰、教義、精神及文化傳
統而為其信眾及其占主流的社會提供統一的世界觀、價值維度、信
仰理念和道德標準。這種價值整合以其無形的信仰精神來實現其有
形的社會統一，使相關社會具有共同的信念、價值、道德追求，從
而形成其共在的凝聚力和向心力。"[7] "如果宗教與其社會有共識、
相吻合，那麼它就會協助其政府加強對社會的良性控制、維護社會
的秩序、和睦及穩態，因而能起到積極的引導作用。"[8]對於一個人
口眾多、文化多元、疆域廣袤的大國來說，沒有共同認可的精神信
仰和價值倫理體系就很難凝聚人心，約束全體成員的道德行為，實
現整個社會的和諧穩定。這不僅是理論上的共識，而且已被社會實
踐反復證實。宗教信仰是社會價值和倫理的產生源泉，同時也是維
護價值倫理的最有效手段，對於維護社會和諧穩定具有難以替代的
作用。

三、對宗教維護社會和諧穩定功能的認識和應用

　　對於宗教信仰與社會和諧穩定的關係，我國近代社會經歷了

---

7 卓新平：《"全球化"的宗教與當代中國》，北京：社會科學文獻出版社，
　2008 年，第 197 頁。
8 同上書，第 207 頁。

認識由淺入深、逐步提高的過程。從改革開放之前將宗教視為應當消滅的敵對勢力，到認識到"宗教的存在有著深刻的社會歷史根源，將會長期存在並發生作用"[9]，而被動地將宗教作為統戰對象，再到將"保持和促進宗教和諧，發揮宗教在促進社會和諧方面的積極作用"確定為黨的"馬克思主義宗教觀中國化、時代化的新成果，也是認識和處理宗教問題的新境界"[10]，認識水準發生了質的飛躍。從學界對宗教的認識提高過程來看，改革開放以來也"大致經歷了'宗教是鴉片'、'宗教是文化'、'宗教是宗教'這三個階段"[11]。這個認識提高的過程顯示我國社會逐步擺脫偏頗極端觀點，趨近于建立對宗教本質的真知灼見，是巨大的進步。按照如此的認識提高發展趨勢，下一步將趨向于從被動利用宗教的積極社會作用，提高到支持全面復興發展中華文化信仰體系，因勢利導，積極發揮宗教潛能造福社會的更高境界。毫無疑問，認識的不斷提高將有助於深刻改進宗教工作策略，化解我國社會面臨的宗教和社會問題，讓宗教真正發揮促進社會和諧穩定的重大作用。

　　深入的研究揭示，宗教信仰是人類社會中無處不在、無時不在的自然現象，任何壓制或消除宗教信仰的努力都註定是徒勞的，只能導致事與願違的後果。與其勞民傷財，徒勞無功地對其壓制壅堵，不如因勢利導，充分開發和利用其造福社會的巨大潛力，避免其在被排斥壓制狀況下產生危害社會穩定的張力。歷史向國人展示了並將繼續展示一種奇特的規律：將宗教當作敵對勢力防範壓制時，宗

---

9 江澤民：《在全國統戰工作會議上的講話》，2000 年，載于《江澤民論有中國特色的社會主義》，北京：中央文獻出版社，2002 年，第 371 頁。

10 國家宗教局黨組理論學習中心組：《宗教和諧：宗教工作的新境界》，《人民日報》，2010 年 1 月 13 日。

11 卓新平：《"全球化"的宗教與當代中國》，北京：社會科學文獻出版社，2008 年，第 302 頁。

教就成為破壞社會穩定的因素；將宗教當作友好力量加以疏導並發揮其積極作用時，宗教就成為維護社會和諧穩定的重要力量。人們面臨這樣的選擇：要麼將宗教信仰當成禍患而使之成為必須時時提防的禍患，要麼將其當成資源而使之發揮造福社會的巨大潛力。幸運的是，人們已經認識到宗教不能被簡單消滅，又開始認識到宗教是禍源還是福源，取決於人們對它的態度和處理方法。當人們更進而認清疏導和壅堵的正反作用，幡然改壅堵為疏導策略之時，對宗教因勢利導、化害為利的和諧穩定時代將不期而至。

及時調整策略，改壅堵為疏導的必要性和迫切性還被宗教信仰快速復興蔓延的形勢所加強。以基督教為例，1949 年我國信徒僅有 70 多萬，近年來已發展到數千萬，[12]在逆境下增長了至少數十倍之多，並且大有方興未艾的勢頭。有西方學者預言，在未來 20 多年中，中國將有 1/3 的人口歸信基督教,從而成為世界上最大的基督教國家。[13]無論這一預言是否言過其實，在全球化和信仰回歸的雙重影響下，中國信眾人數從占全國人口的約 10%向世界人口 83%的信眾平均比例靠攏卻是勢不可擋的自然趨勢，日益壯大的信眾群體和影響力將使原已不堪重負的壅堵策略面臨崩潰。如果不及時調整策略，如果對於如此嚴峻的形勢沒有化利為害、長治久安的合理疏導政策，僅依靠壓制壅堵等認識水準低下時期遺留的過時策略，勢必在比現狀更加複雜嚴重的宗教問題前疲於奔命，一籌莫展。更何況，面對宗教信仰這樣原本可以有效維護和諧穩定、造福社會的潛在巨

---

12 關於中國基督徒人數，有 7000 萬、1 億、1.2 億等不同來源的非官方資料，詳見中國宗教藍皮書：《中國宗教報告（2009）》，北京：社會科學文獻出版社，2009 年，第 185-186 頁。

13 David Aikman：Jesus in Beijing: How Christianity Is Transforming China and Changing the Global Balance of Power,Washington，DC：Regnery Publishing, 2003.

大資源，明智的決策者絕不可能長期視而不見，聽任其變利為害，留下信仰缺失的空間，任由宗教極端主義、邪教和地下宗教等難以控制的勢力去佔領，將自己長期置於被動防守的地位。中國完全能夠並應該復興和發展自己博大精深的精神信仰體系，以化害為利、化被動防範為主動引導、化不穩定因素為和諧穩定因素。

　　分析反思近年來最顯著的法輪功、藏獨和東突等宗教問題案例，有助於從根源上認清其成因，找到根治的策略。法輪功生成的主要原因是中國社會的信仰缺失，民眾缺乏可以正當釋放其信仰能量的宗教平臺，因而會輕易地加入風行的任何宗教或准宗教。這樣迅速的大規模崛起在信仰充實的社會中是難以想像的。如果能夠主動建立正當信仰體系，給民眾提供通暢的平臺釋放其信仰能量，則法輪功迅速崛起的信眾基礎就不復存在，法輪功單獨存在的背景和原因也不復存在。藏獨和東突起因於缺乏能夠整合彙聚大中華民族各種信仰的共同的信仰體系，使得分裂運動有“被無神論異端壓迫”、“宗教迫害”等離心理由或藉口，並且總是引起宗教信仰者占世界絕大多數人口的國際社會的同情和聲援，陷我國於被動辯解的窘境。由於缺乏主導的信仰體系，不僅失去從宗教內部教化引導各宗教信徒，消除分裂根源的機會，而且在事件發生後也不能從宗教內部約束制止信徒破壞和諧穩定的行為，只能依靠國家機器等外力高壓手段制服，效果可能是制而不服。當然，有人也嘗試過以行政手段干預宗教內部事務，直接行使對信徒的“教化”，但由於違背信仰的基本規律，效果往往適得其反。如果能夠構建中華民族海納百川、博大精深的共同信仰體系，則不僅使得所有宗教分裂運動都失去離心的理由或藉口，而且能夠將不同宗教的所有民眾都團結在共同信仰的基礎上，從而大幅提高整個中華民族的凝聚力，從根源上消除民族分裂、邪教和社會動盪的基礎。

縱上所述，宗教信仰具有巨大的造福社會的潛力，是古今中外明智的政治家維護社會和諧穩定策略的不可或缺的重要組成部分，值得追求和諧穩定的國人認真研究和開發利用。只有調整策略，充分發揮宗教的積極作用，並佐以政策和法制的配合，才能真正實現社會和諧穩定。如欲從根源上消除威脅社會和諧穩定的各種頑疾，最有效的途徑是設法全面發揮宗教信仰的巨大潛力。

四、集中運用各宗教的共同力量

維護社會和諧穩定

然而，中國社會中現有的任何宗教都不能單獨承擔起維護社會和諧穩定的重大責任。只有彙集運用各宗教的共同力量，才能滿足這樣重大的社會需求。這就要求首先整合調動所有宗教信仰的潛能，消除各宗教之間的對立衝突，在復興發展中華傳統多元包容宗教文化的基礎上形成一種能夠協調各宗教關係，使之能共同行動維護社會和諧穩定的機制，這其實就是一種形式的宗教共同體。

與分別調動各宗教積極性參與維護社會和諧穩定相比，宗教共同體具有明顯的優勢。首先，宗教共同體可以形成對所有宗教及其信眾的精神主導，而非只對單一宗教的信眾發生作用，因而能調動匯合所有宗教的力量維護社會和諧穩定。通過運用和諧穩定信念持續教化占人口多數的各宗教信眾，足以形成最廣泛有力的社會穩定力量。其二，宗教共同體可以全面整合彙聚本土的儒道佛教以及基督教、天主教、伊斯蘭教等所有主要宗教，占盡宗教信仰的制高點，因而具有強大持久的生命力；一旦深入人心，難以被任何歪門邪道思潮替代或否定，社會和諧穩定由此可以獲得持久有力的支持。其三，宗教共同體作為一個協調各種宗教和信眾思想活動的平臺，便於統一宏觀調控和引導，也便於統一調動發揮所有宗教與信眾維護社會和諧穩定的潛力。

　　作為一種維護社會和諧穩定的進路選擇，宗教信仰共同體具有其他進路難以比擬的優勢。但在受定式思維束縛的人看來，宗教信仰共同體可能過於理想化，其可行性值得懷疑。其實，宗教共同體的可行性並非難點，突破定式思維才是最大的難點。宗教信仰共同體對於社會的潛在價值難以估量，如果被定勢思維壓制埋沒，可能會使我國社會錯失最重大的維穩資源。

宗教參與社會關懷活動的
意義與價值[1]

現代社會開始感覺到宗教參與社會關懷活動的需要，有其歷史原因和現實意義，值得深入研究探討。宗教與社會關懷有何關聯？現代社會為何需要宗教參與社會關懷？宗教可能和應該在哪些方面參與社會關懷活動並發揮積極作用？宗教參與社會關懷對社會和宗教自身有何意義？本文試圖對以上問題做出初步探討和梳理。

一、宗教原本就有社會關懷的取向

宗教參與社會關懷活動，在各種矛盾和弊病凸顯但又缺乏有效救治措施的現代社會顯得非常必要，故而有極為重要的價值意義。然而，如果從宗教與社會的自然關係考察，特別提倡宗教參與社會關懷活動就顯得多此一舉，原因是宗教原本就是人類社會不可分割的有機組成成分，人類社會的精神、文化、價值、倫理、意識形態、哲學、思想、藝術、風俗，乃至科學無不從源頭上與宗教息息相關，並與宗教有著千絲萬縷的聯繫。馬克思認為，"宗教是這個世界的

---

1 本文是四川大學與香港文化更新研究中心於 2012 年 7 月聯合舉辦的《宗教文化與社會關懷學術研討會》參會論文，原載於該研討會論文集，後被《中國民族報》選登於 2014 年 2 月 18 日版，總第 1312 期。

總的理論，是它的包羅萬象的綱領。”宗教在人類大多數民族的歷史上都自覺或不自覺地發揮著為社會提供精神信仰支撐、解決終極關懷問題、構建價值體系、維繫社會倫理秩序、導致思想文化形成、提供慈善公益服務等功能，宗教本來就有社會關懷的功能和維度，而無需作為新的外來者參與社會活動。

宗教學研究揭示，在人類大多數民族的傳統社會中，宗教與社會、神聖與世俗之間並無明確界限，彼此間總是相互交融，難解難分。特別是在中國傳統社會中，儒道佛等本土宗教兩千年以來始終無所不在地彌漫於包括政治、文化、思想意識、社會、社區、家庭在內的中國人生活的方方面面，與之水乳交融，“其神學、儀式、組織與世俗制度和社會秩序等其他方面的觀念和結構密切地聯繫在一起”，作為中國社會內在的有機組成部分發揮其社會功能和影響社會，維繫了中國社會的精神、價值、倫理和秩序。[2]

現代社會中宗教之所以與社會截然分離，是西方近代宗教理念和世俗化影響的結果。以基督宗教為範式、以西方中心論為基調的近代西方宗教觀使人們相信，宗教與社會、神聖與世俗，是並且應該是相互獨立，甚至對立的體系。政教分離原則的確立和隨之而來的世俗化浪潮則不分青紅皂白將宗教從政治和公共領域中剔除出去，置於邊緣化地位。在吞咽了物質湮滅精神、社會道德嚴重滑坡的苦果之後，西方社會開始意識到宗教信仰對社會的不可或缺性，像哈貝馬斯這樣的一些知識精英轉而大力提倡“宗教重新融入公共領域”。中國社會近百年以來對宗教的否定排斥其實正是向種種西方思潮邯鄲學步的結果，中國社會正在經歷的精神信仰、價值倫理

---

2 楊慶堃：《中國社會中的宗教》，範麗珠等譯，上海：上海人民出版社，2007年，第35頁。

危機其實正是盲目否定中國傳統宗教文化的苦果。現代社會感受到宗教參與社會關懷活動的需要，原因就在於宗教被排除出社會生活後所產生的嚴重空缺。

近代西方社會實行政教分離的原因是為了維護宗教信仰自由，避免西方社會司空見慣的宗教教派之間的對立衝突波及政治和公共事務，引發全社會的對立衝突。但在這樣做的同時，卻犯了倒洗澡水連孩子一起倒掉的錯誤，致使宗教對社會不可或缺的重要功能與宗教一起被掃地出門，隔離出社會。"宗教是人類學常數"，是人類有史以來每個社會都必有的重要組成部分，將之掃地出門造成社會精神、價值、倫理等重要功能的缺失，導致社會的缺陷。尤其是在中國傳統社會中，宗教始終與傳統文化、精神思想、政治理念、價值倫理、家庭社會等等融為一體，密不可分，強行對其加以否定和切割，其後果必然是嚴重損害社會立身的根基。

如果說西方社會不分青紅皂白將宗教掃地出門是一個歷史錯誤，中國社會將宗教掃地出門就更加荒謬。在中國社會中，宗教本來就沒有亞伯拉罕宗教那樣的建制性排他結構，宗教之間本來就沒有亞伯拉罕宗教教派之間那種劇烈對立衝突，而是自然形成儒道佛三教合一，並與社會各領域相互融通。在西方社會構成大患的宗教間對立衝突，在中國等東方社會中本來就不成其為問題，更無須採取任何措施加以"解決"。盲目效法西方社會將宗教掃地出門，其唯一效果是將宗教的積極社會功能全部拋棄，棄利以獲弊。

二、宗教的社會關懷功能和維度

宗教是人類社會建構的重要組成部分，原本就有社會關懷的功能和維度。關鍵並不在於其是否有，而在於如何認識和發揮其社會關懷的積極功能。由於近百年來受西方相互矛盾的激進思潮的深度影響，我國社會對宗教的認識高度混亂，對於宗教及其社會功能認識嚴重不足，更遑論充分發揮其積極功能以造福社會。為此，要發揮宗教的積極社會功能，首先需要開放和深化對於宗教的研究，建立對宗教及其社會功能的客觀、全面認識，開展面向全社會的宗教通識教育。宗教的社會關懷可能涉及精神、信仰、價值、倫理、文化、慈善公益和社會秩序等多個維度和多種功能，本節僅簡述其中最顯而易見的幾個方面。

1、宗教作為精神信仰的主要形式，能夠為社會提供精神依託、終極關懷和心理調適等功能。人有別於其他動物的主要特徵之一是人有精神世界，有對超越者的信仰追求，有對宇宙和人生的終極關懷。人類歷史證明，沒有宗教信仰的社會是不正常的社會，無法滿足其成員的精神文化需求。此外，現代人作為有複雜心理活動的動物需要有成熟的精神信仰體系助其應對生老病死及福禍災變，穩定調適其精神心態。

2、宗教作為社會價值、倫理的主要來源，可以教化民眾，與法律共同維護社會倫理、公正和秩序。人類社會的價值莫高於終極價值，人類社會的倫理莫不基於其終極價值。宗教信仰作為人類終極價值的主要源泉不僅構成社會倫理的基礎，而且能通過其教化和約束功能有效維護社會道德和秩序。誠然，離開法律的強制，宗教不能單獨保證社會井然有序。但離開了宗教的教化和約束，社會將因為缺乏自律基礎而掙脫法律約束，導致混亂無序、道德淪喪，最終自毀其存在基礎。

3、宗教作為慈善公益服務的主要提供者，可以有效扶助弱小不幸，補社會之不足。慈善公益活動必須有強烈的慈愛利他動能作為其基礎，才能真正開展和持久。慈愛利他有違人的自私自利本性，但卻符合各宗教的教義和倫理。主要宗教的教義都主張克己愛人，故能有效克服人的自私本性，激發慈愛利他的善念，因此現實國際社會中大多數真正的慈善公益活動都是由宗教組織或有宗教信仰情懷的人發起、操辦或資助的。也許有人會以我國的慈善公益活動多系政府舉辦為由反對以上觀點，孰不知舉辦慈善公益對政府來說是其職責，而非真正意義上的慈善公益。況且政府包辦慈善既缺乏慈愛動能，又缺乏效率，弊病多多。現實中例證太多，以致無一一列舉的必要。開放政策，鼓勵宗教充分發揮其慈善公益主體的作用不僅能節省公共財政資源，充分調動社會資源，而且能有效促進慈善事業開展，推動人心向善。

4、宗教信仰作為民族文化的主要源泉，能夠促進民族認同和社會凝聚力的形成。宗教學研究證明，人類所有民族的傳統文化都是宗教性文化，而傳統文化有著強烈的社會黏合作用，是民族認同和社會凝聚力的主要源泉。反觀各民族歷史，都不難對此做出印證。現代社會中，宗教的這種功能仍不可忽視，否則就會因錯失資源而導致民族認同和社會凝聚力的缺失。

5、宗教作為慈愛理念的倡導者，天然具有反戰促和，維護社會和諧穩定的社會功能。深入研究各主要宗教，就會發現各宗教都有克己愛人的教義信條。基督宗教倡博愛，道教、佛教倡慈愛，儒教倡仁愛……，如此等等，雖然說法看似略有不同，但克己愛人的實質則相同。各大宗教的教義都倡導維護社會和平與和諧。宗教如果有損人、邪惡、暴力、危害社會等行為，一定是對宗教基本精神的歪曲和違背。能否發揮宗教的正面社會功能，防止其能量被人曲解利用於行惡，取決於社會能否對宗教建立客觀認識並建立相應的約束激勵機制，大力開發利用宗教的社會關懷資源和動能。

三、宗教 "參與" 社會關懷活動的意義

特別提倡宗教 "參與" 社會關懷活動，只有在宗教被隔離出社會、被邊緣化的境況中才有需要，否則宗教完全可以在社會內部自然地發揮作用，實踐其社會關懷。也正因為如此，宗教在現實狀況下積極參與社會關懷活動不僅對社會，而且對宗教自身都有極為重要的意義。

對於社會而言，宗教參與社會關懷活動有助於社會精神境界的提升、價值倫理的維護、慈善公益活動的普及、社會認同和凝聚力的增強以及社會和諧的實現。宗教在上述領域的功能和作用有天然的優勢，很難以其他方式替代。我國社會在上述領域的嚴重缺失現象一方面證明了宗教在這些領域的不可或缺性，另一方面則呼喚宗教重返社會協助救治這些痼疾。新文化運動以來我國社會曾有人倡導並嘗試過用其他因素替代宗教在上述領域的作用，如胡適主張以科學替代宗教，蔡元培主張以美育替代宗教，梁漱溟主張以道德替代宗教，馮友蘭主張以哲學替代宗教，政界還嘗試過以政治替代宗教。但事實反復證明，宗教的社會功能是無法替代的，任何試圖替代宗教的努力都是徒勞的，只能造成更多的混亂和傷害。本著實事求是的原則，社會應該讓宗教重返社會，發揮其在上述領域的積極作用。當然。這是一個循序漸進的過程。在現階段，社會應當對此持開放和鼓勵態度，宗教則應該加強自身的建設和改進，積極參與力所能及的社會關懷活動，為全面介入和發揮更大作用做好準備和

過渡。

　　其次，宗教參與社會關懷活動有助於宗教明確意識到自身原本的社會功能和使命。在知識和教育水準都有限的中國古代社會，人們對宗教的上述社會功能和作用並沒有明確的認識，雖然宗教在人們的不自覺中實際發揮著這些功能。清末民初以來對西方各種激進思潮的全盤引進和對傳統中華文化的全面否定又造成對宗教認識的嚴重混亂，致使社會不能正面、客觀看待宗教，更不可能認識和發揮宗教的積極社會功能。經過上百年的認識混亂，數代人的心智傳承，不僅社會公眾，而且連許多宗教界人士，都不能正確、全面地認識宗教及其社會功能。在此背景下，宗教積極參與社會關懷活動首先有助於宗教界人士自身對宗教及其社會功能的認識覺醒，有助於其對自身責任和使命意識的樹立。宗教界樹立對宗教積極社會功能和自身責任使命的意識只是第一步，更重要的是宗教界應能自覺主動地參與投身到社會關懷活動中，發揮宗教的積極社會功能。這是一個先有雞還是先有蛋的問題。宗教界如果等待認識到位了再付諸行動，就可能永遠都不會有真正的行動；但如果只參與行動而不從中提高認識，就可能永遠都不會對此有清晰的認識。只有在積極行動中不斷加深認識，又通過認識的提高不斷促進行動，宗教才能逐步恢復其社會功能，最終全面承擔起其責任和使命。

　　再次，宗教積極參與社會關懷活動還有助於提高對宗教正負兩方面作用的辨別、認識和相應調控。熟悉宗教學的人都知道，宗教在人類歷史上不僅發揮過積極的社會功能，而且還有消極的一面，具有顯著的兩面性。不分青紅皂白對宗教全盤否定或者全盤肯定，都是偏頗的。為此，如果要充分發揮宗教的巨大潛力，消除抑制其消極作用，使之真正成為社會的福音，就必須首先建立對此的深入認識，進而建立對宗教正負作用的辨別和調控機制。通過宗教積極參與社會關懷活動的社會實踐，可以不斷提升對宗教功能的認識、發揮和調控水準。

最後，宗教參與社會關懷活動有助於宗教自身價值的實現，有助於宗教地位和形象的改善。宗教行使其社會功能，實踐社會關懷，本來是其社會價值的重要組成部分。由於種種歷史原因，宗教被排除出現代社會生活，不能正常發揮其社會功能，也不能正常體現其社會關懷價值，致使宗教的社會地位進一步降低，其社會形象也明顯受損。例如，基督宗教在近代中國曾興辦過大量學校、醫院、孤兒院、養老院等慈善公益機構，既實現了其社會關懷的價值功能，也由此提高了其社會地位和形象。但當其因歷史原因不能繼續正常從事此類慈善公益活動時，其內在價值就難以實現，其社會地位和形象也因此明顯降低。在中國現代社會，宗教的社會地位高低和形象好壞，固然與政治的認可和開放息息相關，但也取決於宗教自身的認識水準和作為。能夠認識到其社會功能的重要性而積極加以發揮，對社會做出貢獻，就能得到社會和政治更多的認可，其地位和形象也從而得到改善；反之則只能勉強維持現狀，混跡於社會邊緣。

深入認識中華文化，把握
其精神內涵[1]

　　進入二十一世紀的中華民族已經越來越清楚地認識到復興中華文化的重要性和迫切性。不僅民間通過復活文化傳統和"國學熱"等種種形式展示了這種意識，政界也以越來越清晰的聲音表達了對弘揚中華文化的支持。胡錦濤總書記在十七大報告中提出，要"弘揚中華文化，建設中華民族共有的精神家園。"[2]不久前召開的十七屆六中全會更以決定的形式指出，"……源遠流長、博大精深的中華文化，為中華民族的發展壯大提供了強大精神力量，為人類文明進步作出了不可磨滅的重大貢獻。"二者在論及中華文化時都著重關注到中華文化的精神維度。

　　中華文化是中華民族的根和魂，是其立身之本。現代史證明，否定中華文化，就否定了中華民族賴以安身立命的根基；破除中華文化，就破除了唯一能夠被全民族認同的凝聚力源泉；喪失中華文化，就喪失了構建中華民族共有精神家園的基礎和建材。困擾現代社會的信仰缺失、價值虛無、道德衰敗等現象顯然與新文化運動到

1　本文原載於《中國宗教學》第四輯，北京：宗教文化出版社，2013年，第96-103頁。

2　胡錦濤：《高舉中國特色社會主義偉大旗幟，為奪取全面建設小康社會新勝利而奮鬥》，北京：人民出版社，2007年。

文革期間對傳統中華文化的破壞否定有著內在的關聯。顯而易見，只有撥亂反正，切實復興和發展中華文化，精神文明與和諧社會才能得以構建，“中國特色的社會主義核心價值”才能得以充實，民族凝聚力才能得以加強，大國崛起所必需的軟實力才能得以蓄積，中華民族才能真正實現復興。為此，復興中華文化需要從認識的源頭做起，需要把握其精神內涵。

一、認清中華文化的精神內涵

能否真正復興發展中華文化，首先取決於對中華文化的精神內涵的深刻理解和認識。如果對中華文化的精髓和靈魂沒有真知灼見，弘揚中華文化就會流於形式，徒有其表。眾所周知，傳統中華文化的主體是儒道佛。剝離這個主體，民族文化就只剩軀殼和皮毛，就很難再有意義地談論中華文化。因此，復興中華文化必然涉及到對儒道佛的研究、認識和發掘，涉及到去其糟粕、取其精華，弘揚發展其博大精深的精神思想內涵。

如果對儒道佛加以研究認識，就不可避免地觸及到儒道佛的精神性、神聖性和超越性，就難以否定其宗教性。精神性、神聖性和超越性是宗教性的基本特徵，其存在意味著宗教性的存在。我國學界從新文化運動以來一直有人否定儒道佛是宗教，進而否定中華文化的宗教性，以至嚴重影響了我國社會對中華文化和宗教的認知。究其根源，就是近現代一批主流學者深受西方中心論宗教觀的影響，將以亞伯拉罕宗教，特別是基督宗教的特徵為標準做出的宗教定義生搬硬套在儒道佛上，結果以其不符合這種定義為由而否定其為宗教。經過改革開放以來 30 多年的宗教學研究發展，否定佛道是宗教的聲音已經日趨微弱，但對儒是否宗教仍有爭議。其實，只要擺脫西方中心論的宗教觀，而代之以更客觀、全面的宗教定義，儒道佛的宗教定性就不難作出。判斷一種人文體系是否宗教應該以其是否有精神性、神聖性和超越性作為主要標準，而不應拘泥於其是否符合亞伯拉罕宗教的特徵、是否可套入一定的建制模式、是否有世俗成分或世俗成分的多寡（事實上，所有宗教都不可避免地有大量世俗成分）。儒道佛分別有以天、道、佛（或真如、法身）為指向的精神性、神聖性和超越性維度，如果使用客觀全面的宗教定義，將其判定為宗教就是恰當的，至少其宗教性是難以否認的。如果作為中華文化主體的儒道佛具有不可否認的宗教性，那麼中華文化的宗教性就同樣不可否認。

　　對於深受以文革為頂峰的過激思潮影響的人來說，承認中華文化的宗教性可能有悖於常識。但如果深入研究考察，就會發現事實正好相反。宗教人類學和宗教史學的研究成果證明，人類古往今來所有民族的文化無一不是宗教性文化。標榜中華文化是人類歷史上唯一的非宗教性文化不僅違背基本事實，而且將中華文化置於人類異類的地位，對於民族復興來說，其實有弊無利。一種人無我有的非宗教性文化宣稱只能將中華文化置於與人類所有其他民族文化對立排斥的孤立地位，既不利於我國正面形象和地位的建立，也不利於有親和力的國際關係的開展，更不利於中華文化的弘揚和傳播。十七屆六中全會決定中指出，"沒有文化的積極引領，沒有人民精神世界的極大豐富，沒有全民族精神力量的充分發揮，一個國家、一個民族不可能屹立於世界民族之林。" 從深層次講，精神性是宗教性的主要維度，宗教性的缺失導致精神性的消解。否認中華文化的宗教性，其實就否認了中華文化的精神性，這不僅有礙全民族精神力量的充分發揮，更不利於中華民族屹立於世界民族之林。

　　進一步客觀深入研究思考，就會發現中華文化有宗教性並非壞事，而是符合人類常態、有積極意義的好事。首先，中華文化之所以被稱為中華民族的根和魂，稱為構建中華民族共同精神家園的基礎，正是因為其有精神超越維度，否則就名不符實。精神性和超越性是民族文化的靈魂，中華文化最具魅力的部分就源自其精神思想維度。其二，正是因為中華文化有精神性、超越性和神聖性，以此為基礎建立的精神信仰、核心價值和道德倫理才能得到國民發自內心的廣泛認同和遵從，以此為內涵的民族才具有強大的凝聚力。缺乏精神性、超越性和神聖性的價值和倫理是其難以得到國民認同和遵從的主要原因。其三，精神超越向度是人的天然稟賦，以此為根據建立的軟實力才能在國內社會有堅實的基礎，在國際社會得到廣泛的認同和尊重，真正構成我國大國崛起的強大軟實力支撐。

二、客觀認識和評估宗教

　　宗教是人類社會極為重要而且複雜的社會存在，具有積極和消極兩方面的巨大潛能，應該得到深入客觀的研究論證，而不應被簡單化定論和處置。特別是鑒於宗教與中華文化的密切關係，相關問題更應得到重新認識和評估。從民國初年到文革期間的過激思潮將宗教連同傳統中華文化一起視作封建迷信或敵對勢力，當作打壓和消滅的對象，依據的是一種未經研究論證的簡單武斷結論。改革開放以來，雖然宗教信仰自由從政策上得到確認，但以往上百年的過激思想的影響並未得到清理，中華文化和宗教也未得到恰當的重新認識和評估，將宗教視為封建迷信或敵對勢力的思想在許多人那裡得以慣性延續，這也是人們不能或不願承認中華文化的宗教性的重要原因。由於文革思潮的延續，宗教仍被許多人當作禁忌話題，造成我國社會中對於宗教認識混亂、無知和誤解等現象仍然嚴重，使得本應是構建和諧社會資源的宗教反而成為社會問題滋生的一種來源。馬克思說，"宗教是這個世界的總的理論，是它的包羅萬象的綱領。"[3]著名宗教人類學家伊利亞德指出"宗教是人類學常數"。江澤民則認為，"宗教的存在有著深刻的社會歷史根源，將會長期存在並發生作用。"[4]對於宗教這種在人類生活中無處不在，且具有重大影響的存在閉塞視聽，不求甚解，任由其認識混亂、弊病叢生，並非明智之舉。相反，只有向社會開放對於宗教的客觀評估、認識和通識教育，才能真正發揮宗教的積極作用，抑制其消極作用，使之成為構建和諧社會的重要資源。

　　近現代以來的激進思潮使許多國人至今仍認為宗教是愚昧迷信。這種觀點雖然偏頗，但也不是空穴來風，原因是所有宗教確實都有愚昧迷信的現象存在。但據此就說宗教全都是愚昧迷信則是以偏概全，忽視了宗教核心中的深奧智慧。舉例來說，作為儒道佛教義創始人的孔子、老子和釋迦牟尼的思想學說就堪稱人類理性智慧的典範，從中難以找到愚昧迷信的成分。如果教祖們創立的教義思想充滿理性智慧，將建立在其教義基礎上的宗教統稱為愚昧迷信就無異於愚昧迷信。又如，考察回顧人類思想史，就會發現自軸心時代以來，人類絕大多數大思想家、大哲學家都對宗教問題有過深入的思考和論述，都對宗教關注的終極問題或神學思想有所貢獻。如

3 卡爾·馬克思：《〈黑格爾法哲學批判〉導言》，第 1 頁，載於《馬克思恩格斯選集》第 1 卷，北京：人民出版社，1963 年。
4 江澤民：《在全國統戰工作會議上的講話》，2000 年，載于《江澤民論有中國特色社會主義》，北京：中央文獻出版社，2002 年，第 371 頁。

果宗教僅是愚昧迷信，原本應為大思想家們所不齒。由此看來，將宗教視為全是愚昧迷信或全是思想智慧都是偏頗的。如果對宗教的實際狀況做全面的考察，就會發現宗教在低端多愚昧迷信，在高端則多理性智慧，應予以客觀甄別。我國社會中不同人群對宗教或一概否定或一概肯定都失於偏頗，從兩個極端危害社會，而這種狀況之所以存在正是由於缺乏對宗教的客觀認識和通識教育。

　　對宗教有客觀瞭解的人都知道，宗教有明顯的兩面性，既有多種積極社會功能，也有其消極陰暗面。宗教的積極和消極兩方面作用都具有巨大潛力，因此宗教既有可能成為重大的社會資源，也有可能成為重大的社會危害。忽視對宗教的研究、引導和利用不僅會造成嚴重的資源浪費，而且會使寶貴資源成為危害社會的負資源。不幸的是，迄今為止社會尚未有意識地開發利用宗教的各種積極功能以造福社會，也未有意識地著力於從根源上消除宗教的消極因素。此外，宗教的一種屢經證明的特性是當它被當作敵對勢力打壓時會成為強大的敵對力量，而當它被合理引導時則會成為重大的積極力量。用我國著名宗教學家卓新平先生的話說就是宗教"推一推為'敵'，拉一拉為'友'。"[5]如果不對宗教做客觀深入的研究，沒有對宗教的真知灼見，使用簡單的堵壓方法處理宗教問題就難免花費巨大代價而效果適得其反。凡此種種，都提示宗教問題是錯綜複雜的，我國社會亟需擺脫文革遺留的簡單化定勢思維，開放和開展對宗教及其社會功能的客觀、理性、務實的重新認識和評估。

5　卓新平：《全球化時代的宗教與當代中國》，北京：社會科學文獻出版社，2008 年，第 201 頁。

三、認識和弘揚中華文化的優秀傳統

對於弘揚中華文化，國人都沒有理由反對。但對於如何弘揚、具體弘揚什麼，目前尚缺乏深入的研究論證，也沒有能夠得到大多數國人認同的方案，一定程度上仍處於混沌，甚至混亂狀態。有人將儒道佛其中之一當作全部中華文化來弘揚推廣，有人主張全盤復古，有人將傳統文化中的一些皮毛，甚至糟粕當作中華文化來推廣，有人認為傳統中華文化的一切都是精華，不容批判發展，有人甚至鼓吹中華文化的絕對性和排他性，將之與人類其他文化對立起來……　不難判斷，上述行為都具有明顯的偏頗性，甚至與中華文化中最優秀的成分背道而馳。任何理智健全的國人都很難同意中華文化的精華在於狹隘、停滯、落後、膚淺、自私、排他和尚鬥，更不會認同將這些因素當作中華文化的精華加以弘揚。

談到中華文化，國人最常用的形容詞就是源遠流長、博大精深。中華文化何以能達到如此境界？就是因為其在悠久的歷史中能夠做到多元包容、海納百川，融匯吸納各種文化的精華。這是中華文化中往往被忽視的最優秀的元素。中華民族是歷史上成百上千個民族的多元融合體，而中華文化則是以儒道佛為主體，兼收並蓄諸子百家等多元文化的精神文化共同體。與西方宗教文化的強烈排他性不同，中國社會從唐代起就確立了儒道佛三教合流，並且以開放包容的心態接納了基督教、伊斯蘭教、猶太教、瑣羅亞斯德教、摩尼教等多種外來的宗教文化，允許其在華夏自由傳播，與本土文化融匯貫通。正是這種多元包容的氣度成就了大唐盛世，造就了中華民族多元社會的內在凝聚力，也促成了中華文化的博大精深。與一些西方傳統不同，中華文化並非狹隘排他的單一文化，而是多元文化的共同體。

　　中華文化多元包容的重要優點用中國成語來表達就是多元通和、和而不同、和合共生，這其實是一種精神文化共同體理念。對於一個多元的民族共同體社會來說，這種理念能有效地解決眾多不同族群、不同宗教、不同思想流派間和平共處、共同繁榮的問題。這不僅反映了我國先人的智慧，也為現代社會的和諧構建提供了極為重要的精神思想資源。改革開放以來，我國社會除原有的五十六個民族之外還有大量的外國人出入和居住國內，除官定五大宗教之外還直接或間接受到世界所有其他宗教的影響，思想流派也是多種多樣，是一個典型的多元社會。在維持多元化、多樣化的前提下構建真正具有凝聚力的和諧社會是一大挑戰。成功應對這項挑戰需要從傳統中華文化中汲取資源和智慧，特別是多元包容的理念。構建和加強多元通和、和而不同、和合共生理念為導向的精神文化共同體可能是應對挑戰最有效的途徑。從國際視域來看，跨入全球化時代的國際社會並不太平，多元文化在日漸形成的地球村中碰撞糾紛不斷，危機四伏，隨時威脅著人類的共同生存發展。全球一體化的和諧社會能否成功形成，人類各民族、各宗教、各種觀念思想能否在其中和平共處，共同發展，是整個人類面臨的巨大挑戰。成功應對這一挑戰需要極大的智慧和思想資源，而中華文化多元通和、和而不同、和合共生的理念和精神文化共同體的模式可能正是解決問題的最有效的資源。從這重意義上講，共同體中華文化可能是中華民族對人類共同生存發展所能做出的最重大貢獻。

文明衝突與宗教對話[1]

　　美國著名國際政治學家薩繆爾・亨廷頓的文明衝突論可謂近年來最熱門的話題之一。上至涉及國際關係的政界和社科人文各學科的研討會，下至涉及國際交往的民間會議，都會有關於文明衝突論的議論。亨廷頓所謂的文明衝突論，明確是指以宗教為基礎的文明，因此所謂文明衝突其實是指以宗教為基礎的文明衝突。他明確指出"宗教是界定文明的一個主要特徵，正如克里斯多夫・道森所說，'偉大的宗教是偉大的文明賴以建立的基礎。'"[2]由此可見，文明衝突與宗教密切相關。

　　人們在談到亨廷頓的文明衝突論時，幾乎都是首先給予批判，繼而反復引用。由此形成的悖論是被批判最多的文明衝突論，卻同時也是被引用最多的理論。這是一種非常奇特的現象。如果一種理論真的完全荒謬，沒有任何真實性可言，那麼應該早就被人們遺棄，而不會被反復引用。究其所以，亨廷頓的文明衝突論儘管有種種缺陷甚至謬誤，但仍被反復引用的原因，就在於它有兩點不可否定的真實之處。其一是人類迄今為止的所有文明都是以宗教為基礎的文明；其二是文明衝突論所提示的文明衝突及其導致人類毀滅的風險

1　本文是中國社會科學院於 2013 年 11 月舉辦的《中國社會科學論壇：世界宗教與文明對話研討會》參會論文，原載於該會議論文集。
2　薩繆爾・亨廷頓：《文明的衝突與世界秩序的重建》，周琪等譯，北京：新華出版社，2002 年，總第 19 頁。

是真實存在的。正因為文明衝突導致毀滅的風險陰霾籠罩在人們心頭，揮之不去，所以人們才不厭其煩地反復引用和談論文明衝突論。

　　亨廷頓著重警示和強調了文明衝突對參與者的巨大毀滅性。他在展開論述文明衝突論的《文明的衝突與世界秩序的重建》一書末尾假設了世界文明的兩大聯盟陣營之間，即以儒教文明的中國、日本等國家與伊斯蘭教文明的中、西亞及阿拉伯國家為核心的文明聯盟，與以基督宗教文明的美國、俄國等西方國家和印度宗教文明的印度等國家為核心的另一文明聯盟之間，爆發了斷層線世界核戰爭。最後所有主要參戰國都遭遇了毀滅性的打擊，而非參戰國則從中受益，致使全球權力實現了由前者向後者的全面轉移。幸好他沒有假設所有國家無一倖免都是參戰國，就像現實中更可能發生的那樣，否則豈不意味著人類的滅亡。

　　如果文明衝突導致毀滅的巨大風險真實存在，那麼人類社會是否已具備對其有效的防止措施？至少，提出這一風險和理論的亨廷頓並沒有提出化解文明衝突的具體辦法。他只是借引用萊斯特·皮爾遜的話警告說：“人類正在進入一個不同文明必須學會在和平交往中共同生活的時代，相互學習，研究彼此的歷史、理想、藝術和文化，豐富彼此的生活。否則，在這個擁擠不堪的窄小世界裡，便會出現誤解、緊張、衝突和災難。”[3] “因在正在來臨的時代，文明的衝突是對世界和平的最大威脅，而建立在多文明基礎上的國際秩序是防止世界大戰的最可靠保障。”[4]至於如何避免文明衝突的現實風險，如何建立多文明基礎上的國際秩序，如何防止世界大戰，亨氏就語焉不詳了。人類社會仍亟待找到有效的方法。

3　同上書，總第 184 頁。
4　同上，總第 185 頁。

全球宗教對話運動就是尋求防止文明衝突的一種積極嘗試。全球宗教對話是在二十世紀興起的一種尋求人類各宗教間理解、包容、和平共處的運動，一定程度上喚起了人類社會對於消除文明衝突，促進多元宗教和諧共處，建立人類共同價值倫理等問題的意識和關注。發起和推動這一運動的多數人士對於宗教文明衝突有著深刻的憂患意識，對於人類的共同福祉抱有良好的願望，這些都值得後人深表敬意。

然而，無論從對話參與狀況和實現對話目的來說，對話運動的效果都差強人意。宗教對話顯然單獨難以解決文明衝突的巨大隱患。從實踐來看，宗教對話僅限於宗教學者和少數宗教界人士之間，既缺乏代表性，又難以達到必要的深度，往往流於形式和空談，對於實質性解決文明衝突則作用非常有限。究其原因，有以下幾點。

首先，除了極少數例外，各宗教都是內部四分五裂，派系林立，彼此爭鬥之烈往往不亞於宗教之間，並非統一的宗教，難以形成參與對話的各宗教統一體。沒有具廣泛代表性的明確的對話主體參與對話，難以達到對話的目的。

其二，既然沒有參與對話的各宗教統一主體，當然也不會有能代表各宗教統一主體的對話代表。沒有真正代表參加的對話難以形成可操作的決議和對話的實質成果。

其三，沒有參與對話的各宗教統一主體意味著也沒有對話成果的執行主體。因此即便退一萬步講，對話達成了共識，也沒有執行主體將其付諸實施。得不到實施的對話成果等於沒有成果。

其四，各宗教都習慣於把本教派視為正教，把其它教派視為旁門左道，把其它教派的教義視為異端邪說，鮮有人研究其它宗教的教義，發掘認識各宗教的共同之處，遑論宗教間對話的共識基礎。

對於習慣於自我中心主義和排他主義的各宗教基要主義人士來說，堅持自方教義的絕對真理性是天經地義的，同意修正本教的教義是不可能的，以容忍和學習的態度對待異教是很困難的。持各宗教基要立場的各宗教信徒很難共聚一處心平氣和地對話，相互之間的對話很容易演變成不同陣營間的談判、辯論、對立，乃至爭鬥，與對話的原本目的南轅北轍。

其五，有的對話提倡者目的是為了消除宗教對立排他、糾紛和衝突，維護和促進人類共同利益，而另一些倡導者的對話目的是改變他人的信仰。還有倡導者或應合者卻思路不清、目的不明。有些人甚至提出"為對話而對話"，將對話當成藝術欣賞或者酒後茶餘的消遣。通過對話改變他人信仰，不僅目的不純，也與宗教對話的原本宗旨不符。沒有明確目的的對話，當然也達不到任何目的。對話目的尚無法統一，則更談不到實現共同目的。

由此可見，全球宗教對話運動面對種種難以克服的障礙，其效果必然有限。對於文明衝突無所不在的巨大風險，國際社會需要找到更加有效的化解辦法。為此，不局限於宗教對話，眼界超越宗教對話，從人類各民族的文明傳統中尋找解決問題的方法和資源，應該成為有識之士間的共識。

宗教對話理論自上世紀傳入我國以來，已經在我國宗教學界產生一定的影響，甚至成為少數學者頂禮膜拜的時髦理論。對於宗教對話的優缺點和局限性，我國社會和學界應該有客觀清醒的認識和評估，避免重蹈新文化運動對西方理念照單全收，盲目崇拜並付諸實踐的覆轍。除了應對宗教對話的有效性和可行性局限有客觀認識之外，還應認識到宗教對話理論構建於排他性較強的基督宗教基礎和宗教衝突問題較為嚴重的他國社會背景之上，未必適用於具有儒道佛三教合一，多元包容傳統的中國宗教文化和中國社會。此外，解決宗教間矛盾衝突的方法未必僅限於宗教對話，中國宗教文化傳統中可能蘊藏著比宗教對話更加有效，更加有價值的對策資源。如果不能做到客觀理性，不能對此有所認識，就可能罔顧民族精神思想財富，而盲目追捧崇拜西方理論。

事實上，對於解決宗教文明衝突問題，我國傳統社會有著自己獨特的方法與模式。不同宗教或文化的相遇，初期總是伴隨著相互之間的排斥、摩擦甚至衝突。中國古代儒道佛宗教文化在相遇初期也是如此。但隨著時間推移，中華文化從南北朝至唐代就逐漸形成三教合流，多元包容的格局。經過一千多年的鞏固和深化，已經成為中華民族應對多元宗教關係的有效模式和國民對待多元宗教的基本理念。這種宗教關係模式其實是一種多元通和、和而不同、和合共生的宗教共同體雛形模式，有效解決了中國社會中多元宗教信仰之間的關係問題，反映了我國先人的務實態度和智慧。中華民族傳統的宗教關係模式曾被西方人批判為宗教信仰層次低下，信仰雜亂不純，但從另一角度來看，卻可能是全球化時代消除宗教文明衝突最有效、最可行的借鑒模式。與我國情況相似，全球化時代的人類也是多元社會，有著多種多樣的宗教信仰形式，相互之間如何做到避免衝突，和合共生，可能難以找到比中國傳統宗教文化更可行、更有效的模式。值得注意的是，中國社會形成儒道佛三教合一，多元包容的格局，並非依靠有意識的宗教對話，而是在一定的社會背景和一定的社會理念下通過具體實踐自然形成的。在當時歷史條件下，既沒有宗教對話的理念，也沒有人通過推動宗教對話以促成三教合一、多元包容的格局。

中國古代社會為何能自然形成宗教多元包容的格局？究其所

以，可能有幾個較明顯的原因。其一是中國社會多民族、多信仰形式和多思想理念流派的多元社會背景及其需求。中華民族其實是歷史上幾百個不同民族的融合體，中國社會自古以來就必須面對多民族、多信仰形式和多思想流派的多元關係問題，必須找到適合多元宗教和合共生的有效模式，以適應和滿足多元社會共同生存的切身需要。在生存需求的推動下，在和合理念的影響下，在政界和民間的促進下，各宗教在摩擦、碰撞、糾錯和融合中通過實踐逐漸發展出一套適合多元宗教和合共生的有效模式。其二是中西不同的思維方式和社會關係理念。就思維方式而言，西方人多為分析式，而中國人則多為整合式。不同的思維方式發展延伸就造成西方人傾向於注重和強調差異，而中國人則傾向于注重求同存異，相互借鑒學習。中國社會的多元背景和求同存異思維方式使得中華民族從先秦以來就形成"和為貴"、"和曰常"等社會和合關係理念。這種關係理念體現在宗教關係上就是多元包容求和。其三是注重實踐，不尚空談。與西方傳統不同，中國人自古以來不太注重理論體系的構建，而更加注重實踐的可行性、實用性和有效性。反映在宗教多元包容格局的形成上，就是並沒有預先形成任何完整的指導理論，而是在具體實踐中通過不斷的摸索、碰撞和糾錯，最終形成了行之有效的解決多元宗教衝突問題的實用模式。因此，在研究文明衝突和宗教對話時，應當對東西方文化、社會背景和思維方式的差異，以及中國模式的成因予以足夠重視。

值得強調的是，中國傳統的宗教關係模式是自然形成的，並未經過人們有意識的調控和改進，因而存在廣闊的改進空間。說中國傳統的宗教關係模式是全球化時代解決文明衝突和宗教間關係的借鑒模式，並不是說這個模式應當被現代國際社會照搬照用，而是說它作為一種傳統資源有重大的借鑒意義。國際社會和中國社會雖然都是多元社會，但畢竟有諸多不同之處，需要對該模式做出相應的調整和改變。時代不同，人類的認識、理論和調控能力都有長足提升，這些都為中國傳統宗教關係模式的現代化改進提供了資源、要求和動力。有理由相信，中國傳統宗教關係模式如經現代社會的理性調整、改進和發展，可能成為全球化時代解決宗教間關係和文明衝突問題的有效模式。

本文中指出宗教對話的各種局限和可行性問題，並非意在全盤否定宗教對話，而在於對其做出客觀、務實的評估。對於一種西方現代理論，我國學界既不應不分青紅皂白將其拒之門外，也不應盲目全盤接受和追捧，而應在透徹研究的基礎上對其做出客觀、全面、公允的認識和評估。在防止人云亦云，過分誇大其意義和作用的同時，應當充分肯定宗教對話的積極意義，其中包括防止宗教文明衝突的積極意識和良好意願、人類宗教的全球化意識及其改善宗教間關係的相對作用。宗教對話如果作為構建全球化宗教信仰多元包容新型關係、防止文明衝突的一種輔助手段，可以而且應該能夠發揮一定的作用。

與中華文化共構民族精神共同體是
馬克思主義中國化的多贏選擇[1]

　　馬克思主義中國化，是中共十七大以來歷次會議中反復確立的中共理論發展方向，也是實現民族復興"中國夢"所必需的理論發展方向。馬克思主義中國化，說到底就是將馬克思主義的基本原理與中國的實際情況相結合，從而發展出適合中國國情和需要的理論，用以指導具體實踐。胡錦濤在十七大報告中提出"弘揚中華文化，建設中華民族共有的精神家園"，以此作為我國精神文化的建設目標。中華民族共有的精神家園，其實就是中華民族的精神共同體，二者是同義語。由此可見，建設中華民族共有的精神家園與馬克思主義中國化緊密相關，而與中華文化共構民族精神共同體則是馬克思主義中國化的優選途徑，可以帶來多贏的效應。

一、理順馬克思主義與中華文化的關係是
必須面對的重大課題

　　中共十七屆六中全會《決定》中說，"中國共產黨從成立之日起，就既是中華優秀傳統文化的忠實傳承者和弘揚者，又是中國先

1　本文原載于卓新平、王曉朝、安倫主編的《宗教與文化戰略》，北京：社科文獻出版社，2014 年。

進文化的積極倡導者和發展者。"並且指出"文化是民族的血脈，是人民的精神家園。"至此，中國共產黨首次以中央委員會全會決議的形式充分肯定了中華文化的作用和地位。這是執政黨思想建設的重大進展，也是中華文化歷經百年滄桑以來受到的最重大的官方肯定，為中華文化的復興發展打開了大門。

要切實復興發展中華文化，建設中華民族共有的精神家園，必須首先對中華文化的内涵、主體、性質等基本面建立客觀求實的認識，清理糾正長期以來對此累積的認識混亂和偏見。傳統中華文化是以儒道佛為主體的多元包容文化，而不是如一些人宣稱的那樣是單一儒教文化，也不是一種背離人類社會常態的非宗教文化。受以西方中心論為主導的宗教觀影響，一些近現代主流學者否認儒道佛是宗教，從而認為中華文化是非宗教性文化。這種認識影響極大，嚴重誤導了近代社會對中華文化的認識。究其根本，這種認識其實是植根於以建制性基督宗教為範式的西方宗教觀，以不符合建制性宗教的範式來否定儒道佛是宗教。如果以客觀全面的宗教定義判斷一種人文體系是否宗教，則應以其是否有精神、超越和神聖維度為主導，而不應以其是否符合亞伯拉罕宗教的建制性特徵。儒道佛有神聖、超越的天、道、佛作為其終極精神信仰，具備宗教的所有基本特徵，應該被據實認定為宗教。當今學界已不再否定佛道是宗教，但對儒是否宗教仍有爭議。然而，對儒有宗教性則基本沒有異議。如果作為其主體的儒道佛都至少具有顯著的宗教性，傳統中華文化就顯然是宗教性文化。其實，中華文化有宗教性並不奇怪。人類學和社會學研究證明，人類所有民族的傳統文化都具有宗教性。

中華文化的宗教性為執政黨的思想理論建設提出了必須解決的重大課題。馬克思主義和中華文化是兩種完全不同的體系，不僅源頭不同，而且在文化體系、對待宗教的態度等等方面都有差異。人類宗教都是以事實上的有神論為基礎的，而馬克思主義以往被強調的是無神論，二者看似矛盾。中國共產黨同時作為兩種不同體系的繼承者和弘揚者，直接面對兩種體系不容忽視的巨大差異。對這些差異聽之任之，還是積極尋求二者的有機整合，不僅關係到黨的理論是否完整一致，是否對國民有真正的感召力，而且從實踐層面對國家的發展和命運有舉足輕重的影響。至少可以說，如果這些差異和矛盾長期得不到整合解決，就會保持思想理論的混亂，累及到整個民族國家的精神思想體系，後果是中華文化的復興發展和馬克思主義的中國化都難以有真正的進展。二者的差異矛盾將不時困擾人們，造成社會的精神分裂。

中華文化是中華民族的根和魂，馬克思主義是中國官方的政治理論基礎，在現有政治格局中二者缺一不可，必然共同存在。因此，尋求二者的和諧共生，而不是矛盾對立，對於中國的社會、國民和執政黨來說都是福音。究其根本，造成馬克思主義與宗教性中華文化二元對立的主要原因是一些人將二者都當作宗教信仰，進而將其視作競爭對手。事實上，馬克思主義是現世性的政治思想理論，而不是宗教信仰，不應被混同於後者。同理，共產主義是一種社會形態和政治理想，也不是一種宗教信仰。只有從本質上釐清中華文化與馬克思主義的區別，糾正將馬克思主義當作宗教信仰的混同，才能從根源上消除二者的所謂競爭對立關係。新文化運動以來，我國一些主流知識份子全盤接受西方各種激進思潮，全面否定批判中華文化，完全否定宗教。隨之而來的以文化革命為頂峰的歷次政治運動更將傳統中華文化當作否定和消滅的對象，中華文化因此受到嚴重摧殘。事實證明，對中華文化否定打壓並非明智之舉，不僅嚴重損害了民族的利益，而且違背執政者的利益，是當前我國社會信仰、價值、倫理、文化和軟實力缺失的主要原因。

經歷過以文化革命為頂峰的歷次政治運動衝擊之後，不僅傳統中華文化與馬克思主義的關係仍未理順，有待整合出一種和諧共存的合理模式，而且二者都面臨重新恢復發展的迫切需要。其中，中華文化自民初以來經過持續的否定打擊和近代社會的變遷，早已支離破碎且在很大程度上喪失了傳承。改革開放以後，雖然打擊已經停止，但並未對中華文化做出過全面的平反、再認識和復興發展，致使此前幾十年對其的否定在一定程度上得以延續，其積極社會功能因此難以得到充分發揮利用。另一方面，以文革為頂峰的個人崇拜破滅之後，馬克思主義在中國社會的權威影響力也受到嚴重損害，亟需通過與中華文化的整合獲得能深入人心的影響力。二者的關係遲遲沒有理順，其實是兩敗俱傷，中國社會因此缺少了能真正被國民普遍接受認同的精神信仰和價值倫理體系。顯然，只有為中華文化徹底平反，重新認識、甄別、發掘和發展其與現代社會相適合的內在價值和積極功能，建立起中華文化與馬克思主義相結合的精神文化共同體，上述問題才能迎刃而解，中國社會才能長治久安。

二、馬克思主義與中華文化共構精神
共同體可以帶來多贏效應

中國現代社會需要怎樣的精神文化體系作為其立國之本、民族凝聚力和軟實力之源？馬克思主義應該如何中國化才能真正適合中國的國情和需要？其與中華文化應該建立怎樣的關係才能有效解決中國社會面臨的各種重大問題，並真正被國民、執政黨和多元社會共同接受？以筆者之見，構建馬克思主義與中華文化有機結合的民族精神共同體是在現有格局中能夠妥善應對以上所有問題的多贏途徑，也是務實、可行的最佳選擇。

首先，構建精神共同體可以有效解決我國目前精神信仰缺失，民族向心力和凝聚力不足的問題。宗教學研究證明，廣義來說，凡是人都有宗教性，只是其表現形式不同而已。故而有"宗教是人類學常數"[2]、"凡是人都有宗教需要，即需要一種定向框架和信仰目標"[3]等精闢論述。精神信仰是統馭人類行為、凝聚人心的最主要力量，不可或缺也不應被忽視。歷史反復證明，民族的有效凝聚和社會的有效治理都需要有民眾普遍認同的精神信仰體系，否則就會人心散亂，成為有重大缺陷的社會。中國社會延續數千年的精神信仰體系在近代斷裂，給社會和諧發展留下重大隱患。中國社會現在的主導精神信仰究竟是什麼？好像難以說清。能說清楚的似乎又和現實不一樣，沒有被國民真正認同。物欲橫流、精神惶惑，已成為社會最大的不穩定因素。這種事實上的信仰體系缺位給各種官方極力防範的精神思想異端留下可乘之機，但又防不勝防。對於這樣的潛在社會危機置之不理或治標不治本都會貽害社會，危及社會的長期穩定。以積極務實的態度重建國民真正認同的精神信仰體系是化解危機的明智舉措，而與作為民族安身立命之本的中華文化共構的精神信仰體系則可獲得國民、執政黨和多元社會共同的真心接受，保證這個建構的有效性。

其二，精神信仰處於人類意識的最高層面，既是價值倫理的主要來源，也對其具有提升、維護和促進的重大作用。傳統中華文化

2　米爾恰·伊利亞德：《神聖的存在》，晏可佳、姚蓓琴譯，桂林：廣西師範大學出版社，2008年。
3　鈴木大拙、埃裡克·弗洛姆：《禪與心理分析》，孟祥森譯，北京：中國民間文藝出版社，1986年，第23-24頁。

在古代中國不僅起到維護民族精神信仰、整合凝聚社會的作用,而且具有價值、倫理和文化等多維度。從一定意義上講,傳統中華文化就是一種集精神信仰、價值倫理、文化教化為一體的共同體,其精神、信仰、價值、倫理、文化之間並無明確的分野。因此,構建精神共同體不僅能解決我國精神信仰缺失的問題,而且可以化解困擾現代社會的價值缺位、道德衰敗等重大問題。雖然共產主義理想中有許多價值倫理觀念與中華文化不謀而合,但畢竟不能代替本土文化及其價值倫理功能。只有與本土文化充分融合,汲取本土文化中的優秀成分以補其不足,才能建立真正具有魅力、感召力和親和力的精神、信仰、價值、倫理和文化共同體體系,才能使民眾真正歸心。

其三,主動與中華文化共構精神共同體可以增進馬克思主義的國民認同度,從而維持馬克思主義在中國意識形態領域的主導地位。同時,將中華文化作為馬克思主義中國化的主要資源則有利於中華文化的復興發展。馬克思主義是執政黨必然維持的思想理論基礎和意識形態,在現有政治格局中必然居於所有其他精神思想和意識形態之上。然而,文革之後馬克思主義作為主流意識形態的感召力已大不如前,僅靠執政地位和政治宣傳顯然不足以提升其感召力。只有充分利用中華文化的優勢資源,推動中國化創新,主動與中華文化結成精神共同體,才能提升其感召力和權威性,重建其地位。也只有這樣,執政黨才能從中獲得意識形態領域的主導權,進而鞏固其執政地位。反之,馬克思主義則會被自我排除在精神信仰領域之外,形成執政黨只能從外部控制,而不能從內部引導的格局,從而坐失精神信仰領域的主導權。馬克思主義是世俗政治理論,缺乏精神、超越和神聖維度,難以單獨構成真正的精神信仰;而中華文化有儒道佛的精神、超越和神聖維度，恰好可以彌補馬克思主義這方面的不足，二者具有天然的互補性。執政黨的政治理論只有與中華文化有機結合才能獲得穩固持久的神聖性和感召力，從而取得國民和國際社會的真心認同。此外，將中華文化確定為馬克思主義中國化的主要資源，有助於理順二者的關係，可以有效促進中華文化的復興發展。

其四，構建精神共同體就是構建國家軟實力，有利於提高我國的國際形象和影響力，團結凝聚海內外華人。什麼是軟實力？按提出軟實力概念的美國學者約瑟夫・奈的定義，就是"不是由於強制或利誘，而是由於魅力而獲得所希望的結果的能力。"[4]軟實力已經被公認為現代國際交往中國家實力的重要組成部分。伴隨我國經濟高速發展，構建與大國崛起相匹配的軟實力已經成為當務之急。但軟實力是我國目前的顯著弱項，且如何建構尚沒有有效方案。英國前首相撒切爾夫人曾預言中國不可能真正成為世界大國，原因是中國沒有一個可以輸出的主流意識形態。此話一語道破目前我國軟實力欠缺的要害，但並非沒有破綻。其實，我國目前極度欠缺的軟實力核心就是能被國際社會普遍認同的精神信仰、價值倫理和意識形態，而中華文化中包含了所有這些要素的充足資源，只是沒有被開發利用而已。有人調侃說，離開中華文化，中國的軟實力就只剩下軟而沒有實力。有一定道理。當代中國在大國崛起進程中最缺乏的軟實力，其實正是這樣一種以中華文化為基礎，具有精神信仰的魅力、價值倫理的感召力、文化傳統的親和力的現代化體系。這個體系對內應能產生強烈的凝聚力和向心力，對外則會表現為強大的感

---

4 Joseph S. Nye, Jr., Soft Power: The Means to Success in World Politics,New York：Public Affairs, Paperback, 2005。

召力和親和力。這才是中華文明古國重新崛起於世界民族之林所必不可少的真正軟實力。

其五，構建精神共同體還能使我國擺脫當前在精神信仰層面被動孤立的狀況，建立能被國際社會真正認同的精神信仰主導地位。政協民宗委主任朱維群在 2013 年 7 月《中國民族報》的一篇文章中援引國際統計資料說，"全世界……13 億人不信教，其中 12 億在中國。"這其實從一個側面反映了我國在精神信仰方面的國際孤立狀況。事實上，我國這種狀況是近百年來歷次政治運動的人為結果，而非人類學常態，因此也難以持久。由此產生的我國與國際社會間的巨大排拒力則嚴重削弱了我國的軟實力基礎，損害了我國的大國形象和地位。充分運用中華文化的精神信仰資源，化包袱為資源，化被動為主動，對於中華民族復興具有深遠的戰略意義。

此外，中華民族還有遍佈世界各地的數千萬海外華人，是我國擴大國際影響力的天然條件。海外華人不一定能認同馬克思主義，但一定會認同中華文化。因此，團結凝聚海外華人顯然要靠對傳統中華文化的深厚內涵的認同。這些也都是促使馬克思主義與中華文化和諧共構的重要因素。

以上列舉的僅是二者共構精神共同體的部分益處。因篇幅所限，還有許多益處在此不一一列舉。但僅從上述幾點已不難看出，此舉能夠同時解決馬克思主義中國化、民族文化復興、軟實力建設和民族精神家園共構中所面臨的一系列重大問題，造就民族、民眾、執政黨和中華文化多贏的局面。

三、馬克思主義與中華文化共構精神共同體具備必要條件

　　馬克思主義與中華文化共構民族精神共同體，不僅有歷史的需要和多種重大作用，而且具備有利的形成條件。首先，中華文化與馬克思主義處於不同的層面，沒有必然的競爭對立關係。中華文化的主要關注面是精神、價值、倫理和文化等領域，而馬克思主義的主要關注面是政治、經濟等領域。只要處理得當，二者不僅沒有競爭，反而是良好的互補。傳統中華文化在過去幾千年來聞名於世的精神、價值、倫理和文化積澱正是馬克思主義所缺少的，而這些因素又是妥善治理社會所不可或缺的。因此，二者的和諧共構不僅是現代社會治理的需要，而且有二者的天然互補性作為基礎。

　　其二，雖然馬克思主義與中華文化存在差異，但也有許多共同的理念，可以作為二者和諧共構的條件。不同體系之間的共構必須以求同存異為指導原則。只要不是求異存同，二者有足夠的共同點作為和諧共構的基礎。此外，傳統中華文化不僅沒有西方建制性宗教那樣強烈的宗教排他性，而且其宗教成分與世俗社會的價值、倫理、思想、文化等始終混為一體，其與馬克思主義的反差矛盾遠低於西方宗教與之的反差矛盾。

　　其三，馬克思主義經過以往中國化的發展已經具備包容和吸納中華文化的條件。中國共產黨已經從革命黨轉變成執政黨，地位的改變必然帶來對中華文化態度的轉變，從而產生更高的接受度。作為革命黨，其主要宗旨是“破”；而作為執政黨，其主要宗旨則變成“立”和“守”。如果不能及時調整觀念和策略，就會犯文革那樣自毀長城的嚴重錯誤。改革開放以來，執政黨放棄了以階級鬥爭

為綱的路線，放棄了對傳統中華文化全面批判否定的做法，也改變了對待宗教的態度。不僅中華文化已被視為"民族的血脈"，"人民的精神家園"，宗教也已成為"構建和諧社會的積極力量"。作為理性的決策者，及時解放思想，放棄過時僵硬的教條，客觀務實地接受採納中華文化中一切有利於國計民生、有利於民族復興的因素，是馬克思主義中國化的必然選擇。

　　其四，中華文化的最大優點是多元包容、兼收並蓄，不存在與馬克思主義和諧共構的障礙。自唐代以來，儒道佛三教合一，多元包容就成為中華文化的主流。不僅儒道佛相互之間能夠包容吸納，對於其他外來文化也能包容兼蓄。此外，在儒道佛三教合一的歷史進程中，三教都大量向對方學習借鑒，甚至仿照對方模式自我改造，以至於三教之間界限模糊，共用同一個精神文化體系。近代社會中三教有分別向排他性的建制性宗教模仿發展的傾向，其實是受西方宗教觀影響的結果，與構建和諧社會的宗旨背道而馳。如果回歸三教合一，多元共融的傳統，則為馬克思主義與中華文化和諧共構掃清了最大的障礙。一種由山頭林立，相互排斥對立的亞文化群構成的文化很難作為合作對象，而一種在歷史上已經自然整合為相對統一整體的多元包容文化則可以直接作為馬克思主義中國化的結合對象，尤其適合中國大一統治理的國情。

　　如果說這項舉措的實施還有任何重大障礙，那就是文革殘餘的極左觀念和勢力。極少數文革遺族仍堅持階級鬥爭為綱、戰鬥無神論、否定一切、批判一切等不合時宜的極左路線，貌似具有馬克思主義的正統性，實則與執政黨構建和諧社會，實現中國夢的總方針南轅北轍，違背執政黨的根本利益，為執政黨幫倒忙。好在仍然堅持尚鬥哲學，以破字當頭，以造反批判為業的人已經為數極少，難以阻止民族復興、文化復興和馬克思主義中國化的歷史車輪。馬克思主義與中華文化共構精神共同體已經具備了必要的基本條件，所需要的只是認識的覺醒和行動的開始。

聖人治國的現代意義

一、內聖外王、聖人治國與哲學家國王

　　內聖外王，是儒家兩千多年來始終持守的重要理念，也是中國傳統社會修身為政的最高理想。就其本義而言，內聖就是修身養德，內在地成為有高尚精神品德和深厚學養的聖人，外王就是內聖者成為治國之王，從而實現德治。儒家倡導的"格物、致知、誠意、正心、修身、齊家、治國、平天下"[1]理念，其實就出自於內聖外王的追求，其中"格物、致知、誠意、正心、修身"是"內聖"的養成，"齊家、治國、平天下"則是"外王"的實現。內聖與外王並非兩個獨立概念，而應是有機的統一，其中內聖是外王的前提和基礎，外王是內聖的目的和延伸。只有通過道德、品格、學識、心性、能力的充分修養，內在地成為聖人，才能具備安邦治國的條件，進而達到外王的目的。如果沒有外王的實現，內聖的努力就成為徒勞。因此，內聖外王的統一是儒家追求的理想境界。

　　內聖外王雖然是中國傳統社會始終奉為圭臬的修身治世理念，但事實上卻很少被付諸實施。原因是古代社會特別是秦漢以來在精

---

1 《禮記・大學》："物格而後知至，知至而後意誠，意誠而後心正，心正而後身修，身修而後家齊，家齊而後國治，國治而後天下平。"載《四書五經》，北京：華文出版社，2009 年，正文第 3 頁。

神、思想、道德、品行、才能上修煉到聖賢水準的人總是得不到掌權為王，實現其德治理想的機會，而掌權為王的人多是靠殘暴奸詐奪得政權並傳給子孫後代。這些人的思想理念重在以暴力詭計奪權和維護皇權專制，道德品格則遠劣于常人，與聖人境界格格不入，甚至截然相反。此外，已經成為王的統治者總是埋身於世俗事務和享樂奢靡，難以靜下心來克己修身，真正成為聖人。這種政治體制的障礙造成內聖與外王總是脫節二分，內聖外王的理念因此在實踐中被束之高閣，難以落地生根。儘管如此，以儒家為代表的傳統士人學子卻從未放棄內聖外王的追求，以致其成為一個崇高但難以實現的中國夢。辛亥革命推翻皇權之後，內聖外王的主張更是在各種近代西方思潮的衝擊下全線崩潰，除牟宗三、唐君毅等極少數新儒家學者仍心有不甘外，幾乎完全被人拋棄。否定拋棄內聖外王理念的原因，除了新文化運動以來對傳統中華文化全面否定的思潮以外，主要是其中的“聖”、“王”都被看作是“封建社會”特有的標誌性概念，隨“封建王朝”的終結已經完全沒有現代意義。

　　由於儒家在中國傳統社會的官方主導地位，內聖外王一般被認為是儒家創立並獨家守持的基本理念和傳統。然而，這種認識並不符合事實。事實上，首先提出“內聖外王”概念的不是孔子，也不是儒家的任何先賢，而是道家莊子的後學。《莊子·天下》雲：“是故內聖外王之道，闇而不明，鬱而不發，天下之人各為其所欲焉，以自為方。”[2]此即“內聖外王”表述的最早出處。對於內聖外王，《莊子》還闡釋道：“聖有所生，王有所成，皆原於一（道）。”[3]由此可見，內聖外王這一表述不僅是由道家首先提出，而且其本原

---

2 《莊子》，孫海通譯注，北京：中華書局，2007 年，《天下》，第 375 頁。
3 同上書，第 374 頁。

超越儒家所言之德，根源於形而上之道。內聖外王理念的崇奉者則除道家、儒家之外，還包括因偏好不同而對其持不同見解的"天下之人"。

　　如果進一步深究內聖外王的來源，還會發現《莊子》雖然是內聖外王這一表述的始作俑者，但並不是這一理念的創始者。線索有二。其一是《莊子》"是故內聖外王之道，闇而不明，鬱而不發，天下之人各為其所欲焉，以自為方"這段話顯然是說，作者並非首倡內聖外王之道，而是感歎內聖外王之道在《莊子》成書時代得不到彰顯乃至蛻變，可見此道早於《莊子》。其二是莊子乃老子學說的繼承和闡揚者，其主要理論和概念基本來自老子，其中顯然包括內聖外王之道。再仔細研讀《道德經》，不難看出其中不僅已有內聖外王理念的完整論述，而且其詳盡程度遠超過《莊子》和儒家的早期經典。只不過老子將其表述為聖人之治或聖人治國(天下)，而非內聖外王。其實，聖人治國和內聖外王只是提法不同，實質則完全相同，所謂內聖外王只不過是老子聖人治國理念的翻版。只有五千言的《道德經》中30餘處高調推崇聖人，幾乎通篇都在談論聖人的精神、思想、品格、行為原則和政治理念及其修養，其中所謂聖人被明確表述為能夠效法大道治理邦國或天下的人，就是所謂的"王"。而經中提到王或侯王時則無不以聖人的標準對其要求和衡量。"聖人"與執政者"王"的二而一關係由此清晰可見，其例證良多。例如，"故聖人雲：'我無為而民自化，我好靜而民自正，我無事而民自富，我無欲而民自樸。'"[4]如果講這話的聖人不是"王"或治國者，這段話就無法合理理解，更何況此章的主旨在章

4 《老子》，李存山注譯，鄭州：中州古籍出版社，2004年，第57章，第76頁。

首就點明是"以正治國"。又如，"樸散則為器，聖人用之，則為官長。"[5]其中善於運用道法的聖人則能為官治世，聖人與治世官長的二而一關係顯而易見。再如，"侯王若能守之（指道），萬物將自化。"[6]其中的"侯王"若能守道，無為而治以致萬物自化，則顯然就是聖人。

　　概括《道德經》中關於聖人的各種論述，老子認為"可以托/寄天下"的治國聖人的品行標準大體可以歸納如下：尊道貴德、大公無私、仁慈博愛、包容大度、超凡脫俗、清心寡欲、忍辱負重、自知自製、誠信守善、不積累個人財產、不追求個人名利、不貪圖享樂、不居功自傲，"居善地，心善淵，與善仁，言善信，政善治，事善能，動善時"[7]，即具備崇高的精神信仰、高尚的道德品行、深邃的智慧洞見、優異的治國理念和學識、高超的行事和治理能力、仁善的處人處世能力。老子所言聖人的宇宙觀、人生觀、精神思想境界、道德品行標準，筆者有專題論述[8]，因篇幅所限，此處不展開討論。

　　無獨有偶，與老子同為軸心時代代表人物的古希臘聖哲柏拉圖也以與聖人治國相似的哲學家國王（或稱哲學王、哲人王）理念而聞名於世。柏拉圖在其名著《理想國》中提出，最理想的政治體制是由具備卓越的理性智慧、美德和才能，掌握終極真理的哲學家做王治理國家，或者國王應具備哲學家的理性智慧、美德和才能，能掌握終極真理；"除非哲學家成為我們這些國家的國王，或者我們目

---

5 同上書，第 28 章，第 37 頁。
6 同上書，第 37 章，第 48 頁。
7 同上書，第 8 章，第 11 頁。
8 見安倫：《老子指真》，第四章第一節，北京：社會科學文獻出版社，2016 年。

前稱為國王和統治者的那些人物，能嚴肅認真地追求智慧，使政治權力與哲學智慧合而為一；那些得此失彼，不能兼有的庸庸碌碌之徒，必須排除出去。否則的話，對國家甚至我想對全人類都將禍害無窮，永無寧日。"[9]為此，柏拉圖認為應該選拔最優秀的人才，通過從兒童起至中年以上的長期系統培養，包括全面的教育、訓練、考核、工作鍛煉、生活磨難等等，最終造就符合以上條件的哲學王。其理念在一定意義上類同于老子的聖人修身悟道直至為王。

　　柏拉圖所謂的哲學家被近現代社會普遍誤解為現代意義的哲學家。其實，在柏拉圖時代，哲學是包羅萬象的學問，與現代狹義的哲學完全不同，故柏拉圖所謂的哲學家系指有高尚精神品格，有卓越智慧能力，有深厚學養修持的人，與老子所謂聖人的概念非常接近。由於社會背景不同、文化習俗不同、語境和表達方式不同、關注強調面不同等原因，致使老子的聖人和柏拉圖的哲學家之間有一些可以理解的差異。但究其實質，二者卻大同小異，都是指精神品行高尚、德才兼備的聖賢之士，二者的共同之處遠多於不同之處，其例證不勝枚舉。試舉幾例為證。其一，老子認為聖人應該"少私寡欲"[10]、"欲不欲，不貴難得之貨"[11]、"五色令人目盲，五音令人耳聾，五味令人口爽，馳騁畋獵令人心狂，難得之貨令人行妨"[12]。柏拉圖則認為哲學家"會參與自身心靈的快樂，不去注意肉體的快樂，如果他不是一個冒牌的而是一個真正的哲學家。……這種人肯定是有節制的，是無論如何也不會貪財的。"[13]其二，柏拉圖認為具

---

9 柏拉圖：《理想國》，郭斌和、張竹明譯，北京：商務印書館，1986 年，第221 頁。

10 《老子》，李存山注譯，鄭州：中州古籍出版社，第 19 章，第 25 頁。

11 同上書，第 64 章，第 85 頁。

12 同上書，第 12 章，第 16 頁。

13 柏拉圖：《理想國》，郭斌和、張竹明譯，北京：商務印書館，1986 年，

備理性智慧是哲學家最重要的品質。他所謂的理性智慧，就是能夠認識把握永恆的終極知識或真理，即來自上帝的神聖"理念"。其實這也正是老子所知守的形而上之道。在老子那裡，道就是造物主至上神，而他所推崇的所有理念都是對形而上之道的效法。二者推崇的理念不僅實質相同，而且還造成其推崇者老子和柏拉圖二人都成為世所公認最具智慧和超越洞見的智者。其三，老子和柏拉圖都具有崇高的精神信仰和顯著的形而上維度。老子尊道貴德，認為聖人效法的是天道；而柏拉圖敬仰上帝（或稱神），認為哲學家的智慧和知識理念都源自上帝。天道和上帝的區別其實只是名稱和認識的不同，實為一體。世俗化的現代學者完全忽視聖人和哲學家的精神信仰和形而上維度，以致聖人和哲學家在此領域的共性也被忽視。其四，柏拉圖通過蘇格拉底的口反問道："（哲學家）眼界廣闊，觀察研究所有時代的一切實在，你想，他能把自己的一條性命看得很重大嗎？……　一個性格和諧的人，既不貪財又不偏窄，既不自誇又不膽怯，這種人會待人刻薄處世不正嗎？"在老子的聖人準則中，"聖人後其身而身先，外其身而身存"[14]，同樣將自己的生命利益置之度外；聖人"知常容，容乃公，公乃王，王乃天，天乃道"[15]，由於知曉道法之"常"而把包容、奉公作為循順大道的品格；"聖人自知不自見，自愛不自貴"[16]，則與柏拉圖的"不自誇又不膽怯"意境相同。柏拉圖在《斐多篇》中更進一步將哲學家表述為渴望擺脫肉身回到純粹不朽的靈魂世界的神秘主義者。老子則曰："吾所

第 238 頁。

14　《老子》，李存山注譯，鄭州：中州古籍出版社，第 7 章，第 10 頁。

15　同上書，第 16 章，第 21 頁。

16　同上書，第 72 章，第 96 頁。

以有大患者，為吾有身，及吾無身，吾有何患？"[17]對比之下，老子
的聖人標準和柏拉圖的哲學家標準雖然表述不同，各有側重，但指
向卻一致。

　　不僅如此，柏拉圖的哲學王治國理念與老子的聖人治國理念，
本質上也是一致的。二者都是將最理想的政體認定為由具有高尚精
神境界、卓越智慧能力、優異思想品行的聖賢治理的社會，其治理
目的都是惠民利民，達到天下大治。在柏拉圖那裡，由哲學王治理
的是一個真、善、美相統一，公正的理想國；在老子那裡，由聖人
治理的同樣是一個人民安居樂業，自由自在，不受統治者壓迫欺擾，
真善美的理想國度。甚至在治國方法和理念上，二者也有高度相似
之處。例如，老子認為，聖人應當無為而治，其最高境界不是專權
弄權以獲取人民的擁戴，而是達到大治而不自我彰顯，熱衷權力而
獲民親譽、畏懼、辱罵者則依次為下，故曰："太上，下知有之；
其次，親而譽之；其次，畏之；其次，侮之。"[18]柏拉圖則認為："在
凡是被定為統治者的人最不熱衷權力的城邦裡必定有最善、最穩定
的管理，凡是與此相反的統治者管理的城邦裡其管理必定是最惡
的。"[19]二者都認為執政者不應熱衷權力，而應將權力僅當作服務社
會，達到大治的工具，其對權力和善治的理念如出一轍。由此可見，
有充足理由在柏拉圖的哲學王治國理念與老子的聖人治國理念之間
劃約等號，而將二者的差異作為互補完善的資源。

　　柏拉圖的哲學王治國與老子的聖人治國不僅理念非常相似，甚
至連被認為是烏托邦的命運也相同。在近現代西方，柏拉圖的哲學

---

17 同上書，第 13 章，第 17 頁。
18 同上書，第 17 章，第 23 頁。
19 柏拉圖：《理想國》，郭斌和、張竹明譯，北京：商務印書館，1986 年，
　　第 289 頁。

王治國幾乎被當作烏托邦的代名詞。近現代的許多中國學者則緊步西方的後塵將老子的聖人治國理念也稱為烏托邦而橫加批判。人類歷史上公認最有靈性智慧的兩位聖人提出的政治理念竟然都是虛幻愚蠢的烏托邦，這似乎與二人的智者身份正好背反。果真如此，則二人都應該被稱為人類歷史上最愚蠢的人，而將二人的政治理念批判為烏托邦的人才配得上智者的稱號。事實卻恰好相反，人類社會歷經兩千多年的考驗仍不能抹去老子與柏拉圖的智者身份，反而持續不斷地從其精神思想中汲取智慧營養；批判者卻如過眼雲煙，沒有人真心認為他們的批判有任何智慧的含量。二位智者的政治理念被淺見者草率地認定為烏托邦，正是因為二人的智慧洞見遠遠超過這些俗人的理解能力。人類歷史上西方的首席智者和東方的首席智者不約而同地提出相似的政治理念，既非偶然，亦不可能同為愚蠢，必含真知灼見。大智若愚，用以形容老子和柏拉圖這樣的超級智者正恰如其分。故將這樣的大智當作愚蠢的人才是真正的愚人。也許，承認自己的智慧不如老子、柏拉圖，虛心學習研究二位智者的治國理念，爭取從中獲益，才是不以愚蠢為傲的現代人應取的態度。

　　其實，如果將“聖人”或“哲學家”還原為具有高度精神、思想、道德、品行、學識和修養的人，將“王”還原為執政者，老子和柏拉圖的政治理念就不僅沒有過時，而且可能具有更重大的現實意義。無論任何時代，只要人類還存在，還有政治治理的需要，社會由具備高標準的精神、思想、道德、品行、學識和修養的人治理就比由這些方面嚴重欠缺的人治理更健康合理，這是顯而易見而且顛撲不滅的硬道理。聖人或哲人治國在傳統社會難以實行，原因並不在於該理念本身的缺陷，而在於當時的政治體制阻止其實現。換言之，如果能夠消除讓聖人或哲人執政的體制性障礙，中國社會仁人志士世代追求的內聖外王理想就能夠實現，人類社會就可能因此獲得最優秀合理的政治治理。

二、現代民主制的弊病

之所以有必要深入研究探討聖人治國理念的現代意義，是因為人類社會迄今為止尚未找到合理完善的政治治理體制，因而不得不在各種弊病叢生的政治體制間彷徨遊移，承受其弊病惡果。近代以來，人類社會實行的政治體制從形式上主要有君主制（包括君主立憲制）、共和制、總統制、議會制等或其中間體和混合體，從體制上則主要有直接民主制、代議民主制、獨裁專制、寡頭專制、政教合一專制等。從政治學角度劃分政治體制，分類方法和類型更是名目繁多，莫衷一是。但就權力分佈實質而言，人類政治體制大致可以分為專制和民主兩大類別以及介於兩者之間的各種流變體和混合體。名義上的政體往往名不符實，故此處只討論實質上的政體。各種形式的專制、獨裁政體大多都剝奪損害多數人的權利而提升維護少數人的權利，所以其不合理性顯而易見。近代以來由於遭到嚴厲批判，各種類型的專制政權都不得不披掛上民主、共和的外衣，自我標榜為民主制，以掩蓋其實質。顯然，這不是人類理想的政治體制。相形之下，20世紀以來在民主化浪潮推動下大行其道的民主制政體則被認為是人類社會政治治理的最佳體制，大有最終取代其他政體的勢頭。至少，除沙特等極少數國家外全世界各國都宣稱自己是民主制國家，可見民主制理念已經深入人心。

民主制的最大優點，是至少在原則上和形式上承認全體人民的天賦人權，給予全體人民自由平等的生活權、所有權、言論權、選舉和被選舉權等等基本人權，一般設計為民有、民治、民享的政體，旨在維護和提升全體人民的權利、尊嚴和社會公正。顯然，民主制如果能真正實現其原則和目標，則是人類社會最正當合理的政治體制。但隨著時間推移，現代民主制的種種缺陷或弊病也暴露出來，因此受到甚為廣泛的質疑和責難。歸納起來，現代民主制的主要弊病和缺陷如下。

1、民主制的決策原則是以多數人的意志為准，但多數人的意見和選擇並不總是對的，甚至可能錯多對少，所謂“真理往往在少數人手裡”。特別是現代政治決策高度複雜而專業，需要普通民眾所沒有的多種高度專業的知識、訓練和長期經驗才能合理做出。讓民眾通過表決來決定他們不懂的國家大事或選擇政治領導人，猶如讓他們通過表決來選定專業醫生的治療方案或在懂醫和不懂醫的各色自稱良醫的人中選擇主治醫生，結果並不比隨機抽選更好。“普遍存在的選民無知，似乎不可避免地意味著運轉失靈的民主。”[20]民主政治還可能受到從眾心理的負面影響，以致嚴重擴大錯誤理念和決策的效應。其極端發展的結果是暴民政治，而暴民政治往往比專制獨裁更糟糕。

2、通過現代民主制選出的未必是最好的執政者，而往往是善於操縱輿論民意的嘩眾取寵者。事實證明，許多民主選舉產生的執政者缺乏治國所需的專業知識和經驗，治理水準低下，道德品行惡劣，嚴重損害國家和人民利益。在此背景下，一些國家的民主制還會被權勢或利益集團操縱，淪為名不符實的虛假民主，就像在現實中經常看到的那樣。

---

20 布萊恩・卡普蘭：《理性選民的神話》，劉豔紅譯，上海：上海人民出版社，2010 年，第 6 頁。

3、相對于中國傳統社會以德治國的理念，現代民主制缺乏內在的道德要求和機制，企圖僅靠法律和制度維持社會秩序，結果是政治道德衰敗，損害了全民的利益。尤其是因為缺乏對執政候選人的基本道德要求和標準，造成道德有嚴重缺陷的人當選，從執政理念和示範效應等各方面腐蝕民主制並負面影響社會，造成社會道德進一步淪落。權力本身就是腐蝕劑，道德水準低下的人與權力結合，造成更加嚴重的腐敗，成為現代民主制無法剷除的毒瘤。

4、各種不同利益團體的代理人在議會政治中相互博弈，明明是最符合全社會利益的最佳方案不能獲得通過，獲得通過的方案往往是多方意見或利益折衷的次佳方案，甚至不倫不類的惡劣方案。民主制決策機構往往忽視民主制為全民利益追求最佳決策的本意，而成為各種利益集團謀求私利的角逐場。由於是公眾決策，無人承擔具體責任，難免造成不負責任的決策。

5、現代民主制一般表現為黨派政治，由兩黨或多黨通過選舉競爭掌權。政黨通常代表和維護部分社會群體或階層的利益，因而其本質是偏頗自私的。結党必然營私。所以政黨掌權，無論是一黨或多黨，都違背民主制全民共有、共治、共用國家權利的初衷，是民主制政治腐敗、不公、決策拙劣、效率低下、社會分裂等多種重大問題的主要根源。持極端立場的政黨甚至可能通過選舉上臺，然後輕易將民主制轉變為專制獨裁制，就像希特勒納粹黨所為。

6、民主議會制決策的程式冗長複雜，許多決策方案久議不決，錯過最佳實施時間，誤國誤民，致使決策和施政效率低下成為民主制的顯著特徵。

7、現代民主制缺乏和降低國民的凝聚力。由於其鼓勵和縱容各種群體的意見和利益申張，自然導致各種群體和集團立場和觀點的對立。各種利益集團的角逐可能升級，造成國民的嚴重分裂，但又缺乏自行彌合的機制。這種狀況嚴重削弱國家力量，破壞社會穩定，進而損害全民的利益。有學者通過論證得出結論："高度的選民政治分裂導致嚴重的政治衝突，而離心型民主政體無法塑造有效的國家能力，兩者的結合傾向于導致民主政體的崩潰。"[21]

8、現代民主制通過競選輪換執政，每期的執政者都有各自的執政理念和政策優先，可能與其前任完全不同甚至截然相反，由此造成國家政策缺乏延續性和穩定性。執政者的執政年數有限，在任期間隨時迫於政績表現、兌現承諾和現行事務等的壓力，主要關注短期目標的實現，造成其高度短視，從而忽視國民的長期和根本利益。

9、以多數人意見為准的現代民主制決策可能忽視和損害少數人的利益，造成實際的不公平，從而違背民主制原本的公平原則。

儘管有以上的嚴重缺陷，與其他政體相比，民主制仍然是現代社會不得不公認的最正當合理的政治體制。因此，人類面臨的選擇不是要不要民主制，而是如何改良民主制，通過修補其缺陷，發揮其優點，使之成為完善有效的政治體制。就此而言，已經有許多哲學家、政治家、政治學家和社會賢達做過大量思考和探討，但迄今為止尚未找到任何合理可行的根治民主制各種弊病的方法。其實，如果能夠擺脫禁錮思想智慧的定勢思維，如果肯從古代聖哲那裡虛心學習，汲取智慧，最完善可行的解決方法就近在眼前。這個方法就是聖人治國（亦即內聖外王或哲學王治國）與民主制的有機結合。

三、聖人治國可以根治民主制的各種弊病

---

21 見包剛升：《民主崩潰的政治學》，北京：商務印書館，2014 年。

　　聖人治國與現代民主制乍看來自不同的時代，似乎風馬牛不相及，但仔細研究就會發現，二者並不相互排斥，其間也並無任何阻礙其有機完美結合的障礙。其實，聖人治國猶如優秀的接穗，既可以嫁接在專制的砧木上，也可以嫁接在民主制的砧木上。與前者嫁接可以削弱乃至消除專制對人民的危害，與後者嫁接則能有效消除民主制的所有主要弊病。因為老子聖人治國和現代民主制的宗旨都是利民惠民，此二者的相容性更強。二者的有機結合可以有多種不同的形式。為論述方便，本節假設以下的結合方式，分五部分構思。

　　1、聖人群體的培養。要實現聖人治國，首先需要培養出聖人群體。實施辦法是國家鼓勵天資聰穎、品行良好、身體健康的少年在完全自願的原則下立志發展成為"聖人"（或稱賢人、聖賢、德才兼備者，或任何將來認為適當的名稱），經選拔後給予合格人選特別的德智體全面良好教育、在職鍛煉和生活磨練機會，使其在成年之後具備卓越的學識、經驗、智慧、精神思想和道德品格，成為治理國家的儲備人才。這些人通過幾個階段的全方位的嚴格教育、訓練、考核、篩選，最後通過評選認定合格者即獲得聖人資格，進入聖人群體。經考核沒有通過的人可以經努力學習修煉後再申請考核，或轉而從事其他行業。為保證聖人按標準和要求有效養成，國家應成立專門的聖人教育指導機構，由資深聖人任導師，負責受訓者的教育、指導、培訓與考核。從現狀出發，聖人群體的養成需要經過從無到有的過程，這可能需要一個相對漫長的過渡期。在此期間需要社會，尤其是執政者和社會上層，對該理念的高度認同、積極推動和鼎力支持，還需要有篤行該理念但尚不完全符合聖人標準的實踐者作為過渡和逐步完善的推動者。在聖治啟動初期，這些人選可能來自高度認同聖治理念、品行優異、學識淵博的身體力行者。

　　2、聖人的標準。聖人的思想品行標準可以參照《道德經》、《理想國》等中外經典中聖哲的要求，結合民主制理念和實際需要制定，並在實踐中逐步完善。內聖外王理念從未真正得到實行，主要原因之一是儒家沒有為聖賢制定明確的標準，以致儒生們普遍忽視修身，而汲汲乎追求為王為官，結果是歷史上極少有聖人產生。因此，制定聖人標準極為重要。有了標準就有了聖賢的衡量尺度和修煉方向，這樣才能聖賢輩出。根據《道德經》和《理想國》等經典對聖哲的描述，聖人需要達到的標準或具備的條件如下，可以參照選擇制定：崇高的精神信仰境界、高尚的道德品行、優異的學識和治國專業水準、敏銳的思維能力、深邃的智慧洞見、超強的行事和治理能力、充分的政治經驗和磨難、高超的處人和溝通能力、健康的身心，穩善的性格，以及尊道貴德、大公無私、公正廉明、仁慈博愛、包容大度、超凡脫俗、清心寡欲、敦厚樸實、忍辱負重、自知自製、誠信守法、不積累個人財產、不追求個人名利、不貪圖享樂、不居功自傲。這些條件或標準絕大多數遠超過世俗標準，有些還違背人的自私等本性，故只有經過從小以來長期的刻苦修煉才能成為其聖人品行素質的內在構成。

　　3、聖人的生活待遇和要求。治國聖人按照老子的定義應該是為天下人利益無私奉獻的人。為保證其公正廉明、無私無偏，聖人及其配偶、家庭都必須做到“不積”，終身沒有私人財產，不事個人名利、欲望和享樂的追求，也不以任何方式與任何個人或群體結黨營私。其所有的生活所需，包括住房、飲食、交通、日用、家政等等，都由國家終身免費供給，但應簡樸適用，不事奢華。因其重要的社會地位和價值，國家負責為其提供最好的醫療和安保服務。柏拉圖在《理想國》中提出的共妻制，事實證明難以實行，即便是柏

拉圖本人也在其後來的《法律篇》中放棄了共妻制，改變為哲學家
"各有其家室"。故聖人可按常俗結婚成家，避免不必要的違反人
性的苦行。聖人的配偶可以是聖人，也可以是經審查品行端正的常
人。無論聖常，婚後均享受聖人的同等待遇，對其要求也同于聖人。
如系常人，結婚成家之後應努力向聖人的思想品行標準靠攏，並不
得干政，不得以任何方式負面影響聖人的工作。如果想進一步消除
聖人偏私腐敗的潛在可能，還可以考慮聖人家庭所生子女一律由國
家按較優標準統一撫養、教育，直至其就業自立，而聖人及其配偶
則放棄對親生子女的監護撫養權。這樣，聖人不僅能免去伴隨自己
撫養而來的操勞、偏愛和利益追求，更能保持對所有民眾及其子女
一視同仁和博愛。此外，聖人還應做到不拉幫結派、不徇私偏向，
主動消除和回避所有可能造成其親友或其他任何利害關係與其所行
使的公權力衝突的因素。

　　4、民主制的改造及聖人在民主制中的作用。為消除現代民主制
的各種弊病，實行聖人治理的民主制政體需要做出一些相應的局部
改造。一種可能的方案是：保留現代民主制通行的立法、行政和司
法三權分立和上、下議院（或稱參議院、眾議院，或任何被認為適
當的名稱）體制，而通過憲法規定國家領導人、政府及其各部門的
首腦、上議院的所有議員及國家其他要害崗位由具備聖人資格的人
擔任。其中政府各大部門的首腦和關鍵職位由普通資格的聖人擔
任，這樣既可提高管理和廉政水準，又可提高聖人的綜合執政能力，
為更高層的決策治理提供成熟的後備人才。成功擔任過部門首腦或
以其他形式具備相應資歷的聖人經過聖人群體內的提名選舉，再經
過選民投票通過後，可以擔任上議院議員。上議院議員全部由資深
聖人擔任，下議院的議員則可從民眾中選出。改革後的上議院應更

多發揮其聖賢、廉明、專業精深等優勢，而下議院則更多代表民眾意向。為提高議案品質和決策效率，可對議會的議事程式和職責分工等做相應改革，如上院對議案的品質和時間負責把關，根據輕重緩急掌控議案的議決時限和內容等。國家元首從資深聖人中選出，程序可以先由上議院醞釀提名，表決產生數倍于全民選舉所需人數的候選人，再經舉國全體聖人投票從中選定供全民選舉的候選人，然後經全民投票最終選定。經全國聖人選出的候選人在全民投票選舉前可以組織競選活動，但競選活動內容基本限於讓選民充分瞭解候選人本人情況及其施政理念、綱領和主張等，不做誇張不實的宣傳，不玩政治遊戲，不對任何社會群體做特別承諾，更不與任何社會群體達成政治交易。競選的費用全部由國家按相關法律規定為每位候選人等額提供，原則是不鋪張浪費，不接受任何個人或群體的捐贈，從而保證候選人完全清廉，與任何個人或群體都沒有利益關聯和偏向隱患。

　　5、對聖人的監督考核。聖人亦人，是人必有弱點、缺點和失足的可能。為確保聖人治國的廉潔清明，除保留三權分立、相互制約和民主法制體系之外，還應設立專門針對聖人的監察制度和機構。該機構由經選舉的資深聖人和德高望重的民眾代表組成，獨立於任何權力機構行使其權力，負責監督考核所有聖人的品行、資格、廉政和執政成效等。發現任何聖人有品行不端、利益衝突、營私腐敗、拉幫結派、怠忽職守、工作嚴重失誤或任何違反聖人準則的行為，輕者該機構委員會經核實後可直接做出警告、記過等處分；重者可交聖人決策領導機構提出彈劾動議，經其表決通過後，取消其聖人資格；違法者還應交由司法部門追究其法律責任。聖人監察機構應全面掌握每位聖人與其親戚、朋友及關係密切者的關係狀況，以及任何可能導致利益衝突、偏向或腐敗的潛在因素，並對此跟蹤監察，以確保萬無一失。

　　類似以上形式的聖人治理的民主制政體（為論述方便，以下簡稱"聖治"）旨在消除現代民主制所有的重要缺陷和弊病。與上文中列舉的現代民主制政體的缺陷弊病逐一對比，可以證明其有效性。

　　首先，對於民主制下多數民眾所做政治選擇未必明智、從眾心理效應和暴民政治等問題，聖治提供了有效的消除辦法。實行聖治後，所有上議院議員、國家和政府及其各部門的首腦都由精通治國之術、道德品行高尚的聖人擔任，從而保證所有的法案和政策都高度專業明智、公正無私，符合全民利益。水準低下、謬誤不智、徇私偏向的法案和政策不可能由聖人們提出，也無法被聖人們通過，更不可能被聖人們執行。民眾或其代表只是在聖人把關的最佳議案或人選之間選擇，即便選擇水準不高也不會造成重大失誤，更不會走向暴民政治的極端。

　　其二，民選的執政者可能有專業知識、施政能力和道德水準低下等問題，實行聖治後將不復存在。聖治提供的所有執政候選人都是聖人，按其培養選拔標準都具有高超的專業水準、施政能力和堪作世人典範的道德品格，因此將從根本上消除執政者素質低下的問題。其中特別重要的是對候選人設置了基本的道德標準門檻，完全杜絕了道德低下者執政。所有獲選執政的聖人都秉公執政，與任何權勢或利益團體均無瓜葛，杜絕了一切權勢利益干政，從而導致徇私偏向、虛偽民主的可能，由此確保民主制的真正施行。

　　其三，民主制缺乏道德根基和腐敗頻發等問題，聖治能從幾個方面予以根治。首先，聖治為參政主政者設立了明確的道德標準門檻，使得大公無私的聖人取代有道德隱患的俗人擔任政府首腦，本身就消除了腐敗失德的主要崗位來源。其次,聖治的本質就是德治,因此執政的聖人們自然會按照嚴格的道德和清廉標準施政,指導和要求下屬,推動和監督政務,從而實現道德和政治的有機統一。上行下效,作為執政者的聖人以自身的高尚道德品格作為典範感召下屬和世人,公眾必然受其影響而自然效法,由此將導致吏治和社會風尚從根本上改觀,重德清廉因此將內在地成為政治和社會的基本規範。再次,道德品格高尚的聖人將以群體的方式自上而下全面影響政治和社會,而非作為個別人的孤立行為,故對於政風和民風的影響必將全面而徹底。

其四,民主議會體制下的利益群體博弈造成立法決策拙劣等問題,在上議院全體議員由聖人擔任後將無從發生。聖人按其立身準則既不代表,也不偏向任何利益群體,只圖為全民利益做出最佳決策。利益群體在上議院、國家和政府高層都沒有了代理人,也就沒法繼續為自身利益博弈。特別是上議院對議會所有的議案品質和公平把關之後,所有議案都將是事關全民利益的高水準議案,偏向群體利益的拙劣議案得以產生的幾率遂降為零。民主議會制也將因此擺脫利益集團博弈亂局,回歸到為全民利益決策的初衷。

其五,民主制下的政黨競選掌權及隨之而來的弊病,聖治實施後將自然消失。執政者和上議院議員完全從聖人中選出,聖人既不參加,也不依靠,更不偏向任何政黨。政黨失去了左右和影響政治的能力,就失去了存在的意義,可以就此壽終正寢。政黨政治的所有弊病也將隨之消失。極端性政黨改民主制為專制的路徑更是被完全堵死。

其六,民主議會制決策效率低下的問題,實現聖治後也會基本解決。議案久議不決,大多因為政黨或利益群體博弈扯皮。該現象消失，全體議員關注全民共同利益的正氣確立，並有上議院負責監控提升議會效率之後，民主議會制的立法決策效率將大幅提高。議會還可以制定議事規則，根據輕重緩急限定法案議決期限，禁絕拖遝。

其七，同理，民主制缺乏內在凝聚力，易於造成國民分裂的問題，也會隨聖治的實行而消解。聖治取代政黨和利益群體博弈政治之後，造成立場對立的黨派、群體或團體及其角逐分裂動力均告消失，國民的分裂從此無由產生。

其八，現代民主制缺乏政策延續性、穩定性以及短期眼光決策等問題，將隨聖治的實行而自然消除。聖人治國的基本宗旨就是維護和提升全民的根本和長遠利益，故而聖人群體的連續執政可以消除短期眼光決策等問題。聖治取代黨派競選輪流執政後，造成政策缺乏延續性和穩定性的大部分原因隨之消失。此外，聖人群體都是以維護全民根本和長遠利益為宗旨，很大程度上對於政策的取向和優劣有長期共識，政權在志同道合的聖人之間繼承接任，可以充分保證政策的延續性和穩定性。

其九，民主制下少數人的利益可能受到侵害的問題，實行聖治後隨著多數派當選掌權機制的取消將自然消失。

由此可見，聖治對於現代民主制的種種弊病不是頭痛醫頭、腳痛醫腳，做表面的治療處理，而是從根本上清除所有這些弊病及其滋生根源。此外，與以往認為的內聖外王或哲學王治國觀念不同，聖治不是由單一"聖人"或"哲學家"為王執政，而是由源源不斷的眾多聖人形成的群體執掌國家、政府、上議院和其他最高權力部門的權力。這不僅保證從根源上和整體上消除現代民主制的各種弊病，而且還從體制上保證執政者隨時有充足的合格備選者和後備繼承團隊，徹底消除了困擾人類各種政體的繼承延續問題。同時，聖人的少私寡欲、知榮守辱準則和素養還能防止備選者野心膨脹，為掌權而惡性競爭。這些都為聖治的長期穩定奠定了牢固的基礎。在全球化背景下，聖治不僅可以是世界各國的優秀政治治理模式，而且可以為人類將來的全球治理提供可行的優秀模式。

四、聖人治國的可行性

聖治的作用和好處顯而易見，尚需審視的是聖治是否可行。一種政治理念如果不具可行性，那麼再好也是沒用的。聖治的可行性可以分為以下幾個方面來考察：聖人群體是否可能培養產生？現代社會能否允許聖人執政？聖治是否也會被視作烏托邦而遭冷落？

首先，聖人及其群體是否可能產生，主要取決於是否有足夠數量的合格者願意為此無私奉獻。人類歷史上，古今中外為某種崇高理想而放棄世俗利益，無私獻身者大有人在，如佛教的虔誠僧侶、基督宗教的傳教士、中國共產黨的早期先烈、為保衛祖國而英勇獻身的愛國者等等。內聖外王理念雖然被一些人視為烏托邦，但直至近代其崇高理想仍深入人心，是許多仁人志士畢生追求的理想。有理由相信，在成為聖人的崇高理想鼓舞下，在執政為民的高尚職責感召下，自願犧牲一己之私而為此委身者應該大有人在。何況聖人需要做到的只是大公無私，寡欲無產；與上陣士兵相比，既無喪命之虞，也無致殘之險，自我犧牲程度其實小得多。只要仍有人願意為國參戰犧牲，就沒有理由相信無人願意為聖治國。此外，實現聖治只需要為數有限的聖人擔任國家和政府首腦等要職，絕大多數公務員還是由普通人擔任，故需要做此犧牲的人數也十分有限。

　　聖人群體是否可能產生，還取決於現代社會是否願意為此提供培養的條件。聖治的得益者是全民、全社會，聖治符合全社會的最大利益。故從理論上講，現代社會沒有理由不全力支持和推動聖治，並為聖人群體的產生提供一切需要的條件。其實，社會需要為此付出的代價非常有限，而得益卻大到難以用數字衡量。如果現代社會對此踟躕不前，可能的原因是仍困在定勢思維的藩籬中，沒有認識到聖治的可能和優越性，或者仍在現行政體的弊病泥潭中掙扎，無暇他顧。

　　聖治能否實現，關鍵在於現代社會是否能夠允許聖人執政。要合理回答這個問題，首先需要瞭解為什麼古代社會不能讓聖人執政。古代社會政權一般都是靠暴力奸詐奪得，繼而通過世襲制傳給後代；政權被視為私家所有，所以絕不可能讓給聖人執掌。人類經文明進化以後，近現代情況已大幅改觀：民主制的實行意味著搶到天下就是王的方式已將結束，從而消除了政權由暴力取得和家族世襲傳承這些阻止聖人執政的主要障礙。民主制下政權更迭靠民主選舉，其根本原則本應是德才兼備、無私為民者當選執政，而事實上這一原則往往並未得到遵守。聖治所能做到的是真正實現民主制的這一原則，消除民主制難以治癒的種種弊病，使政治治理臻於至善。因此，現代社會能夠為自己做的最好的事就是讓聖人通過民主選舉執政。當然，儘管已經沒有任何重大障礙，但現代社會能否最終選擇聖治，還取決於其對聖治理念和優點的充分認識和接受。這可能需要一個過程。

　　既然聖治優勢明顯，為什麼老子的聖人治國和柏拉圖的哲學王理念均被視作烏托邦而遭冷落？聖治是否也會落到同樣的命運？為防重蹈覆轍，有必要考察聖人治國被視作烏托邦的原因及其與聖治的差異。本質上講，聖治就是聖人治國理念與現代民主制相結合的產物。聖治與古代聖人治國的最大差異是，現代民主制具備了允許聖人通過選舉執政的條件而古代則否。主要是這個差異，即古代社會不具備讓聖人執政的條件和可能，使得聖人治國看起來像沒有可行性的烏托邦。其次，古代社會裡"聖人"或"哲學家"沒有明確標準，為之修煉培養的努力嚴重不足，對其的一些要求過於苛刻或難以實行，此等原因致使真正成聖者極為稀少，也是造成其被束之高閣的原因。此外，聖人和哲學王以往都被理解為單數，單人執政必然引發對選擇何人、如何選擇、是否會導致獨裁以及繼承延續等一系列問題的質疑，削弱其可信性，令其看起來更像烏托邦。這些問題在本文第二節假設的聖治框架下都可得到完全解決。由此可見，聖治不僅完全可行，而且是人類政治治理的最佳選擇。現代人如果仍秉持對聖人治國和哲學王理念的偏見，草率地將聖治視為烏托邦而不肯正視和嘗試，滿足于仍在現有政體泥潭中掙扎，就無異於"大愚若智"。

　　民主制等現代政體無不倡導和推行為政清廉、公平高效，為何只有聖治可以真正消除腐敗、低效、無能、不公等弊病？關鍵在於聖治不僅倡導,而且從體制和執政者素質要求上徹底消除了執政者營私腐敗、低效、無能、不公的根源。通過聖人準則和制度規定保證執政的聖人沒有資產、沒有私人利益追求、不拉幫結派、品行高尚、無私寡欲，其工作、生活、行為、資產狀況都公開透明，自願接受全面監督，就從根本上切斷了權錢色利對執政者的腐蝕，消除了徇私腐敗、偏向不公的可能。通過畢生的優秀教育、嚴格修練、刻苦磨難、選拔淘汰等過程保證執政的聖人都是最優秀、最有治國能力的精英專家，就從根本上消除了無能、低效等政治頑疾。沒有這些對體制和人員實質性的根本措施，廉政公平、專業高效就可能永遠流於空談，腐敗、低效、無能、不公就永遠不能根除。

究其根本，聖治就是通過少數社會精英自願做出一定的自我犧牲，為全民無私服務，以換取政治治理的高質、高效和清廉，從而走出現代民主制的弊病陷阱，實現全民利益的最大化。這些犧牲是有限的，自願做出的，也是人類社會政治以最小代價換取最大利益的有效途徑。從另一方面講，對於甘為聖人者來說，為聖治國未必就是一種痛苦的選擇。最可能的是，成為最受公眾尊重敬仰的聖人，從事無私治國的高尚工作，將成為傑出青少年夢寐以求的至高願望，也是聖人們畢生追求的實現自身生命意義的最佳選擇。當然，這並不是說實現聖治輕而易舉，沒有任何障礙，而是說聖治經過社會的認同和努力是可能實現的。人類社會如果不實行這樣的改革，不付出這樣的最低代價，就只好在現有政體的弊病泥潭中掙扎，永無出頭之日。

以上只是聖治的一種構想。聖治當然也可能採取對聖人要求標準更低，也更容易做到的其他方式實現。但需要衡量取捨的是，對聖人的要求越低，越容易做到，聖治的專業、效率和道德水準就越低，聖治達不到其既定目標的可能性就越大。許多現代民主政權可以看作是對“聖人”要求過低的案例，其執政者因遠達不到執政需要的道德和專業水準而致使其政治弊病重重。一般來說，對聖人的要求高低與聖治效果的優劣呈正比關係。這是決策者不得不考慮的現實問題。

以上的討論主要圍繞聖人治國與現代民主制的結合，憂國憂民的本國精英可能更關心的是聖人治國是否可能與我國現行政治體制結合，從而改進我國的政治治理。如前所述，聖人治國猶如優秀的接穗，可以嫁接在任何政治體制的砧木上而改進其治理。事實上，聖人治國與我國現行政體結合，有許多別國沒有的天然優勢。首先，聖人治國暨內聖外王的理念源自我國傳統文化，並始終作為我國社會政治治理的最高理想而深入人心，有天然的國民接受基礎。在近代西方文化替代華夏傳統以前，中國傳統教育的基本理念就是聖賢德治教育，而傳統政治理念就是修齊治平聖賢執政。所以聖人治國對國人來說並非創新，而是傳統理念的復興。其二，中共建國初期，其政治治理在許多方面其實繼承仿效了聖人治國的理念，其表現不勝枚舉。例如，黨政工作的宗旨被標示為"為人民服務"；官員被稱為"人民公僕"；官員的守則是"全心全意地為人民服務，一刻也不脫離群眾，一切從人民的利益出發，而不是從個人或小集團的利益出發。"[22]周恩來之所以在民間獲得巨大威望，正是因為其品格形象是依照傳統聖人的標準塑造宣傳的，與上文中的聖人標準高度相近，故而與民眾的期望產生共鳴。因此，實施聖人治國，對於執政黨來說並非標新立異，而是恢復運用早期獲得民心的治理經驗，將其執政理念真正付諸實踐。其三，我國現行政體也面臨嚴重的官場腐敗問題。反腐倡廉、政紀整頓從未停止過，但因治標不治本，腐敗問題卻越來越嚴重，亟需找到有效的根治方法。而聖人治國就是最合理可行的從體制和根源上徹底消除腐敗的方法。其四，我國現行的執政者培養和政權交替方式在很多方面與聖治的人員培養和交替方式相似，故從現行體制向聖治過渡不需做重大的變動。實行聖治所需的主要改變是對遠期執政後備人選設置更高的精神品格和學養才能標準要求，並要求其放棄積累財富和一切可能造成腐敗不

---

22 毛澤東：《毛澤東選集》，北京：人民出版社，1960 年，第三卷，第 1094 頁。

公的根源性因素，真正成為大公無私、全心全意為人民服務的共產主義精英，而這原本就是中共的執政理念和口號。因此，這樣做不僅不會絲毫有損於執政黨的宗旨、地位和利益，而且可以令現有難以解決的各種政治問題，包括腐敗問題，迎刃而解，並大幅提高執政黨的治理水準和聲望，讓執政黨獲得其亟需的民心及政治合法性。此外，這些改變只要求未來執政的後備群體從獲選進入"聖人"培養序列伊始就自願放棄追求個人利益，而不衝擊影響現行執政群體和近期接班團隊，從而避免了重大利益衝突和阻力。執政黨將來如果有意進一步向民主制過渡或增加民主因素，也會因候選人員全部來自其內部長期培養的聖人團隊而保持可控性，並能因此保持政治理念和政策的穩定性和延續性。

中國本土宗教對人類文明的潛在
貢獻及其改進空間[1]

　　中國本土宗教具有與亞伯拉罕宗教迥然相異的模式，這一點被現代國人廣泛忽視。近代以來，國人盲目接受西方宗教觀，以基督宗教的模式定義和改造本土宗教，不僅造成大量錯誤和混亂認識，而且掩蓋了本土宗教的獨特優點。由於缺乏對中國本土宗教文化特點的深刻認識，自然難以發揮這份文化遺產對全球化人類社會彌足珍貴的潛在作用。這對面臨全球化整合重大挑戰的人類來說無疑是一大損失。如果不甘坐視這份文化遺產被埋沒荒廢，惟有對中國本土宗教文化重新認識、深入發掘。而成就此舉的最佳途徑可能是摘掉西方中心論宗教觀的有色眼鏡，還中國本土宗教以本來面目，客觀研討評估其優缺點並據以改進發展，以發揮其潛在的積極作用。

　　本文所謂本土宗教，系指以儒道佛為主體的本土宗教。其中佛教雖然起源於印度，但經過在華夏大地約兩千年的演化發展，已經充分本土化，有足夠理由也被稱為中國本土宗教。

---

1 本文是中國社科院世界宗教研究所與雲南省佛教協會於 2016 年 1 月聯合舉辦的《首屆南傳佛教高峰論壇》參會論文，原載於該會議論文集，後被《中國民族報》收載於 2016 年 4 月 19 日版，總第 1530 期。轉載時編輯將論文標題更改為"正確認識中國本土宗教文化對世界和平的價值"，並有所刪減。

一、中國本土宗教模式的特點

　　在現代人心目中，道教、佛教等中國本土宗教與基督教、天主教、伊斯蘭教等外來宗教幾乎可以等量齊觀，都是具有組織建構、教義教規、入教信徒，獨立甚至對立於其他宗教和世俗社會的宗教。從官方、學界、教界到民間，幾乎都將此當作與生俱來、天經地義的事。殊不知，這種現狀是近代社會盲目接受西方宗教觀，按照基督宗教模式改造本土宗教及其觀念後的產物，中國本土宗教原本並沒有亞伯拉罕宗教那樣的組織建構、教義教規和入教信徒，也不獨立或對立於其他宗教和世俗社會，而是以一種完全不同的形式存在的宗教。因此，要瞭解中國本土宗教何以可能對人類文明做出特別貢獻，首先必須認清中國本土宗教有別於亞伯拉罕宗教的特點。

　　中國本土宗教模式與亞伯拉罕宗教模式大相徑庭的現象從上世紀六十年代起開始被一些宗教社會學者覺察。美籍華裔社會學家楊慶堃在《中國社會中的宗教》一書中就將中國本土宗教歸類於彌漫性宗教，以別於基督宗教那種 "有自己的神學、儀式和組織體系，獨立於其他世俗社會組織之外" 的建制性宗教。他指出，中國本土宗教雖然在多數情況下沒有獨立於世俗社會的建制性結構，而是無所不在地彌漫於包括政治、社區、家庭、文化、思想意識在內的中國社會的各個層面， "其神學、儀式、組織與世俗制度和社會秩序其他方面的觀念和結構密切地聯繫在一起" 。[2]

　　宗教學是從十九世紀末以來在以基督教為背景的西方社會強盛時期發展起來的學科，故而不可避免地印有基督宗教的深刻烙印，

---

2 楊慶堃：《中國社會中的宗教》，範麗珠等譯，上海：上海人民出版社，2007年，第 35 頁。

帶有西方中心論的色彩。其實，建制性的基督宗教僅是人類各種宗教信仰的一種特殊形式，與人類大多數宗教信仰模式並不相同，但源自西方的宗教學借助西方文明當時所處的強勢地位使得以基督宗教為模式定義的宗教成為界定、研究和認識宗教的唯一標準和話語體系。當這種以偏概全的定義和學術體系被運用到亞伯拉罕宗教盛行區域以外時，就造成嚴重的認識混亂。清末民初以來，我國一些主流知識份子不加甄別地全盤接受西方宗教觀，全面否定本民族傳統文化體系，視而不見我國廟宇、神壇星羅棋佈，宗教現象無處不在的事實，做出"中國是個沒有宗教的國家，中國人是個不迷信宗教的民族。"[3] "中國人宗教意味淡薄，中國文化缺乏宗教"[4]之類的錯誤結論，同時認為儒道佛都不是宗教，中國即便有宗教，也是劣等宗教或封建迷信，應予以取締消滅。這類以西方中心論為主導的觀念，在後續政治運動的推動下，塑造了中國現代社會最初的宗教觀；經過數代人的潛移默化，在中國社會中已被視為理所當然。

　　如果摘掉西方宗教觀的有色眼鏡，客觀考察研究，就會發現中國宗教絕非不存在，而是以不同於基督宗教的形態存在。西方宗教學通常認為，構成一種宗教必須具備的基本要素是教義、教規、建構性組織和教徒。而中國本土宗教既沒有完整和獨立於世俗體系的神學教義，也沒有統一的教規，更沒有基督宗教那樣的建制性教會組織，甚至沒有西方意義上的教徒。如果以西方中心論的宗教定義衡量，確實構不成宗教。無怪乎盲目全盤接受西方宗教觀的學者們或聲稱中國沒有宗教，或致力於按基督宗教模式詮釋和改造本土宗教。中國本土宗教至少在以下幾個方面有其自身特點，與亞伯拉罕

---

3 胡適："名教"，《胡適文存二集》，上海：上海亞東書局，1928 年，第 91 頁。
4 梁漱溟：《中國文化要義》，上海：學林出版社，1987 年，第 111 頁。

宗教迥然有別。

　　1、雖然沒有完整獨立的神學教義體系，但其神學充斥彌漫於中國的思想、學術、價值、倫理和文化之中，與之融為一體，密不可分。

　　2、雖然沒有獨立於世俗社會的建制性信眾組織，以西方觀念看似無形，但卻彌漫於中國的家庭、宗族、行會、社區、群體、社會、政治等一切方面，與之混為一體，無所不在。

　　3、雖然沒有西方意義上的信徒，但古代社會中幾乎所有國人都崇尚以天為至上，以眾神和祖宗靈魂為從屬的超自然信仰，所以幾乎人人都是信仰者。如果一定要講宗教信眾組織，那麼整個中國社會可以被看作本土宗教的超級信眾組織。

　　4、佛、道三教合一，並與本土原生宗教一起不僅彌漫於中國社會的方方面面，而且相互彌漫，彼此之間沒有亞伯拉罕宗教教派之間那樣清晰的分野和對立關係，渾然一體，難分難解。尤其是在民間信仰實踐層面，相互之間密不可分，你中有我，我中有你，一定程度上共用一個神學體系，共用大多數宗教元素，共有信徒。

　　5、有別於西方社會的神聖與世俗二元分離，基督宗教作為一種"外在"力量影響世俗社會，本土宗教始終作為中國社會"內在"的有機組成部分發揮其價值和社會功能，更加全面地影響社會。儒、佛、道和本土原生宗教相互合流，融入中國人的日常生活，共同承擔了中國社會精神信仰的各種功能，維繫了中國社會的倫理秩序。一定意義上講，中國古代社會可以說是以非建制性傳統宗教為基礎形成的精神、信仰、價值、倫理、文化共同體。

　　6、中國本土宗教最有價值的重大特點是多元包容性，與亞伯拉罕宗教強烈的絕對性和排他性形成鮮明對比。不僅儒、佛、道和本土原生宗教能相互包容、和而不同、和合共生，在歷史上還接納包容過基督教、伊斯蘭教、猶太教、祆教、摩尼教等多種外來宗教。

由此可見，本土宗教有與亞伯拉罕宗教截然不同的存在形式和特點，絕非以建制性基督宗教為範式的西方宗教學所能正確詮釋。為了客觀深入研究認識本土宗教及其內在價值，必須放棄植根於西方中心論的宗教觀，糾正其所造成的偏差和誤導，而代之以全面客觀的宗教觀和研究體系。

二、中國本土宗教模式對人類文明與

世界和平的潛在貢獻

由於受西方中心論宗教觀的壓倒性影響，近百年來，本土宗教要麼被否認其宗教身份，要麼被視為劣等宗教，其優點和價值因此難以得到充分認識和發掘。一種宗教文化模式能在華夏這樣的文明古國歷經數千年不衰，而且被周邊國家廣泛採納和繼承，必有其內在的價值和生命力。對中國本土宗教文化的價值和功能深入研究、認識和發掘，使之服務於全球化時代的人類社會，是中國宗教界和學術界一項長期而有意義的使命。

全球化時代是全球走向一體化的時代，亦即人類走向共同體的時代。這是一個充滿變數、動盪和風險的時代。人類多元民族和社會快速擠入正在形成的狹小的地球村，不可避免地會發生多重碰撞、衝突和融合。人類既有順利融合實現大同世界美好願望的機會，也有因不能妥善處理文明衝突而毀滅的風險。如何消解文明衝突、避免戰爭威脅、維護世界和平，是對人類最大的挑戰。應對這項生

死攸關的挑戰，人類迄今尚未找到有效的方法，因此亟需尋找到應
對挑戰的資源和借鑒模式。

　　與全球化人類多元社會相似，數千年來的中國社會始終是多元
融合的社會，其間不僅有數百個民族融入其中，而且有大量不同的
宗教信仰隨之融入；不僅有儒、佛、道和本土原生宗教的相互融合，
而且有世界大多數主要宗教的融入。其結果是發展演化出多元通
和、和而不同、和合共生的包容性信仰模式和理念。歷史反復證明，
這種信仰模式不僅能有效化解多元宗教的矛盾衝突，而且可以為多
元社會的和諧、穩定、和平提供精神和價值基礎。全球化的人類社
會是一個擴大的多元融合社會，與中國多元社會有著相似的需求和
挑戰。因此，本土宗教這種不重建制、多元包容、求同存異、與社
會融為一體的信仰模式經過改良可能正是有效化解全球文明衝突，
使人類得以和合共生的優秀信仰模式。

　　人類共同體的成功形成，不僅需要在政治、經濟、科技等硬體
領域形成共同體，更重要的是在精神、信仰、價值、倫理、文化等
軟體領域形成共同體，否則就會因缺乏精神信仰的引導、價值倫理
的支撐和文化的黏合而難以成功。維護人類社會的和平，也不僅需
要在戰略、策略和反戰方法等淺層次謀求，更應該從信仰、價值、
倫理、文化等意識形態的深層次築基和鞏固。深入研究證明，人類
各民族的精神、價值、倫理和文化莫不源自其宗教信仰並以其為基
礎。因此，本土宗教這種多元通和、和而不同、和合共生，融會貫
通精神、信仰、價值、倫理和文化的模式經過改良可能在以上多領
域同時為人類共同體的形成做出重大貢獻，成為化解文明衝突，維
護世界和平的重要資源。

　　本土宗教缺少建制性組織在許多人看來是需要補救的一大缺

陷，但從人類和合共生的角度來看也許倒是一大優點。據 W. C.史密斯等西方著名宗教學者的考證，建制性宗教是近代以來基督宗教為了辯論護教而派生的產物，導致了概念混亂、對立排他等不良後果。[5]亞伯拉罕宗教由此而來的建制性是宗教排他、對立和衝突的主要根源，未必值得其他宗教羨慕和效法。宗教的核心是信仰，因此宗教的外在形式應當為信仰服務，而非相反。當一種宗教形式不利於信仰真諦的實現、危害人類生存時，對其放棄或改革是正道，否則就會本末倒置。對人類共同生存發展的最大威脅是人類各種組織或群體之間的隔閡、對立和衝突，其中特別重要的是宗教間的隔閡、對立和衝突，亦即亨廷頓所謂文明衝突。多數情況下，隔閡、對立和衝突隨建制性組織實體的加強而加強，因此非建制性宗教可能是消除宗教間隔閡、對立和衝突的最有效途徑。縱觀人類歷史，非建制性宗教如本土宗教更可能是人類宗教信仰存在的自然和主要模式。這種模式可以避免或消除宗教對立排他和文明衝突，所以應被視為一種優等模式，而非被認為的劣等模式。近年來，歐美社會建制性宗教信徒人數不斷大幅衰減，而無歸屬信仰者人數持續上升，也許預示宗教信仰模式向自然狀態的趨勢性回歸。

　　人類世界每個民族都有其宗教，此外還有若干世界性宗教。為什麼說中國本土宗教更能促進世界和平，可以為人類文明做出特殊貢獻？做此宣稱是否有民族自傲、夜郎自大之嫌？深入考察，就會發現此論並非民粹主義的盲目自尊之言，而是有著深厚的歷史根據和內在的邏輯基礎。其主要原因有以下三點。

---

5 參見 W. C.史密斯：《宗教的意義與終結》，董江陽譯，北京：中國人民大學出版社，2005 年。

　　首先，本土宗教是以儒道佛為主體的多元包容系統，而非像亞伯拉罕宗教那樣是單一宗教的排他性體系。如前所述，這個系統從形成伊始就不得不應對多元社會、多元宗教文化共存的挑戰，以致其在數千年中演進發展出一套行之有效的多元宗教共生模式和理念，能夠有效維護多元宗教和多元社會的和諧、穩定與和平。全球化的人類社會類似于傳統中國多元社會，是一個更加多元的社會，有更多元的宗教信仰，因此中國本土宗教的經驗和模式特別有助於人類社會應對全球化帶來的問題和挑戰，更適合全球化的人類多元社會。

　　其次，本土宗教集宗教信仰、精神、價值、倫理、文化、社會功能於一體的混合模式有利於全方位推廣多元包容、和平和諧理念，使之深入人心，貫穿于人類行為。人類各民族的精神、價值、倫理和文化都源自其宗教信仰並以其為基礎，因此以本土宗教的混合模式推廣發揮本土宗教的多元包容理念，可以使之同時融匯於人類的精神，貫穿於人類的價值理念，體現于人類的道德倫理，展示于人類的文化，從多維度使之流行大化，有效促進世界和平與人類文明。

　　最後，本土宗教的彌漫性特點使之能夠內在于人生和社會發揮作用，較之西方宗教的神聖與世俗二元分離能夠更加全面深入地影響人心和行為，更加有效地將其和平包容理念推廣到全世界，特別是在西方社會建制性宗教信徒趨勢性地轉變為無歸屬信仰者的時代。亞伯拉罕諸宗教通常是作為獨立於世俗社會的體系從外部影響社會，而中國本土宗教作為彌漫並內在於世俗社會的不成形系統，可以令"百姓日用而不知"，所以能比亞伯拉罕宗教更加全面、內在、深入地影響人心和社會。

三、中國本土宗教的改進發展空間

毋庸諱言，中國本土宗教雖然有以上重大優點，但與亞伯拉罕宗教相比，也有諸多缺點和改進發展的空間，不能因對其優點的肯定而被認為盡善盡美。在如何對待中國本土宗教問題上，國人曾有全面肯定、不容置疑和全面否定、一無是處兩種極端的態度。如果不抱成見，而是本著建設性態度對待這份民族精神文化遺產，則應該擯棄這兩種極端態度，而代之以理性、客觀的研究探討和主動改進的努力，以使其揚長避短、臻于完善。為此，茲就本土宗教的主要缺點及其改進空間做初步討論。

1、本土宗教飽受指責的缺點是"怪力亂神"眾多，巫術方術殘留隨處可見。所謂"怪力亂神"是指各種巫術、方術和人為製造的偶像神，從孔子以來就為知識精英們所不齒，近代以來更被西人和西化之人詬病。這種現象的產生與本土宗教發展不充分固然有關，但更主要的原因是古代皇權的專制霸道和扭曲。著名宗教學家伊利亞德通過對人類多數民族的研究揭示，"天"是人類所有民族都認識到的終極至上神，世界所有主要宗教的終極至上神都是從"天"演化而來。[6]中華民族自顓頊"絕地天通"以來，或至遲自有文字記載的商周以來，就明確而始終一貫地將"天"奉為至上的信仰崇拜對象，說明中華民族的宗教認識和實踐早就達到高深境界和水準。正因為"天"的至上性，中國歷代皇帝壟斷了對"天"的崇拜，禁絕所有他人直接信仰崇拜"天"，從而獲取其專制統治的神聖合法性。為填補"天"被壟斷造成的信仰對象空白，皇權以官封方式大

---

6 米爾恰・伊利亞德：《神聖的存在》，晏可佳等譯，桂林：廣西師範大學出版社，2008 年，第二章。

量造神以供民間替代信仰，民間也不斷效仿造神以待獲得官方認可加封。這種扭曲的格局持續兩千多年，使得中國社會造神運動蓬勃、人造的"怪力亂神"充斥、神學思想混亂，對"天"的信仰反而淡出民眾的視野。對於理性思維水準較高的人來說，怪力亂神容易被證偽，故不作為信仰的對象。孔子"不語怪力亂神"，卻虔誠敬天，正是其對超越者理性認識高深的表現。其實，"不語怪力亂神"者何止孔子，老子、釋迦牟尼乃至人類歷史上大多數對超越者有深刻認識的宗教家和思想家都"不語怪力亂神"。近代僧人太虛法師在其佛教革命主張中甚至明確提出消滅"鬼神信仰"。其實，"怪力亂神"是人類社會在低級發展階段的必然產物，在一定時期有其存在的歷史條件和需要。對於其已經形成的信仰傳統和慣性，既不可能也不應該人為取締，待社會進步和認識水準提高之後，自然會衰減。此外，對天的壟斷已隨中國皇權的終結而終結，直接信仰"天"的特權和便利對所有人開放，重新樹立對"天"的直接信仰遲早會造成對"怪力亂神"信仰的衝擊和削弱，教育的普及和公眾理性思維能力的提高則可能意味著更多人的信仰從"怪力亂神"轉向上天。

2、本土宗教的另一常被批評的缺點是缺乏系統的神學思維和理論發展，沒有完整的神學教義，也沒有獨立成型的神學體系。這種狀況的形成有其特殊的歷史條件和原因，在中國古代社會很難斷然說是缺點還是優點。中國人特有的整合性、籠統性思維方式致使傳統社會中神學與思想、學術、政治、倫理等理論混為一體，大幅降低了對神學理論的特別關注和發展構建。天人合一的思維模式貫穿於大多數人的思想，以致幾乎所有學術著作都是從天談到人，鮮有神學專著。這種狀況適合華夏當時農耕社會的條件和需求，但在知識和教育高度發展普及、學術分科細緻的現代社會，也暴露出許多問題，顯然不再能適應現代社會的需求，特別是與神學思想發達的世界其他主要宗教相比。自軸心時代以來，以老子、孔子、墨子為代表的聖人就為本土宗教貢獻了許多深刻的神學洞見，留下寶貴的神學遺產。現代國人如能潛心研究、繼承和發展這些洞見和遺產，並能學習借鑒世界其他主要宗教的神學理論精華，應該能發展整合出適合現代社會需求的優秀神學體系。

　　3、本土宗教被經常提及的另一缺點是信仰理念混亂，不專一純真。其實，這正是人造神充斥、神學體系不完整、神學理論混雜的必然結果，與上一缺點密切相關。近代以來，這種現象與各種西方偏見混合作用，造成現代社會對宗教信仰的認識更加混亂，乃至發展成為宗教危害的溫床。"信仰"原本應是宗教的專門用語，被信仰的對象必須具有超越性和神聖性才值得以敬畏仰望的態度去信奉，而真正具有神聖性和超越性的只有上天或超自然。人神雜糅、信仰對象和理念的混亂使得現代社會輕易將毫無神聖性、超越性可言的世俗事物、個人、思想、主義等等當作信仰的對象而不覺其謬，不僅造成信仰不專一純真，而且容易使宗教熱情被邪教或別有用心的人利用，成為危害信徒和社會的重大隱患。此類例證和教訓不勝枚舉，應當引起警惕。因此，很有必要加強神學理論構建，澄清信仰理念，引導宗教發揮其正面作用，而避免其負面作用。

　　4、迷信嚴重是本土宗教最受詬病的另一缺點。其狀況如此顯著，以致新文化運動以來的一些主流學者認為中國只有迷信，而無宗教。站在另一極端的是盲目的護教者，他們認為本土宗教的所有一切都神聖而不容置疑，迷信與宗教信仰並無區別，都在應尊重保護之列。其實，這兩種極端觀點雖然嚴重對立，但都犯了將迷信與宗教信仰劃等號的錯誤。迷信是對於毫無根據或明顯謬誤的事物的盲目相信和崇拜，而信仰則是對超越者或宇宙未知的敬畏和理性信仰；前者是諸多宗教負面作用的溫床，後者則對人類社會有重大的積極作用。二者看似相同，卻有天壤之別，不能混為一談。本土宗教多迷信的原因主要是農耕社會民間知識教育水準普遍低下，加之專制皇權的扭曲造成宗教認識水準低下混亂。現代社會中滋生迷信的土壤逐漸消失：社會發展，民眾的知識教育水準大幅提高，皇權消失，政治對神學的扭曲已改變性質。因此，只要理順政治與宗教的關係，建立理性的信仰理念，迷信必將逐漸減少。迷信在中國社會中雖然已是司空見慣，但並非無傷大雅。迷信是諸如邪教、個人崇拜、宗教欺詐、宗教戰爭、宗教極端主義、恐怖主義等各種邪惡事物的溫床，潛在危害巨大；不僅損害宗教的內涵與形象，還危及信眾和社會。中國社會對其危害應有足夠的認識和防範。

　　5、本土宗教被詬病的另一缺點是精神超越度低、現世性和功利性強、不重精神信仰而重靈驗。其原因固然可追溯到皇權專制扭曲、神學體系不完整、信仰理念混亂，但百年以來對宗教的打壓否定、宗教在擠壓下的扭曲蛻變、嚴重的世俗化和物質主義的盛行等不可否認地加重了這一缺點的表現。其後果是突出了宗教的負面作用，而壓制了宗教信仰原有的積極功能。困擾現代社會的精神空虛、信仰缺失、道德衰落、拜金主義、宗教世俗化蛻變等等都與此有著密切關係，只能通過理順政教關係、樹立對宗教的客觀認識和通識教育、給宗教以正常的生存空間、開發宗教的積極功能等措施加以矯正。

　　6、上述各種缺點的共同作用還造成本土宗教在民間的倫理取向薄弱，有時甚至看來與社會道德幾乎無關。宗教最主要的社會功能之一是通過精神信仰促成道德自律，並為社會道德提供基礎和支撐。缺乏倫理取向就喪失了宗教的一項最主要積極功能，也大幅降低了本土宗教的價值。特別是在道德嚴重衰敗且治理乏術的當今社會，不能發揮本土宗教的強大道德教化功能以醫治時疾，淨化社會風氣，實在是對寶貴傳統資源的重大浪費。

　　以上是對本土宗教主要缺點和改進空間的初淺探討，意在拋磚引玉，引發對相關問題的思考和討論。不難看出，本土宗教的上述缺點相互之間關係緊密，往往互為因果或是同一問題的不同表現。開誠佈公地討論本土宗教的缺點意在消除或減少其缺點、保存和發揚其優點，通過改良使之臻于完善。如果沒有客觀深入的研討評判，就可能讓本土宗教良莠不分，長期背負歷史遺留的包袱和缺陷，混跡於低檔宗教之列，而不能發揮其價值和作用。現代學界有一種很強的迷信禁忌，即認為宗教本身是神聖的，不能對其做出任何批判改良，也不能通過改革讓它發揮更多的積極功能；學者只能觀察和研究，甚至不能作價值判斷。只有破除這種迷信禁忌，認識和承擔起社會責任，宗教學才能有所作為。其實，宗教信仰的神是神聖的，但宗教作為一套人為的思想行為本身並不神聖，完全可以為了人類的利益加以調控改良。

　　一定意義上講，本土宗教與亞伯拉罕宗教的許多優缺點恰好相反，故有較強的互補性。中國宗教雖然缺點相對較多，但每個缺點危害相對較小；亞伯拉罕宗教雖然缺點相對較少，但其建制性排他對立傾向易於造成宗教間對立衝突乃至戰爭，威脅到人類和平和生存，如不加制約則危害嚴重。因此，本土宗教應積極向亞伯拉罕宗教學習其優點，以彌補和改進自身的不足。但與此同時，還應保持理性的批判鑒別能力，防止在學習借鑒中將亞伯拉罕宗教的缺點也一併引進。

第三部分：

宗教及宗教學的改進發展取向

對本土宗教的認識誤區
及其負面影響[1]

　　中國近現代社會的宗教觀形成於清末民初以來一百多年的時間，主要是在西方宗教觀的強烈影響和主導下形成的；或者毋寧說，在很大程度上就是西方宗教觀。中西宗教的存在形式和狀況都有巨大差異，近現代社會忽略這些差異，以西方宗教觀的有色眼鏡看待本土宗教，造成對本土宗教的諸多認識誤區。這些認識誤區負面影響我國的宗教政策和社會運行，造成政策與實際狀況脫節，進而使民族傳統精神文化資源不僅得不到有效利用，還轉化為沉重的社會包袱，客觀上阻礙社會和諧和民族復興的實現。要改變這種消極狀況，首先需要對我國宗教狀況的認識誤區及其負面影響有清醒認識。要認清我國宗教狀況的認識誤區，首先需要厘清中西宗教的差異。

一、中國本土宗教與西方宗教的差異

　　本文所謂中國本土宗教是指辛亥革命之前中國傳統社會中的儒

---

1 本文原載於《學術月刊》，2014 年 10 月號，總第 545 期，並被《人大複印資料》於 2015 年全文轉載。

教、道教、佛教[2]、原生宗教及其混合體，所謂西方宗教主要指天主教、基督新教和東正教等在西方社會占主導地位的基督宗教。廣義來說，同屬亞伯拉罕宗教的猶太教和伊斯蘭教具有與基督宗教類似的特徵，從而強化了西方建制性宗教在人類宗教和宗教學中的強勢代表地位，雖然從嚴格意義上講，包括基督宗教在內的所有亞伯拉罕宗教，起源地都在位於亞洲的中近東。無論就源流、存在形式、存在狀況而言，還是就宗教間關係、宗教與社會間關係而言，中國傳統本土宗教都不同於近代西方宗教，至少表現在以下五個方面。

　　第一，中國傳統本土宗教在大多數情況下沒有西方宗教那種建制性組織結構，也不符合西方宗教中那種教會與世俗生活二元分離的觀念，看似無形，但卻彌漫於中國的家庭、社區、行會、學術、思想、文化、社會、政治、生活等方方面面，無處不在，是普化的宗教。"在中國歷史上，多數時間裡沒有強大的、高度組織性的宗教，也沒有教會與國家之間無休止的鬥爭。"[3]宗教社會學家楊慶堃還指出："我們可以分辨出宗教的兩種結構。一是制度性的宗教（institutional religion），有自己的神學、儀式和組織體系，獨立於其他世俗社會組織之外。它自成一種社會制度，有其基本的觀念和結構。另一種是彌散性宗教（diffused religion，又譯為 "離散性宗教"、"發散性宗教"等等。筆者認為將其譯作"彌漫性宗教"更符合中國本土宗教的實際狀況），其神學、儀式、組織與世俗制度和社會秩序等其他方面的觀念和結構密切地聯繫在一起。"[4]楊氏認

2　佛教從印度傳入中國以來，在中國本土經歷過兩千多年的發展演變，已經高度本土化，故被視為本土宗教。
3　楊慶堃：《中國社會中的宗教》，範麗珠等譯，上海：上海人民出版社，2007年，第22頁。
4　楊慶堃：《中國社會中的宗教》，範麗珠等譯，上海：上海人民出版社，2007年，第35頁。

為，基督宗教等亞伯拉罕宗教屬於前者，而中國傳統本土宗教則屬於後者，二者有重大差異。楊氏的發現和論述雖然尚欠精准，甚至有前後矛盾之處，但就揭示中西宗教的差別、開啟客觀求真研究認識中國本土宗教之門而言，無疑具有重大的啟發意義。

第二，在西方宗教中，信徒系指經洗禮等入教儀式，歸屬於某一建制性宗教或教派組織，並排他性地專一信奉該宗教教派教義教理，遵守其教規的信仰者。若按這種西方宗教標準判斷，中國傳統的儒道佛等本土宗教幾乎都沒有信徒。然而，中國傳統社會中幾乎所有人都接受以天為至上，以祖宗靈魂和儒道佛及原生宗教的眾神靈為從屬的超自然信仰，都以敬天祭祖、敬拜各種神靈為信仰實踐，故從宗教本真意義上講，幾乎全民都是無建制性歸屬的宗教信仰者。無視中西宗教的這一差異造成現代社會將大多數我國宗教信仰者錯誤認定為非信仰者甚至無神論者。

第三，中國傳統的儒道佛等本土宗教都沒有亞伯拉罕宗教那種系統、完整、獨立的神學理論體系，其神學觀念與中國社會的思想、學術、觀念、倫理和文化等混為一體，彼此密不可分，無所不在地充斥於中國社會的方方面面。在中國傳統社會中，神人雜糅同在，神聖與世俗在觀念和實踐中都難以區分，與西方宗教的神人二元分離、教會與世俗生活二元分離的觀念和實踐都完全不同。

第四，中國的儒、道、佛教之間既沒有西方宗教教派之間那樣清晰的建制性分野，也沒有後者那樣強烈的相互排他對立。由於歷史上彼此融合吸納、相生相長，相互之間你中有我，我中有你，難以清晰分割，一定程度上共用一個混雜的神學體系，共有信徒，共用大多數宗教元素。儒道佛等本土宗教不僅彌漫於中國社會的方方面面，而且相互彌漫，尤其是在民間信仰領域，相互之間混雜融合，密不可分。表現在信仰實踐上，則是大多數民眾對儒道佛三教的零碎教理教義都接受和崇信，極少有單一宗教的排他性委身信仰者。

　　第五，中國宗教雖然不具備基督宗教那樣的組織建構和神學體系，從西方觀念看似無形，但其宗教性和社會功能並不弱於西方宗教。"中國形式上有組織的宗教不夠強大，並不意味著在中國文化中宗教功能價值的缺乏。"[5]有別于基督宗教作為一種"外在"力量影響世俗社會，中國宗教始終作為中國社會"內在"的有機組成部分發揮其社會功能，更加全面深入地影響社會。不同於基督宗教在西方社會中單獨承擔宗教功能，儒道佛教共同承擔了中國社會的精神信仰、價值倫理、社會凝聚、心理調適等各種功能，維繫了社會倫理秩序。

　　中國傳統本土宗教與西方宗教的巨大差異，本來是不難觀察和認識的，但在近現代社會卻被全面忽視。百年以來，中國社會不僅以西方宗教的范式定義判斷本土宗教，將本土宗教當作與西方宗教完全相同的宗教，還在西方宗教觀的主導下形成對本土宗教的一系列錯誤觀念、認識誤區和宗教政策。受此影響，中國近現代社會許多人或者認為中國沒有宗教、只有迷信，或者不承認儒道佛等本土宗教是宗教，或者以基督宗教的標準評判和重塑本土宗教，或者將本土宗教與傳統文化、思想、倫理、社會等割裂開來看待。反映在學術層面上，迄今為止仍缺乏真正立足本土宗教的全面客觀的研究，對本土宗教和文化的研究認識仍然支離破碎，難以擺脫西方宗教觀的誤解和偏見。

　　中西宗教的巨大差異為什麼被忽視？究其原因，就是清末民初以來的一些主流知識份子在內外交困的動盪中完全喪失對傳統民族

---

5 同上。

文化的自信心和基本判斷能力，沒有對本土宗教及其與西方宗教的差異做過客觀全面的研究認識，就草率盲目地拋棄和否定民族宗教和文化，全盤接受以西方中心論為基礎的意識形態和宗教觀，其中包括以基督宗教為範式的宗教定義和理論。西方宗教定義大多是以基督宗教的建制性範式特徵做出的，秉持者不僅是基督宗教教內人士，也包括深受基督宗教影響的學界人士。例如，著名法國社會學家塗爾幹認為："在所有歷史中，我們還沒有發現過一個沒有教會的宗教。"[6]

　　以基督宗教的建制性特徵定義宗教的一種有代表性的做法是將4C，即教義（Creed）、教規（Code）、膜拜儀式（Cult）、組織建構（Community structure）[7]作為構成宗教的必備要素。這種界定甚至被寫進 1993 年世界宗教議會的《走向全球倫理普世宣言》中。該定義中組織建構系指建制性組織結構，其中包括歸屬於建制性組織的信徒。中國近代學界對這種界定基本都無條件接受。例如，即便是對宗教有多年深入研究的宗教學學者呂大吉先生，仍然擺脫不了這種西方建制性宗教定義的束縛。他的"宗教四要素說"仍將宗教組織和制度作為宗教必備要素。他認為："宗教作為一種社會化的客觀存在具有一些基本要素。這些要素分為兩類：一類是宗教的內在要素，其中有兩部分：1.宗教的觀念或思想；2.宗教的感情或體驗。一類是宗教的外在要素，也有兩部分：1.宗教的行為或活動；2.宗教的組織和制度。一個比較完整的成型的宗教，便是上述內外四種因

---

6 塗爾幹：《宗教生活的基本形式》，渠東、汲喆譯，上海：上海人民出版社，2006 年，第 39 頁。
7 L.斯維德勒：《全球對話的時代》，劉利華譯，北京：中國社會科學出版社，2006 年，第 31 頁。

素的綜合。"[8]對於"宗教的組織和制度",他定義說:"宗教的組織與制度則是宗教觀念教義化、信條化,宗教信徒組織化,宗教行為儀式化,宗教生活規範化和制度化的結果,它處於宗教體系的最外層"。[9]不難看出,這基本包括了 4C 的全部內容。他還認為:"宗教作為一個整體,就是這四大要素如此結構組合而成的社會文化體系。有此四要素,並如此結構組合起來,就有了宗教體系;缺乏其中任何一個要素都不成其為完整的宗教。"[10]

　　然而,如果將宗教 4C 要素逐一套用在中國傳統本土宗教上,就會發現幾乎每一項都似是而非,未必適用。首先,如前所述,本土宗教都沒有獨立完整的神學體系和教義,至少沒有西方意義的教義。其二,傳統社會中儒道佛等本土宗教基本都沒有歸屬建制性組織的民間信徒,當然也沒有針對信徒的明確教規。其三,儒道佛等本土宗教沒有歸屬建制性組織的民間信徒,因此難以形成統一固定的信眾膜拜儀式。民間五花八門的信仰膜拜方式並不符合西方宗教中膜拜儀式的原本含義。其四,差異最嚴重的是,傳統社會中儒道佛等本土宗教都沒有西方意義的建制性信徒組織,更沒有歸屬於儒道佛任一宗教組織的民間信徒。傳統中國社會的普羅大眾並不正式加入任何本土宗教,而只是參與儒道佛和原生宗教混合在一起的信仰實踐。第四 C 完全不符合傳統本土宗教的實際狀況,從而成為導致誤解本土宗教的最重大因素。由此可見,將這種以基督宗教為範式做出的宗教定義和認定標準套用在中國本土宗教上,作為唯一標準來認識評判本土宗教,結果必然是造成對本土宗教的認識嚴重錯

8　呂大吉:《宗教是什麼?——宗教的本質、基本要素及其邏輯結構》,載於《世界宗教研究》1998 年第 2 期。
9　同上。
10　同上。

誤混亂。

　　西方流行的宗教觀是以建制性基督宗教為范式形成的宗教觀，有顯著的西方中心論色彩。這種宗教觀將基督宗教那樣的建制性宗教當作宗教存在的最高甚至唯一的標準形式，並以此衡量、理解和評判人類其他宗教。近代以來，這種宗教觀借助西方列強的堅船利炮和西方現代文明的優勢傳入華夏，被華夏的主流知識份子們不加考證和思索就照單全收，誤導了對中國本土宗教的認識。值得認真反思的是，西方建制性宗教是否應該被認定為人類宗教的唯一標準形式暨認定標準？其實，即便在西方，有真知灼見的宗教學者對此也不認可。例如，宗教學創始人繆勒就反對將基督宗教作為宗教的標準範式，他說：“除非對所有的宗教都公正地採用同一個衡量標準，否則誰也不能作出這一判斷。任何宗教都不應要求得到特殊待遇，基督教尤其不應當。”[11]作為美國宗教學研究兩大學派之一的芝加哥學派領軍人物伊利亞德也指出：“西方心靈幾乎總是把一切神聖的觀念，一切宗教……都自動與某種歷史形式的猶太教—基督教的生活聯繫起來，因而在他們看來，異教的神顯必然基本上是畸形的。”[12]美國另一大宗教學派的領軍人物哈佛大學的 W. C.史密斯則經過多年研究和大量考證，從根本上推翻了這種西方宗教觀。他指出：“宗教作為一個體系性的實在或實體——出現於 17、18 世紀，是一個辯論學和護教學的概念。”[13]換言之，在 17 世紀之前，“宗教”這個概念即便是在西方都不存在，更不要說人類其他社會了。

---

11 麥克斯・繆勒：《宗教學導論》，陳觀勝、李培茱譯，上海：上海人民出版社，2010 年，第 18 頁。

12 米爾恰・伊利亞德：《神聖的存在：比較宗教的範型》，晏可佳、姚蓓琴譯，桂林：廣西師範大學出版社，2008 年，第 9 頁。

13 同上書，第 43 頁。

他認為，建制性的宗教是近代西方社會的創造，是宗教形式的人為特例，非建制性的信仰方式才是人類宗教信仰的普遍常態。諸如教義、教規、組織建構等外在形式可以稱為"累積的傳統"，並非宗教信仰的核心要旨。建制性宗教的觀念始於基督宗教，隨後在西方文明的強勢推動下逐漸形成了印度教、儒教、神道教等建制性宗教概念，其產生誤導了人們對人類信仰本質的理解，促發了宗教間的對立紛爭，扭曲了人類信仰。[14]如果認真聽取這些宗教學大師的真知灼見，如果對人類各種形式的宗教信仰做過廣泛深入的研究，就會發現呂大吉先生的宗教四要素中，前三要素是構成宗教所必要的，而第四要素即相當於 4C 的部分基本是外在形式，不應被列為宗教必備要素。宗教的核心是信仰，而信仰的核心是神或超越者，只要有關於神的觀念、思想、體驗、感情、行為和活動，就足以構成宗教信仰，4C 等因素則可有可無。"參與者關注的是神，旁觀者關注的是'宗教'。"[15]將 4C 當作宗教定義的必備要素，原因是只注重宗教的外在形式，而忽略了宗教的內涵，以至喧賓奪主，將並不必要的組織建構等外在形式當成宗教的主要甚至唯一認定標準，這可以說是一種膚淺的宗教認識。

二、對本土宗教的認識誤區及其負面影響

讓中國本土宗教削足適履，適合以基督宗教為範式的宗教定義和宗教學解釋框架，造成對本土宗教的諸多認識誤區，也對民族傳統文化和我國社會造成廣泛的負面影響。為此，要想擺脫西方偏見

---

14 W. C.史密斯：《宗教的意義與終結》，董江陽譯，北京：中國人民大學出版社，2005 年，第六、七章。
15 同上書，第 287 頁。

的影響，獲得對本土宗教和文化的真知灼見，就不僅需要全面梳理
糾正由此引起的各種認識誤差，而且需要重新構建本土宗教和文化
的研究認識體系。自近代西方思潮湧入中國，取代本土傳統文化以
來，所造成的認識誤區不僅數量很大，而且範圍很廣。由於傳統本
土宗教和本土文化、思想、學術、意識形態等混為一體，相互之間
原本並無明確界限，難以將本土宗教完全分離出來研究討論，故需
要清理的內容繁多，不可能通過一兩篇論文梳理清楚。本文只能簡
要論及幾個明顯與本土宗教相關的認識誤區，以引發對此類問題的
關注和討論。

　　第一，盲目接受西方各種思潮，將西方宗教的建制性作為宗教
的主要認定標準，造成我國近現代社會對本土宗教的大量混亂認
識。其中一種有代表性的主流觀點是中國沒有宗教。例如，梁啟超
曾說：“中國是否是有宗教的國家，大可研究。”[16] 錢穆認為：“中
國文化中，則不自產宗教。凡屬宗教，皆外來，並僅占次要地位。
其與中國文化之傳統精神，亦均各有其不相融洽處。”[17]梁漱溟則
說：“中國人宗教意味淡薄，中國文化缺乏宗教。”[18]胡適更聲稱：
“中國是個沒有宗教的國家，中國人是個不迷信宗教的民族。”[19]這
些人在做出這樣的結論時顯然罔顧這樣的事實：“在中國廣袤的土
地上，幾乎每個角落都有寺院、祠堂、神壇和拜神的地方。寺院、
神壇散落於各處，比比皆是，表明宗教在中國社會強大的、無所不
在的影響力，它們是一個社會現實的象徵。”[20]

16 梁啟超：《中國歷史研究法》，上海：上海古籍出版社，1987 年，第 284
　　頁。
17 錢穆：《現代中國學術論衡》，北京：三聯書店，2001 年，第 206 頁。
18 梁漱溟：《中國文化要義》，上海：學林出版社，1987 年，第 111 頁。
19 胡適：《名教》，《胡適文存二集》，上海：亞東書局，1928 年，第 91 頁。
20 楊慶堃：《中國社會中的宗教》，範麗珠等譯，上海：上海人民出版社，2007

在否定中國有宗教的同時，這些主流學者又積極主張以世俗事物取代其認為莫須有的宗教。例如，胡適主張以科學取代宗教，蔡元培主張以美育取代宗教，梁漱溟主張以道德取代宗教，馮友蘭主張以哲學取代宗教。對宗教的認識混亂還反映在這些主流學者對待宗教的態度搖擺不定。例如，一度對宗教持強烈反對態度的主流學者如梁啟超、章太炎、胡適、梁漱溟等人後來又轉而成為佛教的積極支持者，甚至投身於佛教教義的研究和闡揚。

認為中國沒有宗教的觀點還具體表現為認為儒道佛都不是宗教，其中包括認為道教不是宗教，而是迷信；佛教不是宗教，而是哲學；儒教不是宗教，而是倫理教化。這些觀點的共同特點也是將西方基督宗教模式的宗教定義作為判斷宗教的唯一標準。如今，仍舊否定佛、道是宗教的人已經很少，但否認儒教是宗教的仍大有人在。認為儒教非宗教的人強調儒是倫理教化之教，有大量世俗內容，卻不知道人類所有主要宗教都有大量倫理教化和世俗內容，"神聖與世俗共存正是所有宗教的核心問題"[21]；強調儒教有優於民間信仰的理性，卻不知道人類所有宗教都是在低端多迷信而高端多理性；將"子不語怪力亂神"等章句片面曲解為孔子是無神論者，而忽略了孔子對上天、天命的虔誠信仰和祭神的恭敬；強調儒學是政治和倫理主張，卻忽視了儒家以主宰之天、天命為至上信仰，以敬天法祖為宗法，有完整的祭祀系統，有慎終追遠的終極關懷等等充足的宗教基本特徵。此外，如果將佛、道認定為宗教，而將儒認定為非宗教，那麼自隋唐以來就通行華夏的儒道佛"三教合一"中，儒與佛道二教連性質、類別都完全不同，如何能排列在一起？古人是否

年，第 24 頁。
21 米爾恰‧伊利亞德：《神聖的存在：比較宗教的範型》，晏可佳等譯，桂林：廣西師範大學出版社，2008 年，第 24 頁。

也像這些現代人這樣邏輯混亂，很值得懷疑。

　　對宗教最大的認識混亂表現為將宗教視為完全沒有價值和意義的負面存在，或者當成封建迷信，或者當成敵對勢力。這種認識在文革期間被發揮到極致。馬克思說："宗教是這個世界的總的理論，是它的包羅萬象的綱領。"[22]著名宗教學家米爾恰·伊利亞德以其研究闡明"宗教是人類學常數"；宗教學創始人麥克斯·繆勒則指出："把人與動物區分開的是宗教"[23]。人類所有的文明無不以宗教作為其基礎，人類所有的民族文化無不以宗教作為其起源和內涵。黑格爾就曾指出"國家是建立在宗教上面的，國家的根是深深地埋在宗教裡的"，"宗教的形式決定了國家的形式和憲法。"[24]古今中外大多數大思想家都曾汲汲用心於宗教的思考研究，甚至為此著書立說。這些都與宗教是封建迷信的論斷格格不入。簡單將宗教當作封建迷信或敵對勢力的宗教觀，其實也是西方極端思潮的一種產物。

　　一種更大範圍的認識混亂是強行將本土宗教與中華文化作二元分離，將二者當作互不相關甚至對立的事物對待。本土宗教是彌漫性宗教，其與傳統中國社會、文化、學術、政治、人生等等水乳交融，密不可分，與西方神聖世俗二元分離對立的觀點迥異其趣。將西方二元對立觀點直接用於解釋中華文化與中國宗教的關係，不僅造成對二者及其關係的認識偏頗失真，而且在否定本土宗教的同時導致對與本土宗教融為一體的傳統文化的否定。

　　第二，將建制性作為宗教的唯一認定標準，致使將融為一體的

22　《馬克思恩格斯選集》，北京：人民出版社，1995年，第一卷,第1頁。

23　麥克斯·繆勒：《宗教學導論》，陳觀勝、李培茱譯，上海：上海人民出版社，1989年，第10頁。

24　黑格爾：《歷史哲學》，王造時譯，北京：生活·讀書·新知三聯書店，1956年，第91頁。

本土宗教切割成數個獨立的宗教和世俗系統，並造成相關的混亂和弊病。佛道有出家人的組織建制，遂被認定為宗教。儒教沒有類似建制，遂被認定為非宗教。在中國社會宗教信仰實踐中佔據主體地位的所謂“民間宗教”，也因為沒有建制性組織結構，至今不被承認為宗教。值得注意的是，近現代人所謂本土宗教的“建制”不同於西方宗教的建制。西方宗教的建制是指教會及其信眾的組織建構，而本土宗教的所謂“建制”卻轉而指佛道二教的出家人小團體。事實上，傳統的儒道佛等本土宗教都沒有類似西方教會的信眾組織建構，佛道二教的出家人僅以寺廟為單位，民國之前並未形成類似教會的跨寺廟的組織建制，與西方宗教的建制性結構完全不同。

有人試圖以中國傳統社會中會道門等組織的存在說明中國本土宗教也是建制性的，符合西方建制性宗教的論斷。這種觀點有兩個致命缺陷：其一，由於本土宗教與傳統中國社會、文化、政治、人生等等水乳交融，密不可分，會道門等民間組織也是神聖與世俗不分，可能集行會、商業、政治、軍事等等世俗成分為一體，多數情況下世俗成分比宗教成分更重，不能簡單將之認定為宗教組織。其二，在中國傳統社會中，會道門等民間組織並非宗教信仰形式的主流，缺乏代表性，而無建制性組織結構的宗教信仰形式在絕大多數情況下都是壓倒性主流。這是中國特色，勉強套用以基督宗教為範式的建制性理論只能扭曲對本土實際狀況的認識。

透過西方宗教觀有色眼鏡觀察處置中國宗教，本土宗教中類似或被改造出的建制性部分被承認為宗教，而在本土宗教中佔據主流的無建制、無歸屬信仰部分則被完全過濾掉，從而遭到忽視。其中特別值得注意的是西方宗教觀主導下產生的民間宗教問題。所謂民間宗教，其實是中國傳統社會中儒道佛三教的最重要的信仰實踐領域，是三教在民間延伸、融合、演變並摻合原生宗教的混合體，兼具三教的元素，並不是獨立於儒道佛教之外的另一種宗教。倘若將其認定為另一種宗教，則儒道佛三教除僧侶、道士之外別無信眾。倘如此，則作為我國主流宗教的儒道佛居然幾乎沒有信眾，豈不可悲可憐！其實，儒道佛三教與所謂民間宗教在民間信仰實踐領域渾然一體的這種特徵正是本土宗教有別於基督宗教的重要特點，應得到客觀深入的研究，而不是被簡單混同於西方宗教。

　　民間宗教問題的產生，同樣是生搬硬套西方建制性宗教觀的結果。上個世紀，隨著西方宗教觀主導了我國的宗教認識，儒教因皇權被推翻而失去載體遂不被認為是宗教，佛道因有出家人小組織而被勉強認定為宗教，儒道佛三教在民間的信仰實踐領域則因為沒有建制性組織結構而被排除在宗教之外，造成本土宗教的頭部與其民眾信仰實踐的身體被切割成兩段，頭部仍被研究關注，身體則被忽視。改革開放重建宗教學科以後，當人們重新觀察中國民間社會時，竟驚異地發現，除儒道佛教之外，中國民間還有另一種無建制的宗教信仰。於是，佛道的頭部被分別認定為宗教，儒被認定為世俗理論體系，而本土宗教在民間的身體則被視作一種可稱為民間宗教或民間信仰的獨立宗教。一個完整的體系遂被切分成四個獨立碎塊！傳統儒道佛三教的頭部是僧道出家人，但這些人只占中國人口的極少數，構不成主流宗教應有的主要信眾。要構成主流宗教還需要一個龐大的信眾群體，而這個群體就是全國民眾和民間社會，恰恰與所謂民間宗教的領域完全重合。事實上，傳統民間社會既是儒道佛三教的信仰實踐載體，也是支撐儒道佛三教的社會基礎，全國民眾就是儒道佛三教的信眾群體，而如今所謂民間宗教其實是傳統的儒道佛信仰實踐領域在現代社會的延續，並非一個獨立的宗教。

　　中國社會從隋唐以來就奉行儒道佛三教合一的理念和實踐，三教在歷史上相互融合借鑒，互通有無；進入民間領域，融合更甚，早已是你中有我，我中有你，彼此很難清晰區隔。因此，所謂民間宗教既難與儒道佛教區別，儒道佛三教在民間層面也難以相互區別。有學者曾分別試圖按建制性分類將民間儒教、民間佛教和民間道教分離出來加以獨立研究，但面對三教在民間水乳交融的狀況素手無策，其研究則寸步難行。可見按建制性特徵區分儒道佛和民間宗教，與儒道佛在民間融為一體的實際狀況扞格不入。

　　將本土宗教認定為建制性宗教，抹殺中西方宗教的重大差異，還造成對本土宗教自然存在形式和意義的忽視和誤解，錯失了對本土宗教特點的把握。由於本土宗教在許多方面都不符合西方宗教模式，所以被判定為低級宗教或者迷信，而其深刻的內涵、強大的社會功能和維繫宗教及社會和諧的存在形式都遭到忽視或負面解讀。因此，中西宗教的差異就演變成中國無宗教論或宗教低級論的依據，本土宗教的特色、優缺點及其功能因此都得不到客觀公允的研究和認識。

　　建制性是宗教排他性產生的主要根源。我國近現代社會將建制性當作宗教存在的必要條件而加以構建或強化，仿照亞伯拉罕宗教模式改造本土宗教，逆轉自隋唐以來三教合一的傳統，推動三教的建制性分離。這樣做不僅會惡化宗教間關係，而且可能危及社會和諧穩定。近現代社會樂此不疲，其實是捨棄本土宗教的優點而追求西方宗教的缺點和危害。

　　第三，將建制性宗教作為宗教的主要認定標準來評判本土宗教，造成對占我國人口絕大多數的無歸屬信仰者視而不見，錯誤地將其歸類為無宗教信仰者或無神論者。如前所述，信仰但無特定宗教歸屬是我國傳統宗教信仰的主要形式，這種形式的宗教信仰者占我國傳統社會人口的絕大多數。有調研資料表明，即便是在經過西方宗教觀洗禮的當代社會，這種傳統形式的宗教信仰者仍占我國人口的大多數，只不過受世俗化、現代化和無神論教育的影響，其信仰強度比起傳統社會有所減弱，信仰形式也可能有所變異。[25]國人中通過某種儀式正式加入某宗教的人很少，大多數人仍保留了傳統的無歸屬宗教的信仰行為，其中包括偶爾參與各種宗教活動、燒香拜廟、祭祖上墳、相信天命、看風水、算命等等。有以上宗教行為的無宗教歸屬者不應被等同於無宗教信仰者，更不應被等同於無神論者。受西方宗教觀影響，我國宗教管理當局至今沒有對以上類型的宗教信仰者做過系統研究和統計，而將其當作無宗教信仰者或無神論者對待，各項宗教政策也以此為據。迄今為止，官方口徑仍然是"我國信仰各種宗教的群眾有一億多"[26]。有數項調研資料顯示，有明確宗教歸屬的信仰者和有宗教行為的無歸屬信仰者合計占我國人口的絕大多數。例如，2010 年零點公司調查結果顯示："85%的中國人有某些宗教信仰或某些宗教信仰活動的實踐，只有 15%的中國人是真正的無神論者。"[27]而更早發表的華東師範大學的調研報告則指出："宣稱自己是無神論者的，占樣本總人數的 14.8%，如果將它放到全體 16 歲以上人口中考慮，那麼只占 10%，在中國全部人口中占的比例更低，最多為超過 8%。"[28]另據皮尤研究中心（PEW

25 童世駿等：《當代中國人精神生活研究》，北京：經濟科學出版社，2009年，第 248 頁。

26 王作安：《中國共產黨處理宗教問題的主要經驗》，載《中國宗教》，2011年第 8 期。

27 零點公司：《2010 年中國宗教信仰情況調查》，載《中國民族報》，2010年 10 月 6 日。

28 童世駿等：《當代中國人精神生活研究》，北京：經濟科學出版社，2010

Research Center）的新近調研統計報告，中國社會有宗教歸屬的信仰者（包括民間宗教信仰者）占總人口的 47.8%，而其餘 52.2%無宗教歸屬人口中，至少還有 51%的人聲稱相信神或超自然，並且參與過祭拜活動。[29]雖然以上各種調研的分類方法和準確性尚有待商榷，但作為此領域為數不多的幾項務實調研，其結果指向高度一致，令人相信這些資料更加近似地反映了我國宗教信仰人數的實際狀況。

　　如果據官方口徑，則一億多信眾約占我國人口的 10%，其餘 90%或近十三億人口基本是無宗教信仰者或無神論者。如果據以上各項調研資料，則各種有宗教信仰行為者占我國人口的比例超過 80%，而無宗教信仰者和無神論者只占百分之十幾。二者幾乎正好相反。構成兩套數據分歧的占我國人口 70%以上的中間人群究竟宗教傾向如何，是否為無神論者，是舉足輕重的國之大事，不僅需要學界深入研究，而且關係到國家宗教政策和文化戰略的成敗。成功的宗教政策應該建立在對宗教實際狀況客觀深入的研究認識之上，並且能針對和適合客觀情況。如果建立在虛假不實的認識基礎上，則會造成政策與實際嚴重脫節，必然導致失敗。

　　"宗教是人類學常數"，宗教信仰者自人類有史以來始終占世界所有民族人口的絕大多數。即便在科學主義衝擊、世俗化盛行的現代，"據新的統計，現在全世界信仰各種宗教的人數已達 50 億，占世界人口比例的 85%"。[30]還有研究資料顯示，在上世紀一百年間，有各種宗教行為者始終占世界人口的 95%以上，而真正的無神

年，第 248 頁。

29 見 PEW 網站，http://www.pewforum.org/，2013 年 10 月 11 日。

30 卓新平：《全球化的宗教與當代中國》，北京：社會科學文獻出版社，2008年，第 232 頁。

論者只徘徊在 4.6%至 4.2%之間。[31]本節先前援引的幾項調研資料顯示，即便經歷過近百年的去宗教化衝擊和無神論強化教育，我國有宗教信仰行為者的人口比例仍有向世界宗教信仰者人口比例自然回歸靠攏的趨勢。這說明，我國人民和世界所有其他國家的人民一樣，具有天然的宗教信仰稟賦和傾向。普遍存在于國民中的宗教信仰動能是執政者應該高度重視和妥善對待的大事。中華文明幾千年以來，執政者始終秉承"神道設教"的傳統，其中蘊藏著深邃的智慧，值得認真反思和借鑒。

如果我國人口的絕大多數是有宗教行為者，而不是無宗教信仰者或無神論者，那麼就需要對宗教政策做出相應調整，積極研究、滿足和調適大多數國民的信仰需求。宗教具有明顯的兩面性，既可能是發揮積極功能造福社會的巨大資源，也可能是發揮消極功能為害社會的巨大動能。何去何從，能否揚善抑惡，取決於政策的宏觀調控引導。如果無視大多數國民的宗教稟賦和需求，如果將宗教政策建立在不切合實際的認識基礎上，不積極調控、引導和開發利用廣大國民的宗教信仰動能，就會浪費我國社會最大的精神文化資源，任其轉化為社會的負資產，甚至成為社會弊病和動亂的溫床。

宗教學研究揭示，宗教有維繫精神信仰、整合社會、凝聚人心、心理調適、維護社會道德和秩序、約束規範行為、淨化人心和社會風氣、慈善服務、文化傳承等多種社會功能，可以而且應該被開發利用。如果我國大多數國民有宗教行為和傾向，就構成了發揮宗教上述功能的廣泛而龐大的社會基礎和資源，可以被開發利用以造福社會。例如，深度困擾我國社會且屢治不爽的社會道德衰敗痼疾，

---

31 David B. Barrett, ed., World Christian Encyclopedia: A Comparative Study of Churches and Religions in the Modern World, A.D. 1900-2000, Oxford: Oxford University Press, 1982

就完全可能通過開發利用絕大多數國民的傳統宗教信仰意識而得到有效醫治。

第四，受西方宗教觀影響，我國社會和宗教管理者片面注重對各宗教信徒人數的統計，將其當作判斷各宗教態勢和宗教決策的一種主要依據。這種統計對基督教、天主教和伊斯蘭教等外來建制性宗教尚有一定意義，但運用到本土宗教上就漏洞百出。這些統計甚至無法回答這樣一些基本問題：什麼是儒道佛等本土宗教信徒的合理認定標準？如果像西方宗教那樣以正式加入教派組織為准，本土宗教傳統無信眾組織可言，是否應被認定為沒有信徒？如果以其本人聲稱為准，則此類聲稱大多基於對相關宗教教義的無知或誤解，是否應該作為合理依據？儒道佛等本土宗教兼信的人應該被認定為哪種宗教的信徒？如何拆分？無特定宗教歸屬但仍有宗教信仰行為的人是否應當按現有辦法仍被認定為無宗教信仰者？在能夠圓滿解答以上問題之前，對本土各宗教信徒人數的統計缺乏真實意義，只會造成誤導。

應當注意，中國大多數宗教信仰者信仰多元，什麼宗教的場所都可能進去燒香敬拜，哪個宗教的活動都可能參與，一般並不加以區分。中國信眾中儒道佛同時都信的是絕大多數，委身於其中之一而排斥其他的只是極少數。這是傳統宗教信仰模式的傳承，也是本土宗教有別於西方宗教的一大特點。甚至相當比例的天主教、基督教信徒也可能到儒道佛和所謂民間宗教場所燒香敬拜，或參與祭祖上墳、堪輿算命等本土宗教活動。如果按西方宗教觀強行將本土宗教信仰者劃分到某一宗教，多數情況下只會造成失真和誤導。更成問題的是西方宗教觀主導下的所謂民間宗教信徒人數的統計。如前所述，所謂民間宗教，其實是中國傳統社會中儒道佛三教混合的信仰實踐領域，而不是獨立於儒道佛之外的另一種宗教。如果將這一領域劃定為獨立於儒道佛的另一宗教，則儒道佛都會成為幾乎沒有信眾的宗教，與其主流宗教的身份完全不符。與此同時，按西方宗教觀統計所謂民間宗教的信眾人數也會是統計學史上最絕望的嘗試。其所謂信徒與西方建制性宗教的認定標準全然不符：一無統一的信仰，二無統一的組織建構，三無統一的教義信條，四無統一的教規，五無統一的形式，六無宗教和世俗行為的嚴格區分。因此，所有按西方宗教標準對所謂民間宗教信徒人數的“統計”都只能是完全主觀的臆斷，沒有任何統計學的意義。由此可見，按建制性特徵區分和統計儒道佛和民間宗教的信仰者人數，完全背離傳統儒道佛教在民間融為一體的實際狀況，只能造成更多的混亂和誤解。

　　以西方宗教觀統計本土宗教的信徒人數還造成對占我國人口大多數的無歸屬信仰者群體的存在視而不見。如前所述，現代中國的絕大多數民眾仍沿襲了傳統的無建制、無歸屬的宗教信仰方式。當統計者把勉強符合建制性宗教條件的人算作宗教信徒之後，無建制、無歸屬的信仰者都被略去不計，而這類人恰好占我國人口的大多數。這樣的統計歪曲事實，誤導對宗教實際狀況的認識，進而誤導宗教政策。

　　第五，盲目接受西方宗教觀，效仿基督宗教的研究方法，在學術上造成我國普遍以建制性單一宗教分科的研究格局，將其當作宗教學研究的規範。絕大多數宗教學學者從跨入宗教學研究門檻起就必須委身於一門宗教，終身從事單一宗教的研究，甚至是單一宗教的某個局部的研究。相比之下，跨宗教、跨學科的宗教學研究即真正意義的宗教研究，如宗教社會學、宗教人類學、宗教心理學、宗教哲學、宗教史學等等，反而被視為旁門左道，不符合“學術規範"，難以獲得學術資源，故而在我國各種學術機構中專業從事此類研究者寥寥無幾。宗教學就其本意來說應是比較宗教學，以單一宗教分科本身就違背宗教學的基本定義和原則。宗教學創始人麥克斯・繆勒廣為學界接受的名言是："只懂一種宗教的人，其實什麼宗教都不懂。"[32]而我國現有的宗教學研究分科格局則制度性強化培養"只懂一種宗教，其實什麼宗教都不懂"的"宗教專家"。終身從事單一宗教的研究，不僅使學者片面理解，甚至全面誤解宗教，而且易於將學者造成單一宗教的釋教護教者，令其以長期研究過程中發展出的對單一宗教的感情或信仰取代學者應有的學術客觀公允。這樣的實例不勝枚舉。從事高等教育的人如果不能劃清其個人信仰與學者身份的界限，還可能將其授課轉變成向莘莘學子講授推廣其個人對單一宗教的信仰，有違國民教育的基本原則。

　　將單一宗教分科的方法應用到我國本土宗教的研究，弊病尤其嚴重。首先，本土宗教並非基督宗教那樣的建制性宗教。將其當作建制性宗教研究，不僅不符合事實，而且會人為切割本土宗教與中國社會、政治、思想、觀念、文化等等的天然一體關係，扭曲對本土宗教、本土文化和社會的認識。其次，如前所述，本土的儒道佛及所謂民間宗教高度融合，相互牽連，邊緣模糊，是緊密關聯的有機整體。勉強對其加以切割，將其中之一當作獨立宗教研究，就會錯失三教之間的有機關聯，只見樹木，不見森林，妨礙對本土宗教和文化的全面認識和理解。為此，筆者認為，應該建立"中華宗教"的整體概念和研究框架，將儒道佛等本土宗教按其實際狀況放回到該整體框架之中，並結合中國社會與之緊密關聯的各領域加以研

32　麥克斯・繆勒：《宗教學導論》，陳觀勝等譯，上海：上海人民出版社，2010年，第10頁。

究；對儒道佛其中之一的縱深研究則可以放在此整體框架中，並在把握整體觀的前提下進行。只有摒除西方宗教觀的成見，將本土宗教還原到儒道佛緊密關聯，在民間融為一體，並且與中國社會的方方面面水乳交融的本來狀態中加以全面深入的研究，才有可能獲得真知灼見。

　　宗教學研究以建制性單一宗教分科，還造成從學術層面努力證明和人為推動本土宗教的建制性建構，負面影響宗教間關係與社會和諧。建制性是宗教排他性的主要來源，學界對宗教建制性的執守和強調，勢必影響到宗教界和宗教管理界，進而推動和強化宗教的建制性構建，惡化宗教間的關係並波及社會和諧穩定。強大的宗教建制，還可能加劇宗教與中國政治之間的張力，負面影響宗教的生存與發展，阻礙宗教積極社會功能的發揮。

復興發展以儒佛道為
主體的中華文化[1]

　　進入二十一世紀的中華民族已經越來越清楚地認識到復興中華文化的重要性和迫切性。不僅民間通過復活文化傳統和"國學熱"等種種形式展示了這種意識，政界也以越來越清晰的聲音表達了對弘揚中華文化的支持。胡錦濤前總書記在十七大報告中提出，要"弘揚中華文化，建設中華民族共有的精神家園。"[2]不久前召開的十七屆六中全會決定中指出，"源遠流長、博大精深的中華文化，為中華民族的發展壯大提供了強大精神力量，為人類文明進步做出了不可磨滅的重大貢獻。"二者在論及中華文化時都著重關注到中華文化的精神維度。目前的文化大發展、大繁榮口號正是在這樣的背景下提出的。

　　中華文化是中華民族的根和魂，是全民族的立身之本。現代史證明，否定中華文化，就否定了中華民族賴以安身立命的根基；破除中華文化，就破除了唯一能夠被全民族認同的凝聚力來源；喪失中華文化，就喪失了構建中華民族共有精神家園的資源。困擾現代

1　本文原載於《當代佛教與文化繁榮》，北京：金城出版社，2013年，第72-79頁。
2　胡錦濤：《高舉中國特色社會主義偉大旗幟，為奪取全面建設小康社會新勝利而奮鬥》，北京：人民出版社，2007年。

社會的信仰缺失、價值虛無、道德衰敗等現象顯然與新文化運動到文革期間對傳統中華文化的破壞否定有著內在的關聯。只有撥亂反正，切實復興和發展中華文化，精神文明與和諧社會才能得以構建，中國特色的社會主義核心價值才能得以充實，民族認同和凝聚力才能得以確立，大國崛起所必需的軟實力才能得以蓄積，中華民族才能真正實現復興。為此，復興中華文化需要從認識的源頭做起，需要把握其精神內涵。

一、認清傳統中華文化的精神內涵

能否真正復興發展中華文化，首先取決於對中華文化的精神內涵的深刻理解和認識。如果對中華文化的精髓和靈魂沒有真知灼見，弘揚中華文化就會流於形式，徒有其表。眾所周知，傳統中華文化的主體是儒佛道。剝離這個主體，中華文化就只剩軀殼和皮毛，就很難再有意義地談論中華文化。因此，復興中華文化必然涉及到對儒佛道的研究、認識和發掘，涉及到去其糟粕、取其精華，弘揚發展其博大精深的精神思想內涵。

如果對儒佛道加以研究認識，就不可避免地觸及到儒佛道的精神性和超越性，就難以否定其宗教性。精神性和超越性是宗教性的基本特徵，其存在意味著宗教性的存在。我國學界從新文化運動以來一直有人否定儒佛道是宗教，進而否定中華文化的宗教性，以至嚴重影響了我國社會對中華文化和宗教的認知。究其根源，就是近現代一批主流學者深受西方宗教觀的影響，將以亞伯拉罕宗教，特別是基督宗教的特徵為標準做出的宗教定義生搬硬套在儒道佛本土宗教上，結果以其不符合這種定義為由而否定其為宗教。經過改革開放以來 30 多年的宗教學研究發展，否定佛道是宗教的聲音已經日趨微弱，但對儒是否宗教仍有爭議。其實，只要擺脫西方中心論的宗教認識框架，而代之以更客觀、全面的宗教定義，儒佛道的宗教定性就不難做出。判斷一種人文體系是否宗教應該以其是否有精神性、神聖性和超越性作為主要標準，而不應拘泥於其是否符合亞伯拉罕宗教的外部特徵、是否有建制模式、是否有世俗成分或世俗成分的多寡（事實上，所有宗教都不可避免地有大量世俗成分）。儒道佛分別有以天、道、佛（或真如、法身）為信仰對象的超越性、神聖性和精神性，如果應用客觀全面的宗教定義，將其判定為宗教就是恰當的，至少其宗教性是難以否認的。如果作為中華文化主體的儒佛道具有不可否認的宗教性，那麼中華文化的宗教性就同樣是不可否認的。

對於深受以文革為頂峰的過激思潮影響的人來說，承認中華文化的宗教性有悖於常識，難以接受。但如果深入研究考察，就會發現事實正好相反。宗教人類學和宗教史學的研究成果說明，人類古往今來所有民族的文化無一不是宗教性文化。標榜中華文化是人類歷史上唯一的非宗教性文化不僅違背基本事實，而且將中華文化置於人類的異類地位，對於民族復興來說，其實有弊無利。一種人無我有的非宗教性文化宣稱只能將中華文化置於與人類所有其他民族文化對立排斥的孤立地位，既不利於我國國家正面形象和地位的建立，也不利於有親和力的國際關係的開展，更不利於中華文化的弘揚和傳播。十七屆六中全會決定中指出，"沒有文化的積極引領，沒有人民精神世界的極大豐富，沒有全民族精神力量的充分發揮，一個國家、一個民族不可能屹立於世界民族之林。"從深層次講，精神性是宗教性的主要維度，宗教性的缺失導致精神性的消解。否認中華文化的宗教性，其實就否認了中華文化的精神性，這不僅有礙全民族精神力量的充分發揮，更不利於中華民族屹立於世界民族之林。

進一步深入研究思考，就會發現中華文化有宗教性並非壞事，而是符合人類常態、有積極意義的好事。首先，中華文化之所以被稱為中華民族的根和魂，稱為構建中華民族共同精神家園的基礎，正是因為其有精神超越維度，否則就名不符實。精神性和超越性是民族文化的靈魂，中華文化最具魅力的部分就源自其精神思想維度。其二，正是因為中華文化有精神性、超越性和神聖性，以此為基礎建立的精神信仰、核心價值和道德倫理才能得到國民發自內心的廣泛認同和尊從，以此為內涵的社會才具有強大的凝聚力。缺乏精神性、超越性和神聖性的價值和倫理則難以得到國民的認同和遵從。其三，精神超越向度是人的天然稟賦，以此為基礎建立的軟實力才能在國內社會有堅實的基礎，在國際社會得到廣泛的認同和尊重，真正構成我國大國崛起的軟實力支撐。

二、客觀認識和對待與傳統中華文化

融為一體的宗教

宗教是人類社會極為重要而且複雜的社會存在，具有積極和消極兩方面的巨大潛能，應該得到深入客觀的研究論證，而不應被簡單化定論和處置。特別是鑒於中國宗教與中華文化兩位一體的密切關係，相關問題更應得到重新認識和評估。從民國初年到文革時期的過激思潮將宗教連同傳統中華文化一起視作封建迷信或敵對勢壓力，當作打壓和消滅的對象，依據的是一種未經研究論證的簡單武斷結論。改革開放以來，雖然宗教信仰自由從政策上得到恢復，但以往上百年的過激思想的影響並未得到清理，中華文化和中國宗教也未得到恰當的重新認識和評估，將宗教視為封建迷信或敵對勢力的思想在許多人那裡得以慣性延續，這也許是人們不能或不願承認中華文化的宗教性的重要原因。由於文革思潮的延續，宗教仍被許多人當作禁忌話題，造成我國社會中對於宗教認識混亂、無知和誤解等現象仍然嚴重，使得本應是構建和諧社會資源的宗教反而成為社會問題滋生的一種來源。對於宗教這種在人類生活中無處不在，且具有重大影響的存在閉塞視聽，不求甚解，任由其認識混亂、弊病叢生，並非明智之舉。相反，只有向社會開放對於宗教的客觀評估、認識和通識教育，才能真正發揮宗教的積極作用，抑制其消極作用，使其成為構建和諧社會的重大資源。

宗教社會學研究表明，傳統中國宗教與基督教等亞伯拉罕宗教的存在形式完全不同，是一種與傳統中華文化融為一體的彌漫性宗教。它雖然沒有後者那種建制性結構，沒有獨立完整的教義、教規、信眾組織等形式，但卻彌漫於中國的家庭、社區、社會、生活、政治、文化之中，有效發揮了滿足精神信仰需求、提供價值倫理來源，維護道德秩序、維繫文化傳承等重大作用。傳統中華文化與中國宗教你中有我、我中有你，彼此渾然一體。這也就是為什麼西方人和被西方觀念洗腦的國人看不到或不承認中國宗教的原因。

儒佛道宗教不僅彌漫於中國的家庭、社區、社會、生活、政治、文化、思想之中，而且彼此之間相互彌漫融合，從唐代以降就形成了三教合一、多元包容的格局。其中儒教是官方推崇的宗教體系，道教是中國土生土長的傳統宗教，佛教雖然來自印度，但已經成功完成了本土化過程，成為本土宗教的有機組成部分。儒佛道三教分別經歷的宋明理學、禪宗和全真教三大變革，本質上都是三教合流的結果。"在儒佛道三教合流思潮的推動下，出現了三個理論高峰。一個是佛教禪宗哲學，出現在唐宋；一個是儒教哲學即道學，出現在宋明；一個是道教全真派哲學即內丹學，出現在宋元。這三家哲學都是三教合流的產物而又保留了本教自身的特色。"[3]中國自古以來就是多民族、多宗教、多思想派別的多元社會，以儒佛道三教合一為主體的多元包容文化有效地解決了多元社會和合共生的問題，對維護中國社會和諧有序發揮了重大作用。

　　近現代以來的激進思潮使許多國人至今仍認為宗教是愚昧迷信。這種觀點雖然偏頗，但也不是空穴來風，原因是所有宗教確實都有愚昧迷信的現象存在。但據此就說宗教全都是愚昧迷信則是以偏概全，忽視了宗教中佔有更重要地位的深奧智慧。舉例來說，作為儒佛道教義創始人的孔子、老子和釋迦牟尼的思想學說就堪稱人類理性智慧的典範，從中難以找到愚昧迷信的成分。如果教祖們創立的教義思想充滿理性智慧，將建立在其教義基礎上的宗教統稱為愚昧迷信就無異於愚昧迷信。又如，考察回顧人類思想史，就會發現自軸心時代以來，人類絕大多數大思想家、大哲學家都對宗教問題有過深入的思考和論述，都對宗教關注的終極問題或神學思想有所貢獻。如果宗教僅是愚昧迷信，原本應為大思想家們所不齒。由此看來，將宗教視為全是愚昧迷信或全是思想智慧都是偏頗的。如果對宗教的實際狀況做全面的考察，就會發現宗教在低端多愚昧迷信，在高端則多理性智慧，應予以客觀甄別。我國社會中不同人群

3　牟宗鑒：《中國宗教與中國文化》，北京：中國社會科學出版社，2005，第195頁。

對宗教或一概否定或一概肯定都失於偏頗，易於帶來社會危害，而這種狀況之所以存在正是由於缺乏對宗教的客觀認識和通識教育。

　　對宗教有客觀瞭解的人都知道，宗教有明顯的兩面性，既有多種積極社會功能，也有其消極陰暗面。宗教的積極和消極兩方面作用都具有巨大潛力，因此宗教既有可能成為重大的社會資源，也有可能成為重大的社會危害。忽視對宗教的研究、引導和利用會造成嚴重的資源浪費，甚至使寶貴資源成為為害社會的負資源。不幸的是，迄今為止社會尚未有意識地開發利用宗教的各種積極功能以造福社會，也未能有意識地著力于從根基上消除宗教的消極因素。此外，宗教的一種屢經證明的特性是當它被當作敵對勢力打壓時會成為強大的敵對力量，而當它被合理引導時會成為重大的積極力量。用我國著名宗教學家卓新平先生的話說就是宗教 "推一推為 '敵'，拉一拉為 '友'。"[4]如果不對宗教做客觀深入的研究，沒有對宗教的真知灼見，用簡單的堵壓方法處理宗教問題就難免花費巨大代價而效果適得其反。凡此種種，都提示宗教問題是錯綜複雜的，我國社會亟需擺脫文革遺留的簡單化定勢思維，開放和開展對宗教及其社會功能的客觀、理性、務實的重新認識和評估。

三、傳統中華文化是文化大發展的

精神價值基礎和資源

　　對於弘揚中華文化，國人都沒有理由反對。但對於如何弘揚、

---

4 卓新平：《全球化時代的宗教與當代中國》，北京：社會科學文獻出版社，2008 年，第 201 頁。

具體弘揚什麼，目前尚缺乏深入的研究論證，也沒有能夠得到大多數國人認同的方案，一定程度上仍處於混沌，甚至混亂狀態。有人將儒佛道其中之一當作全部中華文化來弘揚推廣，有人主張全盤復古，有人將傳統文化中的一些皮毛，甚至糟粕當作全部中華文化，有人認為傳統中華文化的一切都是精華，不容批判發展，有人甚至鼓吹中華文化的絕對性和排他性，將之與人類其他文化對立起來……　不難判斷，上述態度都明顯偏頗，甚至與中華文化中最優秀的元素背道而馳。任何理智健全的國人都很難同意中華文化的精華在於狹隘、落後、停滯、膚淺、自私、排他和尚鬥，也不會認同將這些因素當作中華優秀文化加以弘揚。

　　文化大發展是實現中華民族真正復興的重要一環，具有迫切的現實意義和深遠的戰略意義。其必須面對和亟待解決的主要問題是困擾我國的傳統文化斷層、精神信仰缺失、價值虛無、道德衰敗、物質主義嚴重、社會凝聚力鬆散等等。傳統中華文化通過三教合一、多元通和的方式在中國古代多元社會中有效構建和維持了深入人心的文化傳統、精神信仰、價值倫理和社會凝聚力，顯然是應對和解決以上問題的主要資源。以上問題的氾濫正是因為傳統中華文化被否定和破壞，二者之間存在著顯著的此消彼長關係。顯而易見，以上問題的解決、民族文化的發展、民族的復興，都離不開真心誠意地復興和發展傳統中華文化。

　　文化大發展的主要目標之一是構建我國的文化軟實力。按該概念的提出者美國學者約瑟夫‧奈的說法，"軟實力"(soft power)就是以精神、文化、價值觀和意識形態等方面的無形力量吸引、影響和征服世人的能力。相對於軍事、經濟等有形的"硬實力"，軟實力依靠精神信仰的魅力、價值觀的感召力和文化的親和力等無形力量影響和征服世人，使人心悅誠服，可以起到硬實力所起不到的作用；不僅對於國際社會如此，對本國民眾亦複如此。因此軟實力不僅與硬實力同樣不可或缺，而且在許多層面比硬實力更加有效和重要。經過改革開放以來的高速發展，我國的經濟、軍事等硬實力已經名列世界前茅，但軟實力卻是眾所周知的致命短項。究其原因，就是傳統中華文化歷經新文化運動到文革數十年的全盤否定和打壓，並未得到全面的平反和復興。傳統中華文化是軟實力構建的主要基礎和資源，如果得不到全面的撥亂反正、復興發展，軟實力的構建就是一句空話。如果不能有效建立強大的軟實力，中國的大國崛起就是有重大缺陷的硬性崛起，會被認為是對世界和平和繁榮的威脅，難以得到國際社會的真正認同和接受，也難以立足和持久。

什麼樣的文化軟實力真正具有精神信仰的魅力、價值觀的感召力和文化的親和力，能夠得到本國國民和國際社會的衷心認同和普遍接受？歸納起來，應該至少具備以下幾個條件：1.具有符合人類常數的精神超越維度；2.符合人類共性和共同利益的普世價值觀；3.博大精深、源遠流長的文化積澱；4.多元包容、和合共生的取向。如果深入研究，就會發現傳統中華文化內在地包含了所有這些條件或其潛在因素，只要充分挖掘和發展，完全能夠滿足大國崛起的軟實力資源需求。其中特別值得注意的是，中華文化固有的儒佛道等宗教文化的精神超越維度是獲得廣泛認同和尊從的重大資源。如果無視或否定其價值，堅持構建與人類所有其他民族文化不同的去宗教文化，將自我孤立，與軟實力構建的初衷南轅北轍。

談到中華文化，國人最常用的形容詞就是源遠流長、博大精深。中華文化何以能達到如此境界？就是因為其在悠久的歷史中能夠做到多元包容、海納百川，融匯吸納各種文化的精華。這是中華文化中往往被忽視的最優秀的元素。中華民族是歷史上成百上千個民族的多元融合體，而中華文化則是以儒佛道為主體，兼收並蓄諸子百家多元文化的精神文化共同體。中國社會從唐代起就開始了儒佛道三教合流，並且以開放包容的心態接納了基督教、伊斯蘭教、猶太教、瑣羅亞斯德教、摩尼教等多種外來宗教，允許其在華夏自由傳播，與本土文化融匯貫通。正是這種多元包容的氣度成就了歷代盛世，造就了中華民族多元社會的內在凝聚力，也促成了中華文化的博大精深。與西方宗教文化的排他性不同，中華文化並非狹隘排他的單一文化，而是多元包容的精神文化共同體。在全球化時代，正是這種多元包容的精神文化共同體特性將賦予中華文化最大的感染力、感召力和親和力，是其獲得廣泛認同和尊重的基礎。提倡復興發展以儒佛道為主體的中華文化並非將復興發展的對象局限於儒佛道，而是弘揚發展中華文化三教合一、多元包容的傳統和氣度，進一步容納彙聚人類其他文化精華，以形成海納人類所有文化精華的精神文化共同體。只有這樣的中華文化才是對多元包容精神傳統的真正弘揚，才能成就人類歷史上最偉大的文化。

中華民族的精神文化共同體理念用中國成語來簡練表達，就是多元通和、和而不同、和合共生。對於一個多元的民族共同體社會來說，這種理念能有效地解決眾多不同族群、不同宗教、不同思想流派間和平共處、共同繁榮的問題。這不僅反映了我們先人的智慧，也為現代社會的和諧構建提供了極為重要的精神思想資源。改革開放以來，我國社會除原有的五十六個民族之外還有大量的外國人出入和居住，除官定五大宗教之外還直接或間接受到世界所有其他宗教文化的影響，思想流派也是多種多樣，是一個典型的多元社會。在維持多元化、多樣化的前提下構建具有凝聚力的和諧社會是一項艱巨的任務，需要從傳統中華文化中汲取資源和智慧才能完成。多元通和、和而不同、和合共生的多元精神文化共同體理念是其中最重要的智慧和資源。

從國際視域來看，跨入全球化時代的國際社會並不太平，多元文化在日漸形成的地球村中碰撞糾紛不斷，危機四伏，隨時威脅著人類的共同生存發展。全球一體化的和諧社會能否成功形成，人類各民族、各宗教、各種觀念思想能否在其中和平共處，共同發展，是整個人類面臨的巨大挑戰。成功應對這一挑戰需要極大的智慧和思想資源，而中華文化多元通和、和而不同、和合共生的理念和精神文化共同體的模式可能正是解決問題的最有效的資源。如果共同體中華文化能夠真正得到復興發展，走向世界，並用以解決全球化的國際社會面臨的文明衝突危機，將是中華民族對人類共同生存發展所能做出的最重大貢獻。

道教在現代社會的發展取向[1]

道教是中國五大宗教中唯一土生土長的本土宗教，但也是近現代中國社會中規模最小、層次最低的宗教。道教應當如何在現代社會中生存發展？如何成為與現代社會相適應的現代化宗教？如何滿足現代社會的精神價值需求？爭取在現代社會中扮演什麼角色？建立何種地位？這些都是真正關心道教前途命運的人士應當深入研究思考的問題。

道教的頹勢有其歷史的原因，因此要扭轉乾坤，反衰為盛，應當從總結反思其頹勢的成因和歷史經驗教訓開始。

一、道教在現代社會的頹勢及其成因

道教在近現代中國的頹勢大致體現在以下幾個方面：人數少、層次低、人才缺乏、信仰淡漠、形象差、資源匱乏、惡性循環。統計資料顯示，中國現有道士 5 萬多人，而堪稱專一的道教信徒則寥寥無幾。這與基督教、伊斯蘭教等動輒以幾千萬計的信眾人數規模形成鮮明對比。道教的層次低，反映在教職人員的文化素養、教育水準、社會層次、謀生手段、教義修養等多個方面。人才缺乏是人

---

1 本文系 2013 年中國文化書院與遼寧九鼎鐵剎山聯合舉辦的 《"道教中國"高層文化論壇》參會論文，原載於該會論文集，後刊登於《上海道教》2018年第一期。

數少、層次低的必然結果,而缺乏人才的宗教必然難以健康生存和發展。道教的最大問題是信仰模糊甚至缺失。不僅信徒和社會對其究竟信仰什麼不甚明確,道士們自己也往往說不清道教到底信仰什麼,或者說自己也沒有真正的信仰。信仰是宗教的核心,因此說不清,也不能堅守和弘揚自己信仰的宗教必然難以興旺。上述種種缺陷導致道教的社會形象頗為負面。當然,民國以來對道教的打壓和一些真假道士借算命、看風水、裝神弄鬼等手段斂財也是道教形象差的重要成因。上述一系列原因致使道教在一定程度上淪為社會低層的宗教。而缺乏社會中高層人士的信仰和參與,就很少會有重大社會財富流入,從而造成道教的經濟資源匱乏。經濟的匱乏促使一些道教人士為生計所迫更專注於通過算命、看風水、做法事等急便手段賺取小錢,而這種做法則進一步損壞道教形象,使得道教的社會層次進一步走低。如此往復不已,形成惡性循環。

道教在中國近代社會的頹勢,始於民國年間的新文化運動。那個年代的知識精英們深受西方中心論和激進思潮的影響,紛紛對傳統中華文化和宗教發起攻擊,其中受打擊最嚴重的是道教。例如,胡適認為,"中國是個沒有宗教的國家,中國人是個不迷信宗教的民族"[2],而中國有的只是封建迷信。梁啟超則直接攻擊說:"道教是一面抄襲老子、莊子的教理,一面采佛教的形式及其皮毛,湊合起來的。做中國史,把道教敘述上去,可以說是大羞恥。他們所做的事,對於民族毫無利益;而且以左道惑眾,擾亂治安,歷代不絕。"[3]在這些知識精英的影響下,在其後歷次政治運動反復對傳統中華文化及與之密切相關的道教的打擊下,道教的社會形象變得極其負

---

2 胡適:"名教",《胡適文存二集》,上海:上海亞東書局,1928年,第91頁。

3 梁啟超:《中國歷史研究法》,北京:東方出版社,1996年,第304頁。

面，道教的生存發展都遭遇巨大障礙。

　　道教在近代社會的頹勢與知識教育界的態度有著比上述成因更加內在的關係，這可以通過比較佛道二教從民國以來的不同經歷、處境和發展結果清楚看出。民國以來，有許多高端知識份子成為佛教徒、僧人、佛教支持者或者護法，其中包括諸如楊文會、歐陽境無、太虛、弘一、呂澄、熊十力等人，甚至梁啟超、章太炎、胡適、梁漱溟等一批強烈反對宗教的主流學者後來也大力提倡佛教，致使佛教的文化層次、教義水準和社會形象都得到提升，因而得以在其後政治氣候適宜時迅速恢復發展，成為現代社會的強勢宗教。相比之下，道教在同一時期內不僅受到學術界的口誅筆伐，而且除陳攖寧之外幾乎沒有什麼知名知識份子為之張目。況且陳攖寧既不是高端知識份子，也不是道士，影響力甚為有限。教內教外都缺乏有學術水準和影響力的知識份子的支持和參與，致使道教的文化層次、教義水準和社會形象都進一步下降，固化了其社會下層宗教的地位。目前佛盛道衰的原因值得道教界人士深入考察和反思。

　　關注和籌畫道教發展的人士還應當注意，現代道教與傳統道教之間存在明顯的斷代關係。經過民國以來的毀滅性打擊和下層化衰落，特別是上世紀五十年代到文革結束三十年的強力打壓乃至消滅，道教的傳承呈現斷裂。新一代道士大多是改革開放後在政治主導下新生的一輩，在很大程度上已不同于傳統意義的道士。此外，上世紀中期以來中國社會在國民教育水準、社會結構、對宗教的認知和態度等方面都發生了翻天覆地的變化。加之受科學主義、無神論教育和世俗化的嚴重衝擊和影響，道教已經不可逆轉地轉變成不同于昔日傳統的宗教。

二、道教的發展取向

　　道教在現代社會中究竟向何處發展，是道教界人士難以回避的重大問題。或者說與其回避，不如直面正視，通過充分的研討論證，尋找最佳的發展取向。縱觀道教各路有關人士的主張和態度，道教的發展方向大體有以下幾種選擇。茲分別簡要論述如下。

　　其一，是維持現狀或近代趨勢。這是最省力的方式，也是對道教前途最不負責的取向。一些道教界人士個人稍有財富，衣食溫飽不愁，就安於現狀，對道教的發展前途漠不關心。其原因歸根結底還是缺乏信仰、使命感和責任心。維持現狀，其實就是維持道教近現代的頹敗趨勢。道教由衰轉盛，需要一大批信仰堅定、有使命感、有眼光、有學識、肯為此忘我投入的人士為之努力奮鬥。

　　其二，全面復古，恢復到辛亥革命之前的傳統道教。這種主張乍看合情合理，但經不住深入思考論證，其實是既不可行，又不利於道教的生存發展。中國已經由絕大多數人是文盲的農業社會轉變為絕大多數人受過教育的現代社會，中國的社會結構也由封閉式的農村宗族社會轉變為開放式的城鎮社會。傳統道教適合於文盲信眾和宗族閉塞社會的許多教義、教規和做法顯然不能適合知識資訊爆發的全球化現代社會，近百年來的無神論意識形態及其強化教育、科學主義和世俗化進程更使得道教復古成為不可能。道教如果不能主動改革發展，勇於甄別和拋棄其傳統中不適合現代社會的成分乃至糟粕，仍將其傳統中的一切都視為金科玉律而加以恢復執守，必然步入窮途末路。

　　其三，將養生、道醫作為道教的主要發展方向，是一些道教界人士和道教學者的主張。這種主張乍看為道教找到了在現代社會中的生存空間，其實是對道教前途的重大誤導。道教的根本價值在於其居於人類意識最高層面的精神信仰，旨在統攝人的思想行為，而養生、道醫只不過是道教傳統的附屬產物。以養生、道醫取代精神信仰作為道教的主要發展方向，實乃舍本求末，放棄了道教的神聖本體和崇高地位。何況就健康養生來說，道教難以與以飛速發展的現代科技為支撐的現代醫學競爭；就道醫來說，道教人士多沒有行醫執照，不僅行醫非法，而且難以與日新月異的現代醫院匹敵。二者的發展前景都頗為有限。養生和道醫可以作為道教的附加價值發展，但不宜喧賓奪主。

其四，是主動改革發展，在繼承、發揚傳統道教精華的基礎上借鑒學習其他宗教的優點，發展轉型成適合現代社會狀況和需要的現代化宗教。如前所述，中國社會在社會結構、教育知識水準、意識形態領域、世俗化程度、科技進步等各個方面都發生了翻天覆地的變化。無論願意與否，這些變化都已不可抗拒地從根本上改變了道教的生存環境乃至道教本身。道教與其被動改變，被歷史進一步推向社會的邊緣，不如主動改革發展，成功實現現代化轉型。

其五，道教如果不滿足于僅僅成為適應現代社會以爭取生存的一種宗教，而立志追求更宏大長遠的發展目標，則應爭取在以上基礎上發展成為現代社會精神文化的承載主體，進而引領現代社會的精神生活。當然，將此作為道教發展方向，其成功要求道教界人士同心協力做出前所未有的重大改變和努力。是否將此作為發展目標，取決於道教界人士的覺醒和共識，但就客觀條件而言，道教具備如此發展的社會需求和多種有利條件，包括但不限於以下幾項。

1、伴隨中國的重新崛起，民族復興已經成為整個中華民族的重大目標。民族復興不僅需要經濟、軍事等硬實力的長足發展，更依賴于中華文化軟實力的全面復興。可以說，沒有中華文化的復興就沒有真正的民族復興。歷史反復證明，精神文化只能由民間載體承載實踐才能有持久的生命力，政府的角色是予以支持，而不能越俎代庖。目前的困境是，復興中華文化最需要但也最缺乏的就是民間承載主體，而足以承擔此項重任的現成載體並不存在。經過上百年的社會動盪，曾作為中華文化主體的儒道佛三教中，儒教已是有魂無體，佛教單獨難以全面代表中華文化，道教作為現存的唯一純本土宗教，最有條件發展成為中國現代精神文化的主要民間載體。

2、信仰缺失、精神空虛、價值虛位、道德衰敗是困擾現代社會的最大痼疾，傳統中國社會防治這些痼疾的有效機制是以中華文化為背景的精神文化共同體，而這個體系近百年來幾乎被摧毀殆盡。現代社會在嘗試過醫治痼疾的各種外在手段都無效後，已經開始認識到重建精神文化體系的必要性。這個體系不能憑空構建，而必須以傳統精神文化為根基和主要資源。道教作為傳統精神文化的傳承主體之一，面臨迫切的社會需求和中興發展的良好機遇。

3、道教具備全面代表傳統中華文化、獲得政界支持的潛在條件。首先，道教中全真教等一些主要教派歷來以三教合一，多元包容作為立教之本。能夠同時承載儒道佛三教並包容多元信仰的宗教，就可能全面代表傳統中華文化。一些著名宗教學者提出建設大道教的理念，此之謂也。其次，道教是現存的唯一土生土長的本土宗教，在很大程度上代表本土本色文化，沒有政界擔心的外來勢力滲透之虞，故其健康發展更有可能獲得政界的支持。

4、道教，特別是全真教等主要教派，三教合一、多元包容的理念和傳統適合我國大一統多元社會的國情和全球化人類多元社會的生存發展需要，不僅可能得到我國社會、民眾和政府的普遍接受和支持，也是全球化時代化解人類多元社會文明衝突的有效方式，經過長足發展可以成為我國軟實力的主要力量走向世界，為國爭光。

　　道教發展成為現代中國社會的精神文化承載主體，固然有賴於客觀條件和社會需求，但更重要的是道教自身需要採取一系列的措施，銳意改進發展，做出超常的努力修身固本，以具備內在的實力。

三、道教發展成為現代社會精神文化承載主體的必要舉措

　　道教走改革發展的道路，力爭成為現代社會精神文化的民間承載主體，符合社會的精神文化需求，也是自身由衰轉盛的中興之路。但這是一條需要付出巨大努力的上坡之路。如果道教界人士有志于此，需要首先具備充分的決心和心理準備，並且至少在以下幾個方面做出實質性建樹和發展。

1、確立和堅定核心信仰，爭取成為現代社會精神信仰的引領者。

　　造成許多道教人士信仰模糊甚至缺失的一個重大原因，是道教複雜的眾神體系。這個體系的形成很大程度上起因於古代皇權對天的獨家壟斷和封神制度。隨著皇權的廢黜和現代科學對人造偶像神的衝擊，現代人對於眾偶像神的信仰越來越難以維持。此外，複雜混亂的眾神體系本來就起著令信仰模糊不清的作用，只不過在文盲充斥、科學不昌明的古代農業社會弱點暴露不充分，仍能適合當時的社會狀況和信仰需要。道教這種眾神體系其實背離或至少沖淡了教義創始人老子確立的對道或天道的基本信仰，一定程度起著喧賓

奪主的作用。眾神體系還是道教被近代社會斥為封建迷信的主要原因。化解道教現有信仰危機的辦法其實簡單而易行，就是回歸老子對天道的信仰崇拜。其實這也是道教界和現代社會最容易接受的核心信仰。為便於實行，道教可以突出建立道凌駕於眾神之上的核心信仰地位，而無需人為取消其眾神體系。道教界只有確立並堅守其天道核心信仰，才有可能帶動社會，成為現代社會精神信仰的承載主體。

2、學習借鑒其他宗教的經驗，推動現代化轉型發展

宗教史學證明，所有的現存宗教都有向其他宗教學習借鑒的經歷和成分，沒有一個現存宗教沒有經過發展變動。道教的發展史就是對以上論斷的最好證明。既然宗教改變是必然的，向其他宗教學習借鑒也是必要的，那麼與其故步自封，被動保持衰落的現狀，不如積極向其他宗教學習借鑒，主動改革發展，爭取儘早走出衰落困境，步入健康發展之路。

積極學習和借鑒其他宗教的優點，曾經是而且仍將是道教發展的重大資源和動力來源。鑒於道教在五大宗教中居於最弱勢的地位，道教有更多需要向其他宗教學習之處。道教應當學習借鑒的首先是與之並行的佛教。佛教在現代社會的優勢地位，不僅得益於近代知識階層的支持，而且立足於由太虛等佛教內部人士發動的佛教改革。太虛首先提出了人生佛教、復興佛教的理念，並輔之以教理革命、教制革命、教產革命的改革主張。其改革理念在海峽兩岸的實施是現今佛教強勢地位的重要原因。其他宗教也有許多優點值得道教認真學習和借鑒，其中包括信仰的純真堅定、神學教義的精深發展、宣教佈道、信眾發展、團契紐帶、積極入世、慈善公益、注

重教育文化等等。

在向其他宗教學習時，應當注意對所學內容的鑒別選擇，防止將其他宗教的優缺點盲目全盤採納接受。尤其對一些外來宗教的對立排他、基要主義、極端主義等重大缺點應該清醒辨別和防範，不要盲目學習，以免誤入歧途。

3、以《道德經》爲教義核心，注重道教神學教義建設

與亞伯拉罕諸宗教相比，道教的教義系統龐雜而凌亂，不僅尚未形成完整成熟的神學體系，而且一些教義內容迷信成分很高，難以適應現代社會的知識和教育水準。道教要想發展成為健康興旺的現代宗教，必須加強其神學體系建設，提高其教義水準。

道教開展神學教義建設，先天就有純正的教義核心和堅實的神學基礎。這個核心和基礎就是《道德經》。《道德經》是道教立教之本，也是道教各派公認的至上經典。將《道德經》作為復興發展道教的教義核心，既符合道教建教的根本宗旨，也能夠獲得廣大道教界人士和現代社會的認同。《道德經》言簡意賅、寓意深遠，奧妙無窮，是人類所有宗教經典中的上乘之作，其歷史地位幾乎無可比擬。隨著科學對人類許多宗教經典教義造成衝擊，對宗教經典中違背現代科學的成分形成挑戰，人們卻驚奇地發現，《道德經》不僅沒有與現代科學衝突的成分，而且在一些宇宙根本問題的認識上，甚至領先于現代科學。在一定意義上，科學越發展，就越證實《道德經》的深邃洞見。作為一種經得住時間和人類認識發展考驗的經典，《道德經》當之無愧可以作為道教長遠發展的神學理論基石。

道教在上千年的發展過程中產生過大量的宗派、學說和著述典

籍，其中既有繼承《道德經》優秀傳統的精華，也有不少糟粕，特別是違背《道德經》教義和自相矛盾的內容。作為道教著述集大成的《道藏》就多達五千多卷，卷軼浩繁，遠遠超過當代道教作為教義經典實際使用的需要。對內容龐雜的傳統經典去粗存精、去偽存真，從中發掘整理出適合現代道教使用的典籍精華是歷史的需要。但如何整理選擇、依據什麼標準擇優汰劣，如何避免人為偏見，將是此過程中的一大挑戰。《道德經》作為篩選、整合、發展道教經典教義的標杆和基礎，可以保證以上任務的圓滿完成。

《道德經》是一部高度理性和超理性的經典。作為道教主要流派之一的全真教的基本教義和實踐都秉承了《道德經》的理性傳統，明智地摒棄了原始宗教中虛妄不實的迷信成分。全真教注重修真養性、出家苦修、嚴戒律、重道德實踐、濟世利人，體現了宗教的真諦，發揮了宗教的積極社會功能；及時摒棄虛幻的肉身不死等信條和鉛汞外丹等實踐，使得信仰更加純真而少懈可擊。即便從現代視角來看，這些教義理念和實踐都是高度理性的。道教如果能充分發揚這種理性傳統，就可能適合現代社會要求，進而得到長足發展。

4、回歸三教合一、多元包容的傳統

道一理殊、萬法歸宗是宗教認識的最高境界。宗教都是以對超越者的精神信仰為核心，因此無論形式如何差異，核心內涵卻相同。宗教認識呈金字塔形狀，越往低端則差距越大，越往高端則越趨一致。道教的一些主要教派很久以前就達到道一理殊的認識境界，以三教合一、多元包容作為其基本教義理念，這是宗教認識水準高超的表現。

在全球化人類追求和平共存的處境下，西方社會逐漸認識到宗

教的排他對立是重大缺陷，威脅到人類的生存發展，因而開始尋求通過宗教對話等方法在宗教間建立和合共生的關係。西方社會剛剛開始認識和力圖解決的問題，道教在隋唐以來就不僅認識，而且通過三教合一的共同體理念和實踐提供了有效解決的方法。由此可見，多元包容、有容乃大、和合共生不僅是道教的優秀傳統，也是符合全球化時代需求的宗教發展楷模，對於全球化時代人類的共同生存發展有著重大的現實意義。全球化已經將整個人類世界推向多元一體化的快速通道，道教如果主動將三教合一的信仰共同體模式擴展為能容納所有宗教的共同體，就可掌握先機，成為全球化人類和合共生的範式和表率。

現代中國是多種宗教並存的多元社會，中國社會的宗教多元包容傳統使得整個社會適合並易於接受多元包容的理念和實踐。以儒道佛為主體的傳統中華文化中儒教因為失去了皇權的承載而成為無體可附的遊魂，亟需找到民間的承載主體。道教如果能夠繼承發揚三教合一、多元包容的傳統，就能通過為儒教遊魂提供載體而代表儒教，與佛教聯手而獲得佛教的發展優勢，容納所謂民間宗教信仰而擴大影響，包容基督教、天主教、伊斯蘭教等外來宗教而成長壯大。正所謂有容乃大，故能成其大。反之，道教如果走封閉排他的道路，則會日益狹隘，不僅不能成為現代社會精神信仰的承載主體，而且會加劇目前的邊緣化頹勢。

5、提升文化素養，注重人才的集聚和培養

道教在現代社會形衰式微、發展緩慢，除了政治原因之外，主要是缺乏品學兼優的中高端人才，缺乏知識界的支持。人才嚴重匱乏，教育水準欠佳，人員素質偏下，是制約道教在近代社會健康發

展的最主要因素之一。

偉大宗教的興起和發展，總要經由一些學識深厚、委身信仰的知識型人物發展其教義理論，推動其進入社會中高層，進而全面影響社會。進入教育水準大幅提高的資訊化社會，受過良好教育、品學兼優的神職人員更是道教發展興旺的前提條件。物以類聚、人以群分，低水準的神職人員只能吸引低層次的信眾，由低水準神職人員主導的宗教只能是社會低層宗教。道教要在現代社會興旺發展，就必須打破明清以來道士文化層次普遍低下的格局，下大力氣集聚和培養高素質人才，向社會中高端發展。

冰凍三尺，非一日之寒。道教要想改變目前人員素質低下，人才缺乏的格局也不能指望一蹴而就，或者只靠一種方法就能全面奏效。對於發展和培養人才，道教應當首先建立強烈的意識和全面的發展規劃，然後持之以恆，採用多種方式付諸實施。可以考慮的措施包括辦學辦班、內部培養、講經佈道、吸引接納高端人才、舉辦道教理論研究機構和教義研討活動、鼓勵注重學習等等，分別簡述如下。

（1）**辦學辦班**。目前全國只有四所經正式批准的道教院校，且四所都是小班，辦辦停停，生源和合格師資均嚴重匱乏，充其量只能算作不定期的道學班。部分"道學院"過多依靠大學教師授課，忽視信仰教育，致使學員信仰減弱甚至消失。要完成道教人才培養大業，應當首先設法將現有道學院辦成每年招生、學科齊全、名副其實的道學院，並培養出自己的師資隊伍。此外，還應開辦更多的各種形式的道教院校、道學班、短訓班、面向信徒的學習班等等。條件成熟時應注重培養研究生及以上學歷水準的高端人才。教育培養應被列為道教發展的重中之重。

（2）**內部培養**。道教傳統的教學方式是師徒傳承。這種方式在現代社會已經受到道學院正式教育的挑戰而退居二線。儘管如此，師徒傳承的方式仍有其重要價值，值得深入發掘和改革發展。此外，各宮觀還應努力創造各種機會和機制，將宮觀改造成不斷學習進步的場所，以提高道士的學識素養。

（3）**講經佈道**。講經佈道是道教應該向亞伯拉罕宗教學習的優秀形式。其好處不僅在於向信徒宣講道教的精微教義，增強信徒的歸屬感，而且可以提高講道者自身的教義水準和素質，進而提升道教的整體水準。講經佈道能促使講道者努力學習，提高自身的學養水準和溝通能力。可以設想，如果道教的多數道士都具備講道的能力，並且將講經佈道設置為日常重要活動，道教的水準、素質和影響力將不可同日而語。

（4）**吸引接納高端人才**。除內部培養之外，發展人才的最快途徑是從教外吸引招納受過高等教育的高素質人才為道教效力。顯而易見，吸引有大學學歷以上的人士入教或為道教服務遠比內部培養中小學學歷的人員迅捷有效。道教如能獲得大批社會高端人士的參與投入，必將能步入高端，蓬勃發展。社會高端人士有比社會下層人士更大的社會影響力，其積極參與和支持將有效帶動社會大眾接受道教信仰。

（5）**舉辦道教理論研究機構和教義學術活動**。道教向中高端發展有賴於其教義理論和人才水準的提高，而達此目標的有效舉措是舉辦道教理論研究機構和開展教義學術活動，其中包括研究院、研究中心、學術研討會、學術沙龍等等。此舉不僅能提升道教的教義理論水準，而且能從中集聚和培養大批高端人才，是道教發展的重要舉措。已經有道教宮觀舉辦類似活動，說明道教中有識之士已有這方面的意識覺醒，值得鼓勵和發揚。

（6）**注重和鼓勵學習。**人才的開發培養首先取決於教內上層人士的重視和投入，而注重和鼓勵學習是開發培養人才的有效途徑。為此，教內上層人士應該普遍樹立重視人才和崇尚學習的基本態度，並為此設立相應的鼓勵和推進機制。經過持之以恆的努力，道教才能最終人才濟濟，興旺發達。

6、回歸重道德實踐的傳統，開展慈善公益活動

提升和維護社會道德是宗教的主要社會功能，也是宗教之所以能超越世俗，贏得社會尊重信服的重要因素之一。值得道教驕傲的是，多數道教教派有高度重視道德教化的傳統。例如，全真教祖師王重陽在創教之始就高度注重道德實踐，使得全真教成為一個以道德實踐為宗旨，濟世利人的宗教。這其實是抓住了宗教的精髓，突出彰顯了宗教重要的社會功能。

道教的道德實踐傳統在當今社會有特別重大的現實意義。眾所周知，困擾現代中國社會的最大痼疾是社會道德嚴重衰敗。對此，宗教是最有效的救治良藥。造成道德衰敗的主要原因之一是精神信仰缺失。中國社會已經嘗試過用各種世俗的方法救治道德衰敗而全然無效，原因在於源自精神思想的疾病不能僅用物質手段治療。道教作為一種既有尊道貴德精神信仰，又注重道德實踐的宗教在恢復重建中華民族道德體系中應大有可為。

能否在重建中華民族道德體系的工作中做出重大貢獻既是對道教的考驗，也是道教發展的機遇。如果道教能夠在救治社會道德衰敗中發揮重大作用，則不僅對中國社會做出了重大貢獻，實現了濟世利人的先師祖訓，而且可以不失時機地凸顯道教的價值，提升道

教的社會形象。為此，道教應當努力從傳統經典中發掘適用于現代社會的道德倫理資源，探索實踐在現代社會道德教化的新途徑，身體力行，爭取成為社會的道德表率。

同理，道教還應順應政府最近鼓勵宗教慈善的政策，不失時機地積極投入慈善公益活動，發揮其慈善公益功能。以基督教、天主教為借鑒，他們雖然都因其洋教身份在近代中國社會受到抵制排斥，但其廣泛舉辦的公益慈善機構和活動則極大地改善了我國民眾對他們的看法，提高了他們的社會形象和地位。道教如果能夠積極開展慈善公益活動，將不僅能夠造福社會，而且能夠全面改善其在現代社會的形象和地位，為道教的發展帶來新的生機。

佛教在當代社會的責任與使命[1]

　　佛教在當代社會有哪些歷史責任與使命，答案必須從當代社會中尋找。原因很簡單，佛教本身就是當代社會的一個組成部分，而我們談論的責任與使命都是在當代社會背景下的責任與使命。有鑑於此，當代社會的重大問題、需求與挑戰就構成了佛教在當代社會責任和使命的主要來源。為此，本文首先審視當代社會有哪些重大問題與挑戰。

一、當代社會面臨的重大問題和挑戰

　　當代社會眾所周知的最大問題是信仰缺失、價值虛位、道德淪喪、凝聚力欠缺。這些問題自文化革命之後就開始顯露，在經濟市場化之後日益加劇，已經成為當代社會久治不愈的嚴重痼疾，從而構成對當代社會的最大挑戰。以上這些社會問題看似不同，其實相互之間卻有內在的聯繫。社會道德衰敗，源自于傳統價值體系的崩潰和精神自律能力的喪失；而價值體系的崩潰和自律能力的喪失又可直接追溯到傳統精神信仰體系的破壞。黑格爾認為，民族凝聚力的最主要來源是民族的精神信仰。據此而言，傳統精神信仰體系的

---

1 本文原載於《當代佛教的歷史使命與社會責任》，北京：金城出版社，2013年，第51-59頁。

破壞又造成了民族凝聚力的喪失，使得急於求成者不得不求助於極
端民族主義這種飲鴆止渴的外在手段以填補民族凝聚力的缺口。

　　數千年以來，中華民族始終依靠其長期以來自身發展出的一套
精神人文體系維持其精神信仰，提供其價值源泉，維護其社會倫理，
凝聚其社會。在這套精神人文體系中，精神、信仰、價值、倫理和
文化是混為一體的，彼此之間並沒有清晰的分野。這套精神人文體
系，就是人們通常所說的傳統中華文化。傳統中華文化被新文化運
動到文化革命的一系列運動人為摧毀，造成中華民族精神信仰傳統
的近代斷裂。在嘗試過以科學、政治、美學、倫理、哲學替代宗教
即精神信仰並且遭遇慘痛的失敗之後，中國社會陷入了人類歷史上
罕見的信仰真空期。人類社會迄今為止的各民族都是有精神信仰
的。沒有精神信仰的社會是有嚴重缺陷的社會，缺乏精神信仰的社
會必然伴隨種種嚴重的社會問題。如何滿足中國社會對精神信仰的
巨大需求？在經歷過各種失敗的替代嘗試之後，人們的眼光不得不
轉回到傳統中華文化上來。

　　此外，作為中華民族復興的重要組成部分，中華文化的復興和
軟實力的構建也被作為當務之急擺上了議事日程。其實以上二者與
上述危機都是同一個問題的不同表現面。民族的復興，不能僅靠經
濟、軍事等“硬體”的復興，精神、文化等“軟體”的復興不僅必
要，而且從深遠意義上來說可能更加重要。伴隨我國經濟的高速發
展，與大國崛起相匹配的軟實力構建已經成為當務之急。但軟實力
是我國目前的致命弱項，且如何建構尚無有效方案。其實，我國目
前極度欠缺的軟實力核心就是能被國際社會普遍認同的精神信仰和
價值倫理，而傳統中華文化中包含了所有這些要素的資源，只是沒
有被開發利用而已。當代中國在大國崛起進程中最缺乏的軟實力，

其實正是一種以中華傳統文化為基礎，具有精神信仰的魅力、價值倫理的感召力、文化傳統的親和力的體系。這個體系對內應能產生強烈的凝聚力和向心力，對外則表現為強大的親和力和感召力，是我國民族復興，重新崛起於世界民族之林所必不可少的真正軟實力。中華文化體系的重建和軟實力的構建其實是一回事，就是民族文化的復興。

由於在傳統中華文化體系中，精神、信仰、價值、倫理和文化是混為一體的，因此重新構建中華文化體系，其實就是重建民族的精神、信仰、價值、倫理和文化大一統體系。這樣做的優點是，同一體系可以同時應對和解決中國當代社會在精神、信仰、價值、倫理和文化各方面的問題和挑戰，而不必分別設立體系。

二、佛教面臨的歷史機遇和使命

中國當代社會面臨的重大問題和挑戰，對佛教來說則是重大的機遇。當代社會面臨的問題和挑戰必然推動中華文化體系的重建和發展，這項工作不僅需要政府的支持，更需要民間的運作載體和動能。佛教是以儒佛道為主體的傳統中華文化體系中三教之一，是其重要的組成部分。佛教作為該體系的重要組成部分理所應當是該體系重建的重要載體，故而面臨前所未有的發展機遇。

考察我國五大宗教和儒教在當代中國社會的實際狀況，可以發現佛教在重建中華文化體系中處於最有利的優勢地位。作為古代中國三教之首的儒教原本依附於皇權體制和宗法社會而居於主導地位。隨著皇權體制被辛亥革命摧毀及宗法社會在現代化進程中解體，儒教已經是有魂無體，或者說魂不附體。其當務之急是為自己找到可附之體，在此之前難以有所作為，更不可能作為文化復興的載體。道教由於近代社會變遷造成的外部坎坷和自身內部原因，是目前官定五大宗教中最為弱勢的宗教，大有自顧不暇之虞。在啟動重大改革以奠定自身實力基礎之前，道教尚難以在中華文化體系的重新構建中起主導作用。五大宗教中的基督教、天主教和伊斯蘭教都是外來宗教，不能代表本土文化，並且在充分實現本土化之前都會被認為有外來勢力滲透之嫌，故而同樣難以被當作中華文化體系重建的主導力量。相比之下，佛教所處的優勢地位顯而易見。

佛教在當代社會的優勢地位主要得益於佛教內部的宗教改革和民國以來知識界的支持。佛教在當代社會的優勢地位，很大程度上得益于太虛法師發動的人生佛教和三大革命等佛教改革運動。這場改革運動在佛教內部保守勢力的阻礙下，當時看似失敗了，但卻通過太虛主辦的佛學院培養的一代僧人精英在海峽兩岸的運作，最終成為當代中國佛教的主流，從而使佛教從毀滅性動盪中保存了實力火種。此外，新文化運動以來，雖然知識界對於宗教和傳統文化持否定態度，但對佛教則似乎網開一面。民國以來，許多高端知識份子成為佛教徒、僧人、佛教支持者或者護法，其中包括諸如楊文會、歐陽境無、太虛、弘一、呂澂、熊十力等人，甚至梁啟超、章太炎、胡適、梁漱溟等一批強烈反對宗教的學者後來也大力提倡佛教，致使佛教的文化層次、教義水準和社會形象都得到提升，因而得以在其後政治氣候適宜時迅速發展，最終成為當代社會的強勢宗教。在中華文化體系重建中，佛教因此居於優勢地位，面臨獨特的機遇。

佛教的優勢地位還表現在其充足的經濟資源，這些資源足以讓佛教在中華文化體系重建中發揮舉足輕重的作用。熟悉中國宗教狀況的人都知道，佛教是當代社會中最有錢的宗教。錢雖不是宗教應該追求的目標，但無錢卻不可能維持和發展一個宗教，更不可能讓宗教在社會公益活動中發揮重大作用。佛教豐厚的經濟資源最適當的用途不是建廟擴闊，而是幫助解決社會重大問題，從事公益事業，否則很容易淪為宗教腐敗墮落的滋生土壤。

　　佛教在中華文化體系重建中所特有的優勢地位還表現在政界對其的隱性支持上。相對於其他四大宗教，佛教近年來受到的政界支持可能是最大最多的，這不僅表現在政界對佛教的特別看顧上，而且體現在各級政界人士對佛教活動的參與支持上。中國社會的宗教規則歷來是"不依國主，法事不立"。政界的支持與否是決定一個宗教命運及其能否發揮作用的關鍵。因此，政界的特別支持也是佛教的優勢之一。

　　中國社會獨特的歷史需求和佛教在當代社會獨特的優勢地位，界定了佛教在當代社會的歷史責任和使命。本文第一節中所述中國社會的信仰缺失、價值虛位、道德淪喪、凝聚力欠缺、軟實力缺如等等，其實正是佛教能夠幫助這個社會解決的重大問題，因此佛教應將其作為歷史責任和使命。佛教在此過程中將不僅僅是投入和奉獻，而且也將多方位受益。

三、佛教踐行其歷史責任和使命的可能舉措

　　復興中華文化是一項重大的歷史工程，需要大量的投入，還需要堅持不懈的努力。對於作為參與者的佛教來說，雖然相對於其他宗教有上述優勢，但也有許多自身的缺陷和弱點需要填補或改進；修身固本，才能真正具備相應的條件和能力。佛教要成功踐行以上的歷史責任和使命，至少需要在以下諸方面做出努力。

1、確立和堅定自身信仰，從而帶動當代社會的精神信仰

宗教的核心是信仰，而真正能夠給社會提供精神信仰的是宗教。當代社會精神信仰缺失，原因是人們將真正能夠給社會提供精神信仰的儒道佛打倒，試圖代之以科學、政治、美育、哲學，甚至個人崇拜等世俗事物。在這些嘗試均告失敗之後，人們把目光再次投向儒佛道等傳統信仰，給了儒佛道以再次成為社會精神信仰載體的機會。然而，受世俗化、無神論教育和市場經濟的交互衝擊和影響，佛教內部許多僧人戒律鬆弛，信仰淡漠乃至缺失，或將出家當作謀生職業，或將發財升官作為追求目標，甚至為此勾心鬥角。自身信仰淡漠乃至缺失的人不可能帶動世人信仰的提升，更不可能維護佛教的形象和地位。因此，佛教界人士只有確立並堅守其自身信仰，提升自身德行修養，才有可能帶動提升社會精神信仰水準，讓佛教成為當代社會精神信仰的重要載體。中國佛教在這方面還有大量的工作待做。

2、開展道德教化和慈善公益活動

提升和維護社會道德是宗教的主要社會功能，也是宗教之所以能超越世俗，贏得社會尊重的重要原因。然而，明確認識到宗教的社會道德功能則是近代宗教學的重大發現，此前人類社會對此並沒有明確認識。在本土化進程中，佛教接受了中華文化中重道德倫理的傳統，發展了自身的倫理教義和實踐，這其實抓住了宗教的精華，突出彰顯了宗教最重要的社會功能。

道德倫理實踐在現代社會有特別重大的現實意義，也是佛教踐行其歷史責任和使命的重要維度。困擾當代中國社會的最大痼疾是社會道德嚴重衰敗。造成道德衰敗和自律缺失的主要原因是精神信

仰缺失。中國社會已經嘗試過用各種世俗的方法救治而全然無效，原因在於源自精神思想層面的疾病不能僅用外在手段治療。對此，宗教應當是最對症的救治方法。佛教如果能夠運用自身精神信仰的資源，注重道德教化和實踐，就能在救治社會道德衰敗中發揮重大作用。如此則不僅對中國社會做出了重大貢獻，而且可以凸顯佛教的價值，提升佛教的社會形象。為此，佛教應當努力從傳統經典中發掘適用於當代社會的道德倫理資源，探索實踐在當代社會道德教化的新途徑，身體力行，爭取成為社會的道德表率。

同理，佛教還應回應政府最近鼓勵宗教慈善的政策，不失時機地積極投入慈善公益活動，發揮其慈善公益功能。佛教如果能夠積極開展慈善公益活動，將不僅能夠造福社會，而且能夠全面改善其在當代社會的形象和地位，為佛教的發展帶來新的生機。

3、學習借鑒其他宗教經驗，繼續推進現代化改革發展

宗教史學證明，所有的現存宗教都有向其他宗教學習借鑒的經歷和成分，沒有一個現存宗教沒有經歷過發展變動。積極學習和借鑒其他宗教的優點，曾經是而且仍將是佛教自身發展的重大資源和動能來源。既然宗教改變是必然的，向其他宗教學習借鑒也是必要的，那麼與其固步自封，因循守舊，不如積極向其他宗教學習借鑒，主動改革發展，步入健康發展之路。

應當牢記，佛教在當代社會的優勢地位，正是得益於由太虛法師等佛教內部人士發起的改革運動。太虛法師的許多改革理念，至今並沒有得到完全實行。隨著社會的演進發展，佛教仍需與時俱進，才能不斷適應社會需求，成為現代社會的主導性宗教。如果停滯不前，轉向保守，就會重蹈百年以來道教的覆轍，被社會邊緣化。基

督教、天主教和伊斯蘭教等外來宗教有許多優點值得佛教認真學習和借鑒，其中包括信仰的純真堅定、教義教理的精深發達、宣教佈道、信眾發展、團契紐帶、慈善公益、注重教育文化等等。其中講經佈道的好處不僅在於向信徒宣講佛教的教義，增強信徒的信仰和歸屬感，還可以提高講道者自身的教義水準和素質，進而提升佛教的整體水準和素質。講經佈道能促使講道者努力學習，提高自身的學養水準和溝通能力。事實上，佛祖釋迦牟尼悟道之後，其大半生都用以講經佈道。佛教理應繼承佛祖的傳統，將講經佈道設定為日常重要活動，以提高佛教的整體水準和素質。

4、繼承發揚多元包容傳統，爭取做中華文化的代表

理殊道一、萬法歸宗是宗教認識的最高境界。宗教都是以對超越者的精神信仰為核心，因此無論形式和外延如何差異，核心內涵卻大致相同。宗教認識呈金字塔形狀，越往低端則差距越大，越往高端則越趨一致。中華民族從隋唐以來就達到理一分殊的認識境界，崇尚儒佛道三教合一、多元包容的宗教關係理念，這其實是宗教認識水準高超的表現。

在全球化將人類命運捆綁在一起的形勢下，西方社會逐漸認識到宗教的排他對立是重大缺陷，威脅到人類的共同生存發展，因而開始尋求通過宗教對話等方法在宗教間建立和平共處的關係。西方社會剛剛開始認識和力圖解決的問題，中華民族在一千多年之前就不僅認識，而且通過三教合一的和合理念和實踐提供了有效解決的方法。由此可見，多元包容、有容乃大、和合共生不僅是中國宗教的優秀傳統，也是符合全球化時代人類需求的宗教發展模式，對於人類的共同生存發展有著重大的現實意義。全球化已經將整個人類

世界推向多元一體化的快速通道，佛教如果主動將多元包容的信仰傳統擴展為能包容其他宗教的共同體模式，就可掌握先機，成為全球化人類和合共生的模範表率。

受近代西方宗教觀的影響，佛道二教也開始向西方建制性宗教學習發展，排他意識逐漸增強，多元包容理念開始淡化，因此面臨喪失其重大優勢的危險。中國社會始終是多種宗教信仰並存的多元社會，這種社會環境和傳統適合多元包容的理念和實踐而不是相反。因此，繼承發揚多元包容的傳統就保持了傳統優勢，反之則喪失了傳統優勢。此外，在復興以儒道佛為主體的傳統中華文化中，儒教因為失去了傳統皇權和宗族社會而成為無承載主體可附的遊魂，亟需找到民間的承載主體。佛教如果能夠繼承發揚多元包容的傳統，通過為儒教遊魂提供載體而代表儒教，與道教聯手而獲得本土宗教的民族優勢，接納民間宗教信仰而擴大影響，包容基督教、天主教、伊斯蘭教等外來宗教而成長壯大，就會因有容乃大而成為中華傳統文化的優秀代表。從長遠角度看，這是佛教興盛的上策。反之，佛教如果走排他對立的道路，則會日益狹隘，不僅不能成為當代社會精神信仰的承載主體，而且會走向其反面，逐漸喪失其優勢。

5、提升教義和文化素養，注重人才的集聚和培養

中國各宗教在當代社會的發展瓶頸，除了政治原因之外，主要是缺乏品學兼優的中高端人才。高端人才匱乏、教育水準欠佳、人員素質偏下，也是制約佛教在現代社會健康發展的主要因素之一。目前全國多數佛教院校都水準欠佳，高素質的生源和合格師資均嚴重匱乏，時辦時停，遠沒有達到普通大專院校的水準。

　　偉大宗教的興起和發展，總要經由一些學養深厚、委身信仰的知識型人物發展其教義理論，推動其進入社會中高層，進而全面影響社會。進入教育水準大幅提高的資訊化社會，受過良好教育、品學兼優的僧人更是佛教發展興旺的必要前提條件。物以類聚、人以群分，低水準的教職人員只能吸引低層次的信眾，由低水準教職人員主導的宗教只能是社會低層宗教。佛教要在當代社會興旺發展，就必須打破明清以來大多數僧人文化層次低下的格局，下大力氣集聚和培養高素質人才，進一步向社會中高端發展。

　　冰凍三尺，非一日之寒。佛教要想改變目前格局也不能指望一蹴而就，或者只靠一種方法就能全面奏效。對於發展和培養人才，應當首先建立強烈的意識和全面的發展規劃，然後持之以恆，採用多種方式付諸實施。可以考慮的舉措包括辦學辦班、吸引接納高端人才、舉辦理論研究機構和學術活動等。

　　要提高佛教人才培養水準，首先應當設法將現有佛學院辦成每年招生、學科齊全、名副其實的佛學院，並培養出自己的師資隊伍，條件成熟時還應培養研究生及以上水準的高端人才。除內部培養之外，最快的發展人才途徑是從教外吸引受過高等教育的高素質人才。直接吸引大學學歷以上的人士入教或為佛教服務遠比內部培養中小學學歷的人員迅捷便利。社會高端人士有比社會下層更大的社會影響力，其積極介入將有效帶動影響社會大眾。佛教不應忘記其現在的優勢地位正是得益於民國期間學術界對其的大力支持，並努力保持這種獨特的優勢。

　　佛教提升自身素質的另一舉措是舉辦各種研究機構和學術活

動。此舉不僅能提升佛教的教義理論水準，而且能從中集聚和培養高端人才，是佛教發展的重要舉措。已經有許多佛教寺廟經常舉辦類似活動，但如何才能集中資源為佛教整體取得更好效果，尚有待研究論證。

基督宗教中國化的四個層面[1]

　　基督宗教的中國化，是基督宗教在中國的必行之路。這既關係到基督宗教在中國社會的長期生存發展，也關係到基督宗教能否真正被中國社會普遍接受，從而成功融入中國社會。基督教的中國化，在我看來可以分為四個層面，第一是政治層面，第二是社會層面，第三是宗教關係層面，第四是劉金光先生剛才講到的神學層面，我把它稱作教理層面。

　　首先，在政治層面上，中國歷來有這樣的傳統：不依國主，法事難立。這一點佛教在傳入中國之後不久就心領神會，進而對自身做出很大的調整以適應執政者的政治治理需求，因而在執政者的認可下成功融入中國社會，乃至興盛發達。相比之下，基督宗教到現在為止似乎還沒有完全吃透這一點，一定程度上仍舊保持了與中國政治的張力。其表現如外國傳教團體在華的頂風傳教、"中華歸主"的強勢主張、地下教會的逆勢擴張、基督教的維權活動等等。這些活動雖然看似具有很強的活力，但效果是加強了與政府的張力，增加了自身生存發展的阻力，對基督宗教自身並不一定是好事。一般來說，張力越大，反作用力就越大，反

1　本文系筆者在中國社會科學院世界宗教研究所與北京大學宗教文化研究院2014 年 10 月舉辦的《第二屆基督教中國化研討會》上的即席發言整理稿，原載於《基督教中國化研究》第二輯，北京：宗教文化出版社，2015 年；後被《中國民族報》選登於 2015 年 4 月 21 日版，總第 1430 期。

之亦然。這是基督宗教必須考慮的問題。佛教中國化和康熙年間禮儀之爭的案例都可以作為基督宗教在華選擇發展方向的正反參考借鑒。

　　第二是社會層面。基督宗教作為一個在西方列強強勢時期擴張到中國的宗教，在許多中國人的心目中還是一種洋教，還是與以前的列強侵入有很大關係，所以並不是整個中國社會都能夠真正接受它，其中包括很多知識份子。當然這其中既有基督宗教本身的問題，也有國人缺乏對它瞭解的問題。其實，基督宗教只是一種宗教信仰，與西方列強並沒有必然的內在聯繫。但關鍵是中國社會並沒有義務去主動瞭解、理解和接受基督宗教，要做到這一點，基督宗教必須以自身的行動向中國社會和民眾證明它是一種有益無害的宗教信仰，能夠提升國人的精神信仰境界，提高社會的價值倫理水準，提供慈善公益服務，維護社會和諧安定，滿足國人的精神需求等等，而不是一種旨在征服的外來宗教。例如，基督宗教在清末民初曾經在華開辦過大量的學校、醫院、孤兒院、養老院等慈善公益機構，在改善中國社會的公益慈善福利的同時，也改善了基督宗教自身的形象、社會認知和民眾接受度。因為種種歷史原因，這個傳統已經在很大程度上喪失了。基督宗教要獲得中國社會的普遍接受，尚需在這些能造福中國社會，感動和感化人心的方面下功夫。當然，中國社會目前缺乏客觀求實的宗教通識教育，也是造成包括基督宗教在內的所有宗教都在一定程度上不被理解和接受的重要原因。

　　第三，宗教關係層面。基督宗教作為一種建制性的宗教對其他宗教有很強的排他性，這不僅表現在與其他宗教的關係上，而且表現在基督宗教內部教派的相互關係上。這與中國社會宗教信仰多元包容、兼收並蓄的傳統形成鮮明的對比，違背了中國人的信仰傳統和普遍持有的信仰理念，也給中國社會的和諧穩定帶來隱患。有學者認為排他性是基督宗教生命力的來源和不可或缺的稟賦，我對此不敢苟同。在我看來，基督新教和天主教的排他性恰恰是基督宗教的一大缺點，不僅對其他宗教形成敵對張力，而且阻礙了其自身的包容發展，也是基督宗教不能被國人完全接受，順利實現本土化的重要原因。在宗教關係上，排他只能造成"他排"，從而引起宗教間的紛爭和衝突，進而毒害社會氛圍。對於力圖在異國生存發展的基督宗教來說，這並不是什麼明智的選擇。基督宗教信仰的是天主上帝，而不是排他，所以將排他性當作基督宗教生命力的來源和不可或缺的稟賦，是缺乏根據的，也是難以成立的。因此，基督宗教要做到中國化，首先需要降低自己的排他性，以適合中國社會多元通和、和而不同、和合共生的宗教關係傳統和理念。尤其是中國的天主教和基督新教，由於種種歷史原因，與世界其他國家的基督宗教相比，基要性和排他性都顯得更強，更加保守。如果維持如此顯著的基要性和排他性，基督宗教的中國化就難以完全實現，對其自身也十分不利。

　　段琦老師的發言中提到曲阜建教堂的儒耶之爭。去年我應傅有德教授的邀請去山東大學做講座，事後他派他們中心的趙傑教授和她的博士生驅車陪我到曲阜參訪。碰巧趙傑近年來所做的宗教社會學研究課題就是曲阜建教堂的事，對此有近兩年的詳盡田野調查研究，掌握第一手的資料，於是到曲阜的第一件事就是帶我到建教堂的原址實地考察，採訪教會人士瞭解一手情況。在此之前，我從媒體得到的印象是教堂將蓋在孔府旁邊，並且高於三孔的所有建築，故而觸犯了新儒家學者們的神經，致使他們聯名簽字抗議，阻止了洋教對儒家聖地孔府的侵犯。到現場一看，才知情況並非如此。該教堂申請建設的原因是附近有大量教徒而沒有教堂，而非與儒家聖地競爭。教徒們因教堂建設受阻至今仍將附近一處臨時簡易房當作教堂。現場一看，建教堂的奠基地附近有許多高層住宅建築，都遠高於擬建教堂的高度。我們打表開車從建教堂的現場到三孔最近的外牆，距離超過 9 華里，中間還隔著大量的高層建築。從空間來看，該教堂與三孔完全沒有任何關係。看後才知道中國所謂的新儒家有多狹隘，多霸道！此前聽到許多學者對新儒家多有批評，尚不完全理解，此次算是真正領教。儒家本來是以多元包容見長的，如今卻蛻化成狹隘排他的典型。由此看來，新儒家倒像是從基督宗教學習繼承了排他性，變得更像是最保守排外的基督教派，而不像傳統的儒教。好在所謂新儒家只是幾個自封為儒家的學者，既代表不了儒家，更代表不了中國的知識份子，否則中國的宗教關係真要"禍莫大焉"。從這場爭議得到的教訓是，宗教的排他性，不管持有人是哪個宗教、哪個教派，都只能招致更多的排他對立，從而使涉事各方都成為輸家。排他性不符合中國人多元包容的傳統理念，也無益於基督宗教的中國化。

第四是教理層面，也就是神學層面。基督宗教如果要實現中國化，讓更多的中國人接受，就應該在教義教理的構建層面主動尋找與儒道佛傳統中華文化的共同點，做到求同存異，而不是求異存同。人類的宗教信仰，在許多方面具有共性，但因為妄自尊大和片面狹隘等原因，以往許多人總是努力強調各種宗教信仰的差異，甚至將各宗教相同的要素說成是完全不同，徒然加劇了各宗教間的隔閡和抗爭。例如，十九世紀末有數十名在華傳教的教士，包括神甫和牧師，聯名給宗教學創始人麥克斯·穆勒寫了一封信，抗議他主編的《東方聖書》收載的一篇文章中把中國人的上天與基督宗教的上帝等同為一。在他們看來，將東方劣等宗教文化中信仰的上天與基督宗教的 God（天主、上帝）等同，是完全不能接受的。穆勒毫不猶豫地駁斥了這封抗議信及其觀點，指出中國人的上天與基督教的上帝完全是一回事。實現本土化的訣竅在於與本土文化尋找共同點而不是尋找不同點。如果努力尋找不同點，在許多基要的信徒看來基督新教的上帝和天主教的天主也是不同的。二者使用的是同一本《聖經》，崇信的是同一位 God，但是只因為翻譯不同，人為認定不同，God 就成了不同的信仰對象，其荒謬顯而易見。基督宗教如果追求在教義教理上維持對中華文化的優越感，努力強調其優於本土宗教信仰的差異，就永遠難以真正做到中國本土化。

最後要談的是基督宗教到底已經中國化了還是沒有中國化。剛才有學者發言中談到中國的農民都在信仰基督教，就此而言基督宗教已經完全中國化了。但是從其他一些方面的情況來看，基督宗教的中國化則明顯沒有做得那麼好，可見基督宗教在中國的發展是不平衡的，不能一概而論。籠統談論基督宗教是否已經中國化，容易掩蓋問題的實際癥結和複雜性，落入概念化的窠臼。問題可能不是基督宗教已經完全中國化了還是完全沒有中國化，而是哪些方面已經中國化了，而哪些方面還有大量工作需要完成。

作為結尾，我想到老子的一段話，可能適合作為基督宗教實現中國化的參考原則，這段話是"挫其銳，解其紛，和其光，同其塵"。

天主教在當代中國社會
面臨的問題與挑戰[1]

　　改革開放以來的中國社會是一個與以往完全不同的社會。在社會快速發展改變中，中國的各大宗教都面臨全新的境況、挑戰和發展機遇。在此過程中，中國天主教面臨著獨特的問題和挑戰。其中最顯著的問題是，天主教信徒人數增長緩慢，占人口比例相對大幅萎縮。根據可查資料，1949 年我國天主教信徒人數近 400 萬，占當時我國 4.5 億人口約 0.8%。據 2010 年《宗教問題藍皮書》中的統計資料，我國天主教信徒現有人數約 570 萬，占我國 13.6 億人口約 0.42%。雖然絕對數略有上升，但占我國人口的比例卻明顯下降。同期中國人口增長了兩倍多，但天主教信徒人數只增加了約 40%。與同期基督新教的快速增長相比，其頹勢更為明顯。1949 年我國基督新教教徒人數約為 70 萬，而 2010 年《宗教藍皮書》所發表的基督教徒統計人數為 2600 萬。普遍認為，該數字偏低，而其他不同來源的數字有 4000 多萬、6000 多萬、8000 多萬乃至 1.2 億等。如據各界都較易接受和可信的 4000 多萬來計算，基督新教同期信徒人數增長

---

1 本文是中國人民大學和澳門聖約瑟大學於 2012 年 6 月共同舉辦的《轉變與適應：天主教會在中國的社會角色》研討會參會論文，原載於聖約瑟大學出版的同名論文集。

達 60 多倍。同為基督宗教，為何有如此巨大差異？值得有關各界透過簡單的數字現象研究分析其深層次的原因和問題。筆者認為，以下幾個方面是天主教在當代中國社會的頹勢成因，也是天主教面臨的主要問題和挑戰。

一、神職人員及其來源嚴重萎縮。據教會方面提供的數字，天主教在 1949 年有外籍神父 6024 人，本地籍神父 2155 人。據天主教信德研究所 2010 年發表的資料，全國天主教共有神父 1700 多名。60 年來中國人口增長了兩倍多，神父人數卻減少到 49 年的約五分之一。另據 2010 年《宗教藍皮書》的資料，在天主教全國 97 個教區中全年晉鐸人數僅 71 名，還是教會神職人員發展最好的年份。且不論部分晉鐸人員和人數因未獲梵蒂岡承認而尚有爭議，即便全部計入，其數量也至多與自然減員率持平。隨著我國獨生子女生育政策的後繼效應展現，天主教神職人員來源減少的趨勢還將加劇。神職人員及其來源的減少預示著教會和信徒人數的進一步萎縮。

與此同時，我國天主教神職人員的素質水準也相對降低，不能適應現代社會教育水準大幅提高和城市化飛速發展的現狀。獨身的要求致使天主教很難在都市和南方招收到神職人員，更遑論高素質人員。以上海為例，多年以來神職人員幾乎百分之百來自陝西等農村地區，不僅文化層次和眼界低於上海地區平均水準，而且內地農村人員很難對國際化大都會人群形成感召力。結果是當地的天主教逐漸演變成主要以農民和社會下層人士為信徒的宗教，進一步喪失了社會影響力和發展潛力。李向平教授剛才在會上展示的調研資料證實了以上推論：上海地區天主教信徒 80%以上為中學以下教育水準，有研究生學歷的微乎其微，明顯遠低於該地區的平均教育水準結構。

二、 天主教的洋教身份以及本土化不充分維持了其與中國社會和多數民眾的隔閡。天主教在清朝末期再次進入中國社會主要發生在西方列強侵略欺壓中國的時期，對於那段受欺辱歷史的記憶致使許多民眾對天主教有排拒感。梵蒂岡因康熙年代禮儀之爭而頒發的排斥中國宗教文化的禁約直至 1939 年才以教宗通諭的形式取消，嚴重延緩了天主教的本土化進程，致使天主教至今在普通民眾心目中仍然維持了顯著的洋教形象，阻礙了天主教在中國的發展。

三、 天主教作為一種建制性宗教，與中國宗教多元包容的傳統始終存有張力，未能得到有效化解。作為一種建制性宗教，天主教具有較強的排他性和較差的包容性，而以儒道佛等本土宗教為主體的中華文化具有較強的多元包容性。後者不僅相互之間能夠包容融合，互通有無，而且對其他外來宗教一般也能持包容融合的態度。天主教與本土宗教之間的張力主要是由前者的排他性引起的，受到排斥的本土宗教和文化會自然產生反排斥力。康熙年間的禮儀之爭就是一個很好的例證。天主教作為一個在中國社會邊緣化的較小宗教不可能改變中國的傳統，如果維持這種排他張力，就難以真正融入中國社會並得到良好發展。

四、由於特殊的歷史原因，1949 年之後天主教的慈善活動驟減，其正面形象和社會影響力也隨之降低。49 年之前，天主教在中國舉辦了大量的慈善項目，其中包括大批的醫院、診所、學校、育嬰堂、孤兒院、養老院等。與本地宗教相比，其慈善活動顯然更加突出。這些慈善活動對中國社會和民眾產生了廣泛的積極影響，一定程度上抵消了洋教身份等因素的不利影響，改善了天主教的地位和形象。但伴隨各種宗教慈善活動被限制或禁止，天主教的這種獨特的優勢也消失了，其地位和形象則隨之下降。

　　五、主流意識形態對宗教的排拒造成公眾對宗教的普遍誤解、敏感和排斥。我國主流社會自新文化運動以來對宗教和傳統文化的否定打壓在文化革命時期達到高潮，對所有宗教都採取了全面否定和消滅的態度。在此背景的教育和影響下成長起來的現代中國民眾普遍對宗教存有誤解、認識混亂甚至排斥態度。天主教作為中國五大宗教之一當然也不可避免地受到這種負面態度的影響。改革開放以來，雖然五大宗教得到一定程度的恢復，但文革結束後的幾十年來社會對宗教的錯誤認識並未得到全面清理和糾正，對宗教否定打壓的態度和做法在許多官員和社會人群中得以延續，使得宗教在現代中國社會中仍處於高度敏感的邊緣化地位，負面影響著包括天主教在內的各宗教的正常生存和發展。

　　六、由於歷史原因，梵二公會議精神對中國天主教的影響微弱，致使其相對保守、封閉、缺乏活力。梵二公會議在 1962 至 1965 年召開期間及其後，中國正處於完全閉關鎖國之際，故而中國天主教完全沒有受其影響。及至改革開放中國天主教得以重新恢復時，梵二公會議重大影響期已過，梵蒂岡開始轉趨保守，所以梵二公會議的精神並未對相對封閉的中國天主教產生足夠影響。中國天主教因此完整保持了傳統的保守性，其結果是無論與世界其他國家的天主教相比，還是與中國其他宗教相比，中國天主教都明顯封閉、保守和缺乏活力，難以適應社會的迅速發展和改變。這是中國天主教發展停滯、緩慢的另一重要原因。

　　七、梵蒂岡與中國政府關係的矛盾糾結難以解決，負面影響中國天主教的地位和發展。中梵之爭的矛盾糾結關鍵在於誰說了算的話語權問題，由此派生出祝聖主教的合法性、地上教會和地下教會以及三自愛國會與主教團的關係等問題。由梵蒂岡單方認可祝聖的主教不被中國政府接受，但由中國政府單方決定祝聖的主教以普世教會標準來看則不合法。認同梵蒂岡權威的中國信眾因此形成了地下教會，以對立於由中國政府主導的地上教會。三自愛國會的章程中規定其為非教會組織，而是信徒的愛國組織，故而與作為教會組織的主教團在宗旨和權威性等方面都有矛盾。這些問題屬中國天主教獨有，遲遲得不到解決，對中國天主教的地位和發展都構成獨特的挑戰。

八、以爭權奪利為動力的內部爭鬥嚴重影響中國天主教的內部團結和教務發展。有大量資料和案例顯示，在中國各地天主教主教及領導班子換屆中普遍存在以爭權奪利為動機的內部爭鬥。當然，這種爭權奪利是物質主義走向極端的世俗社會侵蝕宗教的產物，在五大宗教中都常見，並非天主教獨有。爭權奪利者或者利用梵蒂岡的某些通諭或信件，或者利用其與政府的關係，或者利用中梵矛盾，力爭主教等位置和領導權。這種內部傾軋背離了天主教的精神信仰原則，損害了教會內部的團結，進一步制約了中國天主教的發展。

上述問題遲遲得不到解決，致使天主教成為改革開放以來中國五大宗教中發展最差的宗教。但面對這些問題和挑戰，教會並非無計可施。如果以積極進取的態度應對挑戰，中國天主教有多種方略可以化解上述問題，包括以下備選舉措。

一、積極推動本土化進程，真正融入中國社會，提升對中國社會和普通民眾的親和力和影響力。如果真想融入中國社會，在中國發展繁榮，成為中國社會的有機組成部分，天主教就應該全面審視時局和中國現代社會的要求，制定本土化的長遠計畫和實施方案，並認真加以推行。佛教在中國本土化的經驗可以作為天主教本土化的借鑒參考。利瑪竇積極推動天主教本土化的智慧和經驗以及羅馬教廷促成禮儀之爭的後果可以作為正反兩方面的經驗教訓予以反思和借鑒。

二、　尋求與以儒道佛為主體的中華文化構建多元包容的精神文化共同體，弱化和消除建制性宗教的張力。天主教應當意識到其建制性宗教的排他性與中國宗教文化的多元包容性格格不入，並有意識地降低其排他性張力，以避免這種張力造成的反作用力對自身的傷害。在各宗教都被邊緣化的社會中，謀求與其他宗教形成和而不同、和合共生的精神文化共同體，不僅對各宗教的生存發展都有利，也對中國社會重新構建其迫切需要的精神、價值和倫理體系有利。其中，天主教將是最大的受益者。

三、　在梵二公會議精神框架內推動內部改革，注入活力，以適應新時代、新環境。中國天主教應當積極補上其所遺誤的梵二公會議改革課程，以開放和開明的心態全面審視其過時的條條框框和做法，並對明顯不能適應現代社會的部分做出調整，代之以適合新時代、新環境的務實改變，其中包括打破保守封閉的格局、開放進取、融入社會、努力提高教職人員素質、擴大教職人員來源等等。應當特別注重研究和調整那些對自身生存發展構成嚴重威脅的傳統做法。中國天主教不僅應當向世界其他國家的天主教學習，而且可以向中國其他宗教學習。與時俱進的調整改變是所有宗教在歷史中都自然發生的，是宗教生存發展的必要舉措，應有計劃地主動進行，而不應將其視為威脅而拒之門外。

四、　充分利用宗教慈善寬鬆化的新政策，積極開展慈善活動，擴大正面影響。今年早些時候，國家宗教局、中央統戰部、國家發改委、財政部、民政部和稅務總局等六部委聯合發佈了《關於鼓勵和規範宗教界從事公益慈善活動的意見》，明顯放鬆了先前對於宗教從事慈善公益活動的限制。天主教可以充分利用新政策，積極恢復和開展慈善活動，重塑在社會中的積極形象。其障礙是新一代的教職人員可能缺乏慈善意識和責任感，並且天主教的慈善資源也大不如前。因此需要努力設法排除障礙，籌措具備積極開展慈善公益活動的條件。

　　五、　與其他宗教共同推動社會對宗教及其積極社會功能的正確評價和認識，改善宗教的整體形象和地位。以文化革命為代表的政治運動將所有宗教都視為迷信和敵對勢力而加以打倒，並非只針對天主教。受此影響，中國社會至今對宗教及其正面社會功能缺乏認識，宗教至今仍受到排擠壓制，不能充分發揮其造福社會的積極功能。近年來，中國的宗教學界已經開始積極推動對宗教及其社會功能的再認識，努力為宗教的正常生存發展爭取社會的認同和必要空間。但作為利害關係主體的各宗教卻行動滯後，缺乏為自身爭取承認和生存空間的意識和行動。各宗教應當將這項工作當作共同事業來積極參與，而不應抱事不關己，或各人自掃門前雪的狹隘態度。

　　六、　積極參與和推動政府與梵蒂岡的關係協調，做好梵蒂岡與政府雙方對話妥協、化解矛盾的促進者。雖然中梵矛盾糾結的解決不取決於中國教會，但後者並不因此在其中無所作為。中西社會在文化傳統、思維方式和話語體系等各方面有巨大差異，由此產生的隔閡往往是中梵談判無果的直接原因。中國教會作為對雙方情況都有深入瞭解並當事的一方，可以作為雙方溝通、調解的積極促進者發揮作用，以爭取中梵關係問題的最終解決。筆者認為，在目前格局下，中梵矛盾不太可能以任何一方的全勝和另一方的全敗解決，而更可能是以雙方對話妥協的方式得到破解。因此，中國教會的積極調解斡旋和對話溝通技巧可能會在中梵矛盾最終解決中起到重要作用。此外，台海兩岸關係的互動可能產生中梵建交的重大契機，中國教會應密切關注事態發展並把握好機遇。

七、端正教風和信仰態度，看輕名利和威權。教會內部爭權奪利、難以團結的實質是無視天主教信仰的核心和本真，以對名利和威權的追逐替代了對信仰核心的委身追求，將以信仰為取向的教會轉變為爭奪名、權、利的場所。宗教的核心是信仰，教會是為信仰服務的機構，喪失了信仰核心就喪失了宗教及教會存在的意義。因此，能否在內部端正教風和信仰態度，滌除世俗社會名利觀的污染，可能是影響中國天主教命運的最重大的挑戰。如果能重新樹立信仰在教會生活中的絕對中心地位，而不再將威權和名利當作關注重心，對於中國天主教的發展和中梵關係的解決也許會產生最有利的影響。

"一帶一路"的宗教戰略選擇[1]

　　隨著"一帶一路"戰略的全面展開，與之相關的宗教關係對策也遲早會進入決策視野。"一帶一路"涉及的國家幾乎都是有強烈宗教色彩的國家，中國在與這些國家互動中不可避免地涉及到如何處理與這些國家的宗教關係問題。處理的好壞直接影響到"一帶一路"的難易和成敗。而基於對各種可能的宗教戰略選擇客觀、全面分析評估的決策是我國在"一帶一路"實施中佔據先機，遊刃有餘的保障。在此背景下，可供選擇的宗教戰略主要可以歸類為四種，其中每種選項都涉及到對待宗教不同的態度和處理方法，同時也會帶來不同的效果。茲將每種選擇的利弊和效果簡要分析如下。

　　選擇一：將全部精力集中到經濟、政治領域的合作，儘量避免涉及有關國家的宗教相關問題。該選擇的優點是突出經濟合作發展主題，意在省心省事，避免牽涉到有關國家複雜的宗教關係等事非，同時能避免我國無神論主流意識形態與有關國家有神論宗教的衝突。缺點是潔身自好很難做到，實施中很可能不由自主被牽涉入有關國家的宗教相關事務，甚至被其支配滲透，反而陷入被動地位。習總書記指出，"以人文交流為紐帶，夯實亞洲互聯互通的社會根基"，"民心相通是'一帶一路'建設的重要內容，也是關鍵基礎"。

1　本文是中國社科院 2015 年舉辦的《中國社會科學論壇——"一帶一路"與宗教對外交流》的參會論文，原載於該會論文集，後被《中國民族報》轉載於 2015 年 9 月 8 日版，總第 1470 期。

宗教是人文交流的重要組成部分，回避宗教交流則難以夯實互聯互通的社會根基。此外，有關國家絕大多數人民都是宗教信徒，統攝其民心的是宗教信仰。如果不能從精神信仰維度與之交流融通，則難以深入其內心，更難以真正做到民心相通。因此，該選擇不符合習近平的講話精神，無助於"一帶一路"的實現，還可能帶來被動負面的效果。以儒道佛教為主體的傳統中華文化中本來具有與有關國家人民精神信仰相通、民心相通的深厚資源，避免涉及宗教其實是放棄和浪費我國固有的精神文化資源，自取被動。

與此類似的選擇是將與相關國家的宗教關係作為非重要問題，不做積極的策劃和處理，重點在於防範宗教滲透等危害，而不在於整合利用現有資源為"一帶一路"做出貢獻。其優缺點和效果也與上述選擇基本相似，同屬被動防守型，對於"一帶一路"的影響都會是負面大於正面。

選擇二：我國社會還有一些人主張堅持史達林時代從蘇俄傳入的戰鬥無神論，對所有宗教採取堅決鬥爭、全面否定和儘快消滅的態度。按照這種主張和思路，"一帶一路"的宗教戰略就應該是對有關國家的宗教也採取相同的態度。該選擇的優點是能夠堅持前後一貫、內外一致的無神論意識形態正統原則，維護思想理論的正確性，不被人類其他國家的封建迷信思想侵蝕和滲透。同時其可行性也非常可觀。以我國現在強大的經濟實力和國勢，如全力以赴，影響和改變有關國家的宗教狀況很有可能取得一定成績。該選擇的缺點是可能挑起我國與幾乎所有有關國家及其人民的對立衝突，使其將我國視為敵人，在意識形態領域取得業績的同時卻造成"一帶一路"戰略的失敗，進而損害我國的政治經濟利益和國際形象。此外，該選擇也與習近平"逐步超越意識形態和社會制度差異，從相互封閉到開放包容，從猜忌隔閡到日益增多的互信認同，越來越成為你中有我、我中有你的命運共同體"的論述背道而馳。

選擇三：開展宗教對話，以促進與有關國家的民心相通，為"一帶一路"做出貢獻。該選擇的優點是用心良好，且符合國際時尚的話語體系，比選擇二有親和力。缺點是真正實施起來難度很大，且難以有真正的積極效果，故而可能陷入有名無實的境地。我國目前的五大宗教信仰和聲音各不相同，沒有一個宗教能在國際社會代表中國宗教講話或對話，因此很難形成有代表性、有影響力的聲音。因為思想話語散亂，缺乏主體的一致性，必然影響力微弱，甚至可能相互自相矛盾，造成負面影響。我國的政策是政教分離，"當代中國政教關係……堅持政教分離原則，在政教之間劃分出清晰的界限，防止以政代教或者以教代政，為宗教信仰自由提供了制度保障。"[2]因此我國政府不能也不應該代表我國宗教在國際社會講話或參與對話；況且即便代表，也不能被各國宗教界接受。這樣，與有關國家的宗教對話就會因為沒有統一的聲音和對話代表而陷於空泛。此外，宗教對話雖然意在消除宗教文明衝突，增進宗教和諧，但在實踐中卻越來越被證明其作用有限。事實反復證明，在涉及宗教核心信仰和教義信條的問題上，不同宗教很難通過對話談判解決差異矛盾，達成一致；相互有矛盾衝突的不同宗教或教派甚至很難心平氣和地坐在一起對話。宗教對話要真正能夠行得通、行之有效，尚需有重大的改進突破，但這也正是其困境所在。相比之下，傳統中華文化儒道佛三教合流，海納百川，多元包容的實踐模式倒是消除宗教間矛盾衝突，實現宗教和諧，施展我國精神文化影響力的切

---

2 王作安：《關於當代中國政教關係》，載於《學習時報》2009 年 11 月 23 日第 1 版。關於當代中國政教關係（原載 2009 年 11 月 23 日《學習時報》第01 版）

實有效途徑。這種模式並未刻意強調宗教間對話，而是通過多元包容、求同存異、交流融合的態度和實踐消除宗教間的隔閡矛盾，從而達到事實上的宗教間交融互通、和合共生、民心相通的境界，具有強大的感召親和力與可行性。

　　思維敏銳者可能會指出，我國政府完全有能力改變以上格局，將五大宗教納入一個大的整體框架，以相對一致的聲音與有關國家的宗教界交流互動，以經過整合提煉的我國宗教文化的精神信仰、價值倫理的精華贏得有關國家及其民眾的尊敬和認同，進而有力促進“一帶一路”的成功。對此的評論應該是完全可能。但如此則超出了本選項的範圍，成為以下第四種宗教戰略選項。

　　選擇四：以多元包容的傳統中華文化為背景將我國所有宗教納入一個寬泛的中華宗教文化整體框架，從各宗教中提取出共同認可的優秀成分，整合提煉成具有人類普世接受度的精神信仰、價值倫理文化體系，讓我國宗教以一致的聲音和行動走向世界。我國各宗教及信眾在充分醞釀取得對上述理念的認同之後，在政府支持配合下，協調思想和行動，共同代表我國宗教界與有關國家宗教界廣泛交流互動，以博大精深的中華宗教文化精華贏得有關各國及其民眾的共鳴和敬仰，從而達到民心相通、人心所向的效果，為“一帶一路”架橋鋪路。這個整體可以稱為宗教信仰共同體。因為傳統中華文化與精神、價值、倫理、文化混為一體，所以據此也可將其稱為精神文化共同體。

　　值得注意的是，該選項並不意在將各宗教整合成一個宗教，而是各宗教及信眾在保留各自身份和特色的基礎上本著開放包容、求同存異的精神，體現中華文化多元通和、和而不同、和合共生的傳統，在優秀的精神、價值、倫理、文化等方面取得共識，在思想行動上協調一致，共同為"一帶一路"和民族復興做出貢獻。

該選擇的優點之一是能夠充分調動利用我國的宗教文化資源，與"一帶一路"有關國家從精神信仰層面打通民心，從價值倫理領域取得認同，從文化與社會基層鋪平道路。其另一優點是同時能夠傳播弘揚中華文化及其優秀的精神價值內涵，擴大我國的國際影響力，增強我國的話語權，為中華民族的復興從精神文化層面奠定基礎。這其實就是所謂文化軟實力的構建和應用。該選項的缺點是需要在對待傳統宗教文化的思想態度上有較大的轉變，涉及到從負面思維轉變為正面思維，將以往的包袱轉化為資源，並充分開發利用。這些都有相當的難度。

該選項的可行性從傳統文化和社會基礎來說非常良好。傳統中華文化原本就是以儒道佛三教合流為主體的多元包容文化，其實就是一種形式的共同體文化。中華文化從隋唐以來就不僅三教合流，而且包容吸收了基督教、伊斯蘭教、祆教、摩尼教、印度教、猶太教等多種外來宗教及其優秀元素。習近平說："千百年來，絲綢之路承載的和平合作、開放包容、互學互鑒、互利共贏精神薪火相傳。"這可以說是對傳統中華文化及其涉外態度精神的真實寫照。受此影響，中國社會和民眾，甚至宗教界人士的信仰理念也都是以多元包容為特色。五大宗教在政府的統一領導下已經初步具備了該選項的基本條件。因此，該選項並非空中樓閣，而是兼具傳統與現實的深厚基礎。

"一帶一路"的基本思想是"秉持和平合作、開放包容、互學互鑒、互利共贏的理念，全方位推進務實合作，打造政治互信、經濟融合、文化包容的利益共同體、命運共同體和責任共同體"。利益共同體、命運共同體和責任共同體與精神文化共同體、宗教共同

體的共同之處不僅在於其都叫作共同體，更在於其有著密不可分的
內在關聯和相輔相成的功能關係。習近平在論述人類命運共同體時
說：＂人類只有一個地球，各國共處一個世界。＂在這個唯一的地
球上，全球化其實就是人類的共同體化，所謂人類的利益共同體、
命運共同體、責任共同體、精神文化共同體、宗教信仰共同體、經
濟共同體、政治共同體等等，其實都是這個正在形成的人類共同體
的不同維度，故而各維度共同體之間有著共同的主幹和密不可分的
內在關聯。人類共同體的實現有賴於人類各維度共同體的實現。其
中利益共同體應對的是人類的共同利益，命運共同體應對的是人類
的共同命運，責任共同體應對的是人類共同擔負的責任，精神文化
共同體和宗教信仰共同體應對的是人類共同的精神文化財富和宗教
信仰，如此等等。有人過分強調人類各民族、各群體的差異，認為
人類在宗教信仰、精神文化乃至利益、責任、命運上各不相同，絕
無可能達到大同，當然也不可能形成共同體。果真如此，人類各民
族、各群體還是一類嗎？還可以共同稱為人類嗎？

　　同理，各維度共同體的實現也有賴於其他維度共同體的實現，
並且會影響到其他維度共同體的實現，相互之間有著相輔相成、相
生相依的密切關係。例如，利益和責任是密切相關的，人類各國不
能只追求利益而無視責任的承擔，也不能只承擔責任而得不到相應
利益。所以利益共同體的實現既有賴於責任共同體的存在，又會促
成責任共同體的改進。又如，統攝人類思想行為的是精神信仰，後
者既在一定程度上決定人類的價值倫理，又影響制約人類追求利益
和承擔相應責任的思想行為，人類的思想行為、價值倫理、利益追
求和責任承擔則最終決定著人類的命運。因此，打造人類命運共同
體離不開，也不應忽視宗教信仰共同體、精神文化共同體的作用和

構建。如果能充分利用傳統中華文化深厚的精神信仰文化資源，借鑒吸收人類其他文明的優秀元素，整合打造強大先進、多元包容的精神文化共同體，作為"一帶一路"的軟實力體系發揮其感召力和影響力，則"一帶一路"才能深入人心，中華民族復興賴以成功的文化復興基礎才能得以奠定。

道可以作爲中華民族
共同的至上信仰[1]

　　中共十七大將"弘揚中華文化，建設中華民族共有精神家園"
作為國家戰略任務，是針對民族精神文化體系的缺失現狀提出的，
對中華民族來說有重大的現實意義和深遠的歷史意義，符合全民族
的共同利益，應該成為全民族的共識和共同目標。"中華民族共有
精神家園"就是中華民族精神共同體，二者是同義語，其差別僅在
於後者是學術性語言。重新構建中華民族精神共同體，知易行難，
需要舉國上下共同的長期努力，還需要有全面的文化戰略思考和系
統的規劃。

　　中華民族精神共同體是否需要有共同信仰的至上主體？如果需
要，這個至上主體應該是什麼？怎樣的信仰主體可能被全民族共同
接受並尊崇，起到融匯全民族信仰、提供普世價值、提升社會倫理、
凝聚民族和社會等作用？這些都是中華民族精神共同體重建伊始就
必須考慮、論證和解決的基本問題。如果連這些問題都沒有考慮，
構建中華民族共有精神家園就會流於空談。

　　中華民族精神共同體雖然是多元包容的精神信仰體系，其中包

1　本文原載於臺灣《宗教哲學》季刊2015年12月，第74期。

含多種思想、多神、多派別的各種信仰群體和成分，但並不因此就
應該是互不相關的各種信仰的散沙盤。如果能夠確立全民族共同接
受的至上信仰主體，中華民族精神共同體就有凝聚的核心和堅實的
基礎，就可能將各種信仰群體和流派凝為一體，保證共同體的構建
成功及其各種預期社會功能的實現。很難想像一個精神信仰共同體
沒有公認的核心信仰而能凝聚成一個真正的共同體。中華民族自有
文明史以來就是多元社會，全球化和改革開放使得中國社會更加多
元多樣。要能作為如此多元的社會共同信仰的至上主體，顯然需要
滿足一定的條件，那就是既有形而上的超越維度，又有形而下的義
理延伸和實踐；既能被各宗教和絕大多數國民普遍接受和尊崇，又
能被主流意識形態認同；既有傳統的信仰根基，又適應科學和現代
思想理論；既有民族性，又能被全球化人類普遍接受。顯然，這樣
的至上主體不可能人為建構，也不可能從國外引進。考察華夏傳統
中所有可能作為信仰至上主體的對象，有兩個最有可能的選擇，那
就是"天"和"道"。本文將先探討道作為中華民族至上信仰主體
的可能，繼而論及天和其他信仰對象。

一、道作為中華民族至上信仰主體的可能

自殷周以來，道就成為華夏民族常用的一個概念。只不過在老
子之前，道的應用還停留在形而下的層次，系指道路、道理、方法、
規則等等。老子通過將道轉換用作形而上終極超越者的命名，並通
過其精闢論述將人類對終極超越者的認識推進到極高極深的境界，
道從此成為中華民族最重要的形上理念和信仰對象。由於《道德經》
跨越形上和形下，涉及精神信仰、治國、修身、處世、倫理等各個

領域，所以形上之道的義理又能延伸到形下領域指導人生社會，道由此成為一種中華民族共同信仰的至上主體。

道作為中華民族至上信仰主體有傳統的優勢。自《道德經》問世以來，道就成為中華民族共同的信仰核心，受到全民的崇奉。諸子百家、三教九流、各種思想流派，無不受老子影響以道為至上理念或主體，道由此具備作為中華民族至上信仰主體的全民族天然接受基礎。

眾所周知，道是道教和道家的至上信仰主體。道教儘管有複雜的多神體系，道教歷史上儘管各教派紛雜多樣，但道教所有教派和信仰者都公認道處於眾神之上，是信仰的至上主體。老子曰："神得一以靈"，確定了道居眾神之上的崇高地位。自戰國以來，道家、道教、黃老學、玄學等各門派人士都將道作為信仰主體，相關論述汗牛充棟，不勝枚舉。道是道教和道家的立身之本，因此將道作為中華民族的至上信仰主體，對道教和道家來說是求之不得。

道也是儒教信仰的至上理念。世人皆知儒教始祖孔子尚仁，殊不知他追求的最高理念卻是道，仁則遠居於道之下。孔子曰："志於道，據於德，依于仁，遊於藝"[2]，顯然將其追求的層次定為道居於最上，其次才是德、仁、藝，深得老子"失道而後德，失德而後仁，失仁而後義，失義而後禮"的真傳。道對孔子來說如此重要，以致他宣稱："朝聞道，夕死可矣"，[3]"吾道一以貫之"[4]。誠然，與老子的形而上之道重在超越維度相比，孔子在實踐中偏重於形而下的道德秩序，重在道之用，但這並不說明二者之道有任何矛盾對立，而是通過師徒二人對道的互補性體認、尊崇和運用，把華夏民

2　《論語・述而》。
3　《論語・裡仁》。
4　同上

族對道的認識和尊崇推向極致，由此形成了華夏此後兩千多年以老子之道為本為上，儒教之道為用為下的互補格局。創立儒教的董仲舒也將對道的尊崇作為他教義理論的核心。他將儒教的至上信仰對象 "天" 的理念深化為 "天道之常，一陰一陽"[5]，由此認為陰陽之道作為宇宙主宰力量和基本規律，決定著社會興衰和三綱五常，"國家將有失道之敗，而天乃先出災害以譴告之。"[6]作為儒教理論後起之秀的宋明理學的代表人物如二程、朱熹，都將理作為至上概念。他們所論之理，其實等同於道。朱熹明確說："理也者，形而上之道也，生物之本也。"[7] 程頤則說："此理，天命也，順而循之，則道也。"[8]儒教是華夏民族兩千多年來的主導性宗教，對中國社會的精神文化影響巨大，其對道始終如一的崇奉，極大地加強了道作為中華民族至上信仰主體的根基。

　　中國現有的佛教是本土化的宗教。其本土化見容於中國社會的主要理論途徑就是採用了老莊玄學的道論、清靜虛空、體用合一等概念和思維方法。作為其主要流派的禪宗、淨土宗等則更是儒道佛三教合流的產物。因此道也成為佛教崇尚的至高理念，以致史上佛教曾將佛法稱為佛道、將僧人稱為道人、將修行稱為修道，將弘揚佛法稱為弘道。道可能成為佛教的信仰主體的另一原因是早期印度佛教教理崇尚空論，缺乏信仰主體，因而難以被大眾接受。印度宗教很好地處理了這一矛盾，將梵作為包括佛教在內的各種宗教信仰的至上主體，因而得以將佛教順利地融入印度宗教，獲得大眾的普遍接受。受此影響，佛教在一定程度上也將梵作為其信仰主體。印

5　董仲舒：《春秋繁露·陰陽義》。
6　董仲舒：《春秋繁露·四時之副》。
7　朱熹："答黃道夫書"，載《文集》卷五十八。
8　程頤、程顥：《二程遺書》卷一。

度宗教對梵的認識與老子所論之道幾乎完全一致，二者的差別僅在於對同一終極超越者的稱呼不同而已。因此，將道作為至上信仰主體，不僅可能被佛教接受，而且有助於提升佛教的教義合理性和民眾接受度。

中國的諸子百家也備受老子影響，皆以道作為其最崇高的理念和信仰。例如，法家的集大成者韓非子以老子學說及道作為其立論基礎，著有《解老》、《喻老》二書，書中論道曰：“道者，萬物之所以然也，萬理之所稽也。”[9]《管子》一書中則說：“道在天地之間，其大無外，其小無內”[10]，顯然是將道視作宇宙間無所不包的終極至上者。《易傳》中稱“一陰一陽之謂道”，將被老子形而上化的道和陰陽共同作為其至上理念和理論基礎。墨子倡導的主要理念，如尚同、兼愛、非攻、節用等，都來自于《道德經》並以天道作為其永恆超越的支撐。兵家主要代表孫子將道作為軍事勝敗的“五事”之首，稱：“一曰道，二曰天，三曰地，四約將，五曰法。”此後中國歷史上幾乎無論任何學派、任何行業，都把道作為至上理念，道在中國人心目中早已成為崇奉追隨的至上對象。

中國的所謂民間宗教或信仰其實並非一種獨立的宗教，而是儒道佛教等本土宗教在民間的信仰實踐領域，只不過因為沒有西方式的宗教建制性結構，並且相互之間沒有清晰界限，被運用西方宗教觀判斷本土宗教的現代人判定為獨立於儒道佛之外的另一種宗教。如果復原其儒道佛等本土宗教的民眾信仰實踐層面的本來面貌，則可看清作為儒道佛信仰主體的道同樣是這一層面的至上信仰主體。道有高居於眾神之上的地位，而尊道、悟道、求道、學道、修道、

---

9 韓非子：《解老》。
10 管子：《管子・心術上》。

體道、得道、有道、弘道、(替天)行道是中國所有宗教、學派、人生和社會追求的最高精神目標。中國宗教學泰斗卓新平先生指出："從宗教意義上，'道'乃是中國宗教最經典、最本真的精神表述。中國的宗教精神離不開'道'之底蘊，'道'作為中國本土宗教最恰當的象徵符號和靈性標誌反映出中國宗教'觀天之道，執天之行'這種'替天行道'，'修道'為'教'的根柢和精髓。"[11]

　　道不僅是中國本土宗教的至上信仰主體，也成為主要外來宗教如基督教、天主教和伊斯蘭教等宗教信仰的至上主體。在西方精神文化中，與道基本同義的概念是邏各斯。邏各斯源自古希臘文化，是古希臘各學派普遍接受的代表宇宙靈魂、宇宙實在、宇宙理性、普遍神性的至上理念，後來被用作基督宗教和伊斯蘭教的神學構建核心，被認定為與上帝、天主、安拉同義的至上信仰對象。法國哲學家德里達指出："整個西方思想與民族精神，都以邏各斯為中心概念。邏各斯是西方民族精神的最高概念，道是中華民族精神的最高概念，二者驚人的相似，可以說是'邏各斯與道同在'。"鑒於道與邏各斯理念相通，邏各斯被認定為等同於道，於是道也等同於上帝、天主、安拉。基督宗教《聖經・新約》中《約翰福音》以這樣的語句開篇奠基："太初有道，道與上帝同在，道就是上帝"，並且將上帝耶穌的來歷確定為"道成肉身"。《可蘭經》中則把信仰伊斯蘭教稱為"信道"，足見道在伊斯蘭教中的至上崇高地位。由此可見，毋須努力爭取，道已經是能夠被在華所有各主要宗教共同接受的至上信仰主體。

　　鑒於道本來就與印度宗教的梵意義等同，如果將已經能接受道

11　卓新平：《中國宗教與文化戰略》，北京：社會科學文獻出版社，2013年，
　　第129頁。

為至上信仰主體的人，包括道教、儒教、天主教、基督教、東正教、伊斯蘭教、印度宗教、佛教等世界主要宗教的信仰者，加在一起，數量接近世界人口的 90%。由此可以得出結論，如果將道作為至上信仰主體，不僅可能被中華民族全民接受，而且可能被人類普遍接受。事實上，2006 年在京都舉行的世界宗教與和平促進會第八屆大會主席臺的中央背景就是一個數十米見方，赫然醒目的中文大字"道"。該會議有來自一百多個國家的二千多位世界各宗教領袖出席，可見道已經被世界幾乎所有宗教接受認同為至上信仰。如果將道作為中華民族精神共同體的信仰主體，則能奠定普世精神信仰的核心與基礎，開啟普世價值倫理的源泉，掌握主導整合人類精神信仰的先機。

　　將道作為至上信仰主體，不僅能夠得到宗教信仰者的普遍認同，而且可能得到非宗教人士，包括無神論者的接受。由於道無形無相、無質無聲、超越人格與非人格、不可全識也不可盡說，所以對各種不同的理解和認識開放，而不必拘泥於某種特定的認識和理解。各種宗教信仰者可以按各自的認識對其做出不同的有神論解說，非宗教人士和無神論者也可以對其做出自然主義、唯物主義或人文主義的解說。宗教信仰者可以將其認識為名號不同的神，非宗教人士和無神論者可以將其認識為大自然、自然規律、宇宙力量、宇宙奧秘、價值之道、倫理之道、人文之道等等。如果願意，共產主義也可以被理解為一種道的理想和實現途徑。只要能夠對道抱有普遍的敬仰和尊崇情感，由此建立共同認可的精神信仰體系和價值倫理秩序，對道不同的各種認識理解應該而且可以被中國社會本著多元包容的傳統態度予以開明接受，從而成為民族凝聚的巨大內在力量。這既符合中華文化最優秀的多元包容傳統，也符合中華民族的根本利益，從而具有現實的可行性。

二、天作為中華民族至上信仰主體的可能

　　能夠與道並列作為中華民族信仰主體備選對象的是天。天在中國古代社會的不同稱呼是上天、昊天、帝、天帝、上帝、天道、天命等等，從顓頊絕地天通以前至近代就始終是中華民族的至上信仰主體，凌駕於眾神之上。只不過因為皇權對天的信仰壟斷，中國社會不得不退而求其次將皇權主導下人為創造分封的眾偶像神作為信仰崇拜的主要對象，天作為至上信仰主體反而在一定程度上有所淡化。辛亥革命以後，阻礙人們直接將天作為信仰對象的皇權已被推翻，天因此可以名正言順地成為中華民族全民直接信仰的至上主體。

　　天作為中華民族的至上信仰主體有極大的合理性和可行性。首先，儘管因皇權壟斷等原因天在一定程度上離開了民眾直接崇拜的視線，但天作為終極神聖的理念卻始終沒有離開過中華民族的心目，天作為至上權威仍深深刻入中華民族的意識理念和文化基因。因此，將天作為至上信仰主體，非常自然，而無須經過人為創造或設立的非自然過程。其二，受數千年傳統中華文化的薰陶和信仰稟賦的召喚，上天、天命、老天爺等觀念仍深藏在絕大多數國人的潛意識之中，使得現代國人接受天為至上信仰主體相對容易。其三，宗教學研究證明，天是人類各民族普遍認識接受的終極超越者，人類各民族宗教信仰的主神都是從天或天神的概念演變而來的。因此將天作為直接信仰的至上主體具有天然性和普世性，能夠贏得人類所有民族的共鳴。其四，天被人類各民族不約而同地普遍認定為至上超越者，絕非偶然，有其自然原因與合理性。人類各民族的智者

和思想大師幾乎都認為天是真正的超越者和宇宙主宰，都對其展示出敬畏崇拜之情。現代人應當虛心思考領會，而不應簡單加以否定。其五，將天作為至上信仰主體不會造成與現代科學的衝突，反而能彌合宗教信仰與現代科學的鴻溝，使宗教信仰平穩實現現代化轉型。天代表高深莫測的宇宙奧秘，是科學力求探索、不能窮盡而必須敬畏的超越者，不具有人造偶像神、巫術和拜物教等的迷信色彩和可證偽性，也不必然被任何宗教的教條所禁錮，因而可能與現代科學平穩接軌，互補相成。其六，天作為至上信仰主體與道相同，不僅能夠得到宗教信仰者的普遍認同，而且可能得到唯物主義者和無神論者的接受，由此打通被中國現代社會普遍接受為信仰主體的可行性通道。上節中講過的這方面關於道的話，同樣適用於天。

　　與道略有不同的是，天是中華文明數千年來明確的至上神，而不僅僅是至上理念，傳統中華文化對天的理解和闡釋更加豐富多彩。有學者指出，中國人對天的概念分層始於西周，"在西周的天命神學中，天有三重含義，一為主宰之天，二為自然之天，三為義理之天。這三重含義混合在一起，而以主宰之天為核心，組成為天命神學的一個總體性範疇。"[12]有近代學者根據西方觀念更將天的含義細分為五重甚至六重，其實已是畫蛇添足。天雖然是儒教和中國古代傳統歷來認定的至上神，但其至上地位也被道教、佛教和其他所有外來宗教普遍承認。天人合一則不僅是各宗教共同追求的信仰修行目標，而且成為現代主流意識傾慕的理念。

　　如果天是中華民族至上信仰主體的優秀選項，是否與先前推薦的道構成競爭或矛盾？答案是全然的否定。天與道雖然名稱不同，

---

12 余敦康、呂大吉、牟鐘鑒、張踐合著：《中國宗教與中國文化》，北京：中國社會科學出版社，2005年，第二卷，第80頁。

其指稱的對象卻完全一致。無論天還是道，都是對同一超越者的不同稱呼，其區別僅在於對終極超越者的不同認識或名稱。形上之道的創始人老子就將道稱為 "天道" 或 "天之道"，甚至將天與道作為同義詞並用，而不是像某些近現代主流學者那樣將天與道截然對立起來，可見在聖人眼中天與道是一致的。其實，老子之道與天的差別僅在於，較之老子時代人們對天作為終極超越者的感性模糊認識，老子對道的認識是對終極超越者的更理性、更深刻的洞見。由此可見，在確定中華民族至上信仰主體時，天、道、或者天道都是可能的優秀選項，彼此並無任何矛盾，甚至可以混合並用，以加強其效果。尚需注意的是，道在儒教等傳統中還有形而下的維度，指向可能與老子之道不盡相同。但惟其如此，也許正可以用來打通宗教信仰與世俗認識及現代主流意識形態的隔閡與障礙。由於天始終具有較重的宗教意涵，而道多被近現代主流學者作唯物主義解釋，使之在認識感知上更接近主流意識形態，所以道更可能被執政者接受作為中華民族精神共同體的至上信仰主體。

三、其他宗教信仰對象作為中華民族

至上信仰主體的可能

除道與天之外，中華文化傳統和世界文化傳統中還有其他信仰對象可能作為中華民族的至上信仰主體嗎？在中華文化傳統中，除天與道之外，還有數量眾多的偶像神。但這些偶像神都有明顯的人為編造分封痕跡，易於被現代科學和理性證偽，故而不可能入選。更重要的是，所有眾神在中華文化體系中都被明確界定為處於天或道之下的非終極神，從定義上否定了其被選作至上信仰主體的可能。在本土化的佛教中，佛在大眾信仰層面被模糊當作"佛法無邊"的至上神來崇拜，但其至上神角色卻完全違背佛在佛教基本教義中的定位。根據佛教創始人釋迦牟尼的教誨，佛只是覺悟者，而不是神，只能教人開悟解脫，而不能為人消災免禍、實現各種世俗願望，更不是終極超越者。因此，佛不是也不能作為信仰的至上主體。同理，佛教中果位更低的菩薩等事實上被當作的神祇也都不可能作為信仰的至上主體。

　　那麼，世界其他各主要宗教的至上信仰主體能否作為中華民族的至上信仰主體？首先應該厘清，天主教的天主，基督新教、東正教和猶太教的上帝，伊斯蘭教的真主安拉所指相同，彼此只有語言稱呼的不同。以上各教都崇奉舊約《聖經》及其中的 God，上帝、天主、真主安拉顯然只是對同一 God 的不同語言表達，足以證明其同一性。其次應該闡明，天主、上帝、安拉等與天、道所指對象也完全相同，其差別也僅在於名稱和認識。前者與後者都源自於天或天神，指向同一的終極超越者。前者中的上帝本來就取自于《尚書》等中國古代經典，連名稱都一樣。此外，如果宇宙有唯一的造物主、至上神或終極超越者，從邏輯上來說也必然是同一的。如前所述，印度宗教的梵與老子之道名異而實同，連對其的認識都很一致，其同一性顯而易見。不難證明，天、道、梵、上帝、天主、真主、安拉等等都是對同一終極超越者的不同稱呼或認識。儘管如此，將天主、上帝、安拉、梵等等直接用作中華民族至上信仰主體的名稱卻可能引起異意，原因是其外國或外國化名稱可能難於被民族情結較深的本國人群接受。綜合考慮各種因素，道應該是最易於被現代國人普遍接受的名稱。由此還可看出，鑒於終極超越者的同一性，道作為至上信仰主體有普世性；只要善加說明，可以獲得中國本土宗教和天主教、基督教、伊斯蘭教和印度宗教等世界主要宗教信徒的普遍認同和接受。

還需要考察的是馬克思主義主流意識形態是否可能提供至上信仰主體，以及是否需要道這樣的信仰主體。眾所周知，馬克思主義是關於政治經濟的現世理論，而非關於彼岸超越的宗教理論，因而沒有超越的信仰對象，更不可能提供至上信仰主體。如果將馬克思主義範疇內的任何人、事、物當作宗教性的信仰對象，則不僅違背馬克思的唯物主義基本思想，而且導致其自我否定。作為一種世俗理論，馬克思主義不具有宗教的超越性、精神性和神聖性，也沒有超越的信仰主體，在共同構建民族精神共同體的進程中需要借助傳統中華文化的儒佛道作為其互補，而道作為被全民族自然接受的至上理念則正好可以填補其中至上信仰主體的空缺。道作為可以同時被宗教信仰者、無歸屬信仰者和馬克思主義者共同接受的超越主體，是中華民族共同信仰對象的最佳選擇。

道不僅可能被主流意識形態接受，而且改革開放以來已經在一定程度上被主流社會接受。原因是道不僅可以作自然主義、唯物主義或人文主義的解釋，不具有任何迷信色彩，而且沒有教條化的宗教與馬克思主義之間那樣巨大的反差和矛盾。道作為至上信仰主體還可能深化現代社會對自然宇宙奧秘的認識和敬畏，促進生態環保及人類與自然的和諧，起到促進主流意識形態深化發展的作用。著名馬克思主義宗教學家牟鐘鑒先生認為："道的學說兼具宗教、哲學和科學的三重優點，而又無三者的偏失，很可以成為現代社會人們樹立信仰的最佳選擇之一。"[13]卓新平先生更指出："'道"在整

---

13 牟鐘鑒：《老子新說》，北京，金城出版社，2009 年，第 300 頁。

合中國宗教價值、提供中華文化的宗教象徵符號及精神標誌上有著不可替代的作用。……在傳統儒、佛、道三教中，對之‘一以貫之’並加以整合的正是‘道’。”[14]“所以說，儒、佛、道本身就可在‘道’中‘三教合一’，故而可以形成一種廣義上的‘大道教’觀念，構成中國本土宗教的基本特色和象徵符號。”[15]“如果中國的基本學問為一種‘大國學’，那麼中國的本土宗教則為一種大道教。”[16]

　　探討將道作為中華民族精神共同體的至上信仰主體並不意味著排斥任何宗教的信仰主體，也不排除人類的任何其他信仰對象，而是為民族精神共同體尋求一個能夠被全民族普遍接受認同的信仰核心，籍以為國人確立安身立命之本，增強多元社會的向心力和凝聚力。如前所論，人類各主要信仰傳統的至上信仰主體名異實同，位居多神信仰之上。因此將道作為信仰主體，既可讓所有精神信仰傳統達到玄同，又可籍以整合雜亂無章的多神信仰和思想流派，為中華民族提供共同的信仰核心與堅實的精神建設基礎。

---

14 卓新平：《學苑漫談》，北京：中國社會科學出版社，2010 年，第 255 頁。
15 同上。
16 卓新平：《中國宗教與文化戰略》，北京：社會科學文獻出版社，2013 年，第 130 頁。

中國宗教學研究體系的重建[1]

　　2002 年，中國宗教學研究的四位重量級代表人物，方立天、卓新平、趙敦華、何光滬四教授聚首北京，專題研討了中國宗教學發展的現狀與未來。此次會談達成的重大共識是宗教學研究應該結合中國國情，勉力構建宗教學研究的中國學派。[2]然而，十多年過去了，宗教學中國學派仍未見端倪，中國宗教學界仍置身於"西方中心論"主導下的宗教學研究體系之中，尚未見到改革的曙光。與此同時，越來越多的有識之士認識到以西方基督宗教為範式的宗教學不適合中國本土宗教研究，更不能合理詮釋後者。"西方中心論"主導下的宗教學為什麼不能正確詮釋中國本土宗教信仰？西方宗教學究竟給我國學界和社會帶來哪些研究認識誤區？其主要缺陷是什麼？宗教學中國學派的應該如何構建？構建中應注重哪些問題？本文的目的是嘗試對這些問題做出梳理，引發對相關問題的深入探討，以期改革構建工作能見諸行動。

1　本文原載于《華東師範大學學報》，2012 年第 5 期，總第 223 期。發表時編
　　輯將本文改名為《擺脫西方中心論及重建本土宗教學》，並有所修改。
2　此次會談的紀要見《中國宗教研究的現狀與未來——宗教學研究四人談》，
　　載《中國人民大學學報》，2002 年第 4 期。

一、中國本土宗教非西方宗教學所能正確詮釋

　　我國現有的宗教學研究體系是清末民初以來從西方引進的"舶來品"，照搬套用這個體系從事本土宗教研究和實踐的人往往陷入困惑，或誤入歧途。例如，主流西方宗教學理論一般認為，一種宗教必須具備教義、教規、儀式和信眾組織等基本要素。面對我國既沒有完整統一的神學教義體系，又沒有建制性信眾組織的儒道佛等本土宗教，盲目接受西方宗教觀的學者或者宣稱中國沒有宗教，只有迷信，儒道佛都不是宗教，或者努力仿照基督宗教模式和理論改造中國本土宗教，以削足適履。又如，按照西方宗教觀統計我國本土宗教信徒人數的人難以回答這樣一些顯而易見的基本問題：儒道佛等本土宗教各自的信徒應該有怎樣的合理認定標準？如果像西方宗教那樣以受洗加入教派組織為准，本土宗教原本沒有信眾組織，是否應被認定為沒有信徒？如果以其本人聲稱的宗教歸屬為准，則此類聲稱大多基於對該教教義的無知或誤解（例如，我國多數自稱佛教徒的人往往因為拜過佛，燒過香，有過祈求，但對佛教教義卻不甚了了。若按釋迦牟尼三學、三法印、四聖諦等基本教義判斷，燒香拜佛祈求世俗利益者與佛教基本教義背道而馳，恰應被認定為非佛教徒），據此認定信徒是否有誤導之嫌？廣泛存在的儒道佛等本土宗教都信的人（占中國信仰者的大多數）應該被認定為哪個宗教的教徒？如何拆分？無特定宗教歸屬但仍有超越信仰的人是否應當按現有辦法被認定為無宗教信仰者？再如，美國學者羅德尼·斯塔克等人的宗教市場論被許多中國學者盲目接受和追捧，但在用以解釋本土宗教時卻不僅難以在現實中找到作為其立論依據的對立競爭的宗教市場，而且不得不面對儒道佛三教合流，彼此之間"你中有

我，我中有你"的現實。諸如"社會上占主導地位的宗教組織和傳統受到的主要威脅……是與之競爭的宗教組織"[3]等論斷與我國宗教實際狀況大相徑庭。諸如此類的困惑和悖論不勝枚舉，不時向人們提示，以基督宗教為範式的西方宗教學難以正確詮釋我國的本土宗教信仰。

西方宗教學不完全適用我國宗教信仰狀況的現象上世紀中期就已經被宗教學界的有識之士覺察。早在 1961 年，著名華人社會學家楊慶堃就在《中國社會中的宗教》一書中指出，迥異於基督宗教那種"有自己的神學、儀式和組織體系，獨立於其他世俗社會組織之外"的建制性宗教模式，中國本土宗教雖然在多數情況下沒有獨立於世俗社會的建制性結構，但卻無所不在地彌漫於包括家庭、社區、政治、文化、思想、倫理在內的中國社會的方方面面，"其神學、儀式、組織與世俗制度和社會秩序其他方面的觀念和結構密切地聯繫在一起"，應被歸類為彌漫性宗教（diffused religion，曾被譯為分散性宗教、離散性宗教等等。筆者認為譯作"彌漫性宗教"更符合中國本土宗教的實際狀況），以別於西方的建制性宗教。

從那時起，楊氏的許多觀點已經被越來越多的學者接受和證實。循此理路深入考察研究，可以清晰地發現，中國宗教的狀況不同於基督宗教，至少表現在以下三方面。其一，傳統中國宗教雖然沒有西方宗教那種建制性結構，看似無形，但卻彌漫於中國社會的方方面面，無處不在，是普化的宗教；雖然沒有西方意義上的建制性信眾組織和信徒，但傳統中所有中國人都深受以天為至上，以眾神和祖宗靈魂為從屬的超自然信仰文化的薰陶，幾乎人人都是信仰

3　羅德尼・斯塔克等：《宗教的未來》，高師寧等譯，北京：中國人民大學出版社，2006，第 166 頁。

者；雖然沒有完整獨立的神學體系，但其神學觀念卻無所不在，充斥中國的思想、學術、倫理和文化體系，與之融為一體，密不可分。其二，中國的儒、道、佛和所謂民間宗教之間既沒有亞伯拉罕宗教教派之間那樣清晰的分野，也沒有後者那樣強烈的排他性；由於其歷史上相生相長、彼此融合的關係，相互之間你中有我，我中有你，難以分割，一定程度上共用一個神學體系，共用大多數宗教元素；相互合流，共同承擔了中國社會精神信仰、價值倫理等各種功能，維繫了社會倫理秩序。儒、道、佛等本土宗教不僅彌漫於中國社會的方方面面，而且相互彌漫。其三，中國宗教雖然不具備基督宗教那樣的組織建構和神學系統，以西方觀念看似無形，但並不像持西方宗教觀者所稱"不存在"或"不是宗教"，其宗教性和社會功能並不弱於西方宗教，"中國形式上有組織的宗教不夠強大，並不意味著在中國文化中宗教功能價值的缺乏。"[4]有別於基督宗教作為一種"外在"力量影響世俗社會，中國宗教始終作為中國社會"內在"的有機組成部分發揮其社會功能，更加全面地影響社會。

　　對於這樣"行無行，攘無臂"的中國宗教，主要以建制性基督宗教為範式發展起來的西方宗教學不能做出正確詮釋，當在情理之中；勉強將其套用在我國本土宗教上，誤解和誤導在所難免。

二、西方宗教學框架下的中國宗教認識誤區

　　以"西方中心論"主導的宗教觀詮釋對待中國本土宗教，不僅造成諸多認識誤區，而且帶來實質性的消極後果，至少表現在以下

4　楊慶堃：《中國社會中的宗教》，範麗珠等譯，上海：上海人民出版社，2007年，第35頁。

幾個方面。

1、造成對中國本土宗教的誤解誤判。中國本土宗教在內容和形式上都與基督宗教有重大差別。近代主流學者透過以西方基督教為背景的宗教學屈光眼鏡觀察研究中國宗教信仰，造成其內涵與外延均有不同程度的歪曲失真，其實際狀況、歷史、功能、作用及與中國社會的關係均得不到客觀、正確的認識和詮釋。

2、引起學術界的思想混亂。新文化運動以來，我國一批著名但非宗教學專業的學者未對宗教學做全面深入研究，就盲目接受西方宗教觀，罔視中國寺廟、神壇遍地皆是，宗教信仰現象無處不在的事實，聲稱"中國是個沒有宗教的國家，中國人是個不迷信宗教的民族"[5]，甚至認為中國本土宗教都是毫無價值的迷信巫術，是"民族恥辱"。在否定中國宗教存在的同時，胡適、蔡元培、馮友蘭和梁漱溟又自相矛盾地分別提出以科學、美育、哲學、倫理取代宗教的幼稚主張。在其帶動下，在後續極端思潮和政治運動的推動下，中國學術界陷入空前的思想混亂，其貽害延續至今。將儒教標榜為中國的唯一宗教，以與基督宗教在西方的地位持平、否定儒道佛是宗教、永無休止的儒道佛是"家"還是"教"之爭、中國無宗教而只有迷信論、全盤否定宗教及其社會功能，如此等等，都是這種思想混亂的表現。

3、否定中華文化及其精神價值根基。中華文化是以儒道佛三教為主體的多元宗教文化，故具有不可否認的宗教性。彌漫性宗教的特點更使得中國宗教與中華文化融為一體，密不可分，致使以西方激進思潮為驅動力的文革等政治運動在全盤否定宗教的同時也否定

5　胡適："名教"，《胡適文存三集》，卷一，上海：上海亞東圖書館，1931年，第 3 版。

了中華文化。宗教性的中華文化在數千年的中華文明史中始終起著提供精神信仰、提升價值倫理、維繫社會秩序和穩定的作用。否定中華文化就破壞了中國社會的精神信仰體系，消解了中國人的價值倫理基礎，摧毀了中華民族賴以安身立命的根和魂。近代激進思潮主導的宗教觀其實也是"西方中心論"的衍生品。

4、**人爲構建排他性建制宗教**。建制性宗教的最大缺陷是排他性和缺乏包容性。它能導致宗教間的紛爭和極端主義，進而破壞社會和平與穩定。深受西方宗教理論影響的學者們緊步西方宗教後塵，努力從理論上論證和強化本土宗教本來沒有的建制結構，推動本土宗教模仿基督宗教構建排他性的信眾組織。受其影響，宗教界和宗教管理界也加入建制性宗教的構建努力，而對其潛在的危害沒有清醒認識和防範意識。

5、**導致宗教政策偏離實際**。學界的認識和觀點勢必通過各種途徑影響到宗教界和政界。近幾十年來宗教在我國處於高度邊緣化地位，致使我國社會普遍對宗教無知或認識混亂。政界對宗教的研究認識能力非常有限，故學界在西方宗教觀影響下產生的對中國宗教的錯誤認識就傳遞到政界，造成宗教政策偏離宗教實際，不能恰當處理宗教問題。

6、**惡化本土宗教生態**。經過西方宗教觀長達百年的影響，諸如中國本土宗教都是迷信巫術等說法已經被廣為傳播和接受，建制性宗教也已被當作天經地義的宗教存在的高級甚至唯一形式。前者損壞了本土宗教的形象，惡化了其生態環境，而後者則迫使原本沒有信眾組織建構的本土宗教就其弱點與外來的建制性宗教競爭，進一步惡化其不利處境。人為造成的宗教建制性排他對立則惡化了宗教之間的關係，對社會和諧構成潛在危害。受西方宗教觀的影響，廣泛存在於民間的無歸屬宗教信仰即國人的傳統信仰方式至今仍未得到恰當的認識定位和官方承認。

　　7、誤導我國宗教學科的發展。由於西方宗教學起源於基督宗教主導的學術環境，西方早期從事宗教學學術活動的人大多是基督教神學家，致使歐美宗教學術機構裡至今仍有宗教學者與基督教神學家混雜的現象。這使得全盤接受西方宗教觀的我國學者們誤以為從事單一宗教教義研究和護教的"神學家"也都是宗教學者，甚至將此當成"學術規範"，以至於我國宗教學研究隊伍的主體是終身只研究和弘揚單一宗教的所謂宗教學者，從事跨宗教、跨學科的宗教學及其各分支學科研究的人反而是鳳毛麟角。宗教學本應注重跨宗教、跨學科的各分支學科的建設，而這些都因受上述影響成為我國宗教學的薄弱環節甚至空白領域。宗教學創始人麥克斯·繆勒的至理名言"只懂一種宗教的人，其實什麼宗教都不懂"[6]，在我國學界得到充分的反向發揮。單一宗教的研究者不僅會只見樹木不見森林，迷失研究方向，而且作為單一宗教的護教者還會喪失學者應有的客觀公允，偏離宗教學的學術宗旨。長期以來，我國宗教學基本以單一宗教分科，多數學者只好循此規範終身從事單一宗教的研究，被造就成隻懂一種宗教甚至其中局部的人。如果說"只懂一種宗教的人，其實什麼宗教都不懂"，那麼許多"其實什麼宗教都不懂"的人合在一起是否就都成為懂宗教的人？值得反思。其實，"兼聽則明，偏聽則暗"是中國傳統中常識性的智慧，只不過經常被人忽略而已。

---

6 麥克斯·穆勒：《宗教學導論》，陳觀勝、李培茱譯，上海：上海人民出版社，2010年，第10頁。

三、"西方中心論"宗教學的成因和內在缺陷

　　所謂"西方中心論"宗教學的形成源於一系列歷史事件的累積，而未必是有意所為。宗教學於十九世紀末誕生於當時世界文明中心的歐洲，在以基督宗教為主導的歐美環境中發展成形，所以從開始就是以西方為中心發展起來的學科，不可避免地帶有"西方中心論"的色彩。西方在經濟、科技、軍事和文明的先進強勢地位使得當時多數西方學者將西方看作世界的中心，將西方宗教看作人類宗教的最高形式，將世界其他民族的宗教看作低級宗教或歪門邪道，並且有意無意地將這種以西方為中心的觀念滲透到宗教學的構建中，強化了"西方中心論"宗教觀的建構。

　　清末民初是中國飽受西方列強侵略欺凌的時代，我國知識份子在震驚惶恐之餘痛感中國的落後，亟欲學習西方先進科技和思想以圖自救，原本無可厚非。但他們在恐慌之中走入極端，認為西方一切都好，華夏一切都糟，在全盤否定中華文化的同時，不加批判地接受西方的一切，這是"西方中心論"宗教觀在我國立足的開端。被不加甄別引進的"西方中心論"宗教觀其實有相互對立的兩大類，一類是以基督宗教為範式的宗教學觀念，另一類是以西方科學主義、實證主義為基礎，全面否定基督宗教乃至所有宗教的激進思潮。新文化運動以來一批主流學者未對宗教做深入研究就全面接受和推崇以"西方中心論"為基調的宗教觀，甚至同時接受這兩種相互矛盾的西方宗教觀，並通過其社會影響力塑造了中國近代社會最初的宗教觀。這些觀念經數代人潛移默化，現已成為中國知識份子和社會心智的一部分。此後，受此思潮和持續不斷的戰亂影響，在1949 年之前宗教學學科在我國僅有開端，並未得到全面的建立。此

後至文革結束之間對宗教的全面否定和打壓致使宗教幾乎銷聲匿跡，宗教學學科建設更無從談起。其後果是改革開放之初，我國宗教學一片空白，不得不向西方從零學起。在此處境下，許多學者饑不擇食，對西方學術的盲目崇拜絲毫不亞于民國初年，再次強化了"西方中心論"宗教學在我國的地位。作為其自然延續，許多學者至今仍對西方宗教理論和學者高度迷信，不能客觀評判和批判；儘管已感覺其理論不適合我國宗教實情，仍言必引西方學者，仿佛不使用西方話語就是沒有學問，以對西方宗教理論的迷信取代了中國民間的迷信。

西方宗教學之所以立足於基督宗教，有其歷史原因。其一，宗教研究起始於基督宗教的神學院，從開始就帶有其烙印。其二，歐美早期的許多大學都是基督教會開辦的，基督教神學是其必設的學科。宗教學創立之後，從事宗教學研究的人大多數是基督教神學家，其數量遠多於真正意義的宗教學者。二者同時在學術機構中並存造成概念的混淆，使得神學家們也被視為宗教學者。其三，許多基督宗教神學家也參與宗教學研究，自覺或不自覺地以其對基督教的理解和知識來發展宗教學理論，規定其原理，致使宗教學在一定程度上成為按基督宗教範式塑造的學科。其四，基督宗教背景的宗教學者數量眾多，也對宗教學產生巨大影響，加強了宗教學的基督教性。其五，在西方周邊視域中最顯而易見的猶太教和伊斯蘭教與基督宗教同宗同類，更加強了將亞伯拉罕宗教視為人類宗教主要甚至唯一模式的宗教學定勢思維。

其實，西方宗教學理論並不統一，有些有深刻洞見的學者並不將自己的宗教學理論局限在基督宗教的範式之中。宗教學創始人麥克斯‧穆勒就是通過跨宗教比較研究創立了宗教學，並且反對將基督宗教作為宗教學的標準範式。他強調說，"除非對所有的宗教都公正地採用同一個衡量標準，否則誰也不能作出這一判斷。任何宗教都不應要求得到特殊待遇，基督教尤其不應當。"[7]，不幸的是，此後許多西方宗教學者對穆勒提出的這一原則置若罔聞。著名宗教學家伊利亞德從各種維度比較考察了人類許多民族的宗教信仰後，也對"西方中心論"的宗教觀批判說，"西方心靈幾乎總是把一切神聖的觀念，一切宗教……都自動與某種歷史形式的猶太教—基督教的生活聯繫起來，因而在他們看來，異教的神顯必然基本上是畸形的。"[8]其實，西方不乏像穆勒、伊利亞德這樣具有跨宗教真知灼見的學者，只是我國許多學者缺乏辨識力和批判精神，在學習西方理論時良莠不分，以致掉落在"西方中心論"宗教理論陷阱中不能自拔。

　　以"西方中心論"為基礎的宗教學有明顯的內在缺陷。其一，這種宗教學推動和強化建制性宗教，起著鼓動和加強宗教的對立排他性的作用，對於宗教間關係和社會和諧具有明顯的負面效應。詹姆斯、弗洛姆、瓦茨等著名西方學者就曾對西方建制性宗教有過強烈批評。著名宗教學家威爾弗雷德·史密斯在做過大量考證後指出，建制性宗教的概念是西方人因基督教辯論護教的需要在 17 世紀發明的，此前並不存在。其產生遮蔽和誤導了對人類信仰內核本質的理解，導致了如基督教、印度教、道教、佛教等諸宗教概念和實體的產生和自我強化，促發和鼓勵了宗教間的對立紛爭，扭曲了人類信仰，有弊而無利。因此，他"鄭重地建議，放棄使用諸如基督教、

7　麥克斯·穆勒：《宗教學導論》，陳觀勝、李培茱譯，上海：上海人民出版社，2010 年，第 18 頁

8　米爾恰·伊利亞德：《神聖的存在》，晏可佳等譯，桂林：廣西師範大學出版社，2008 年，第 9 頁。

佛教一類的術語”，而代之以“個人的信仰”和“累積的傳統”兩種概念，前者指人類普遍存在的信仰行為，後者則指有關信仰的教義、場所、儀式、律法、組織、習俗等因素的歷史積澱。[9]史氏的發現和論斷可以說是西方有識之士對於“西方中心論”宗教學缺陷的一種深刻反省。

其二，這種宗教學過度強調以基督宗教為代表的亞伯拉罕宗教的地位和重要性，而輕視了人類廣泛存在的其他宗教信仰形式的地位，阻礙了客觀全面地研究認識人類宗教信仰。如果運用比較宗教學、宗教人類學、宗教社會學、宗教哲學、宗教心理學和宗教史學等方法廣泛研究人類古往今來的各種宗教信仰現象，就會發現建制性宗教只是人類宗教信仰模式的一種特例，而非常規；建立在此基礎上的西方宗教學理論和概念既不符合人類宗教信仰的普遍狀況，也不能有效詮釋占大多數的人類其他宗教信仰模式，甚至會造成嚴重歪曲，因而缺乏普世適用性。

其三，宗教的核心是對超越者的信仰，作為累積傳統的宗教只是其外在形式。“西方中心論”宗教學助長了在學術和實踐中只注重宗教的外在形式，輕視甚至完全忽視信仰內核的偏頗。這種偏頗在學術上表現為只顧形式、不問內涵的膚淺，在實踐上則導致喧賓奪主，將對超越者的信仰崇拜轉變為對原本不具備神聖性的建制性宗教的信仰崇拜。這種信仰轉移是宗教極端主義和排他衝突等消極因素的根源。當信徒對神的信仰和忠誠被轉移給人為創立的宗教組織及其教條時，就產生了宗教的大量消極因素。不難證明，宗教的多數消極因素都是由此產生的。

---

9 W. C.史密斯：《宗教的意義與終結》，董江陽譯，北京：中國人民大學出版社，2005年，第六、七章。

其四，在西方啟蒙運動基礎上演化而來的科學主義、實證主義等激進思潮，將對基督宗教的某些教義的批判否定擴大成為對人類宗教信仰的全面否定。這種理論先決性地否定了古往今來人類宗教信仰的核心，斷定所有宗教信仰的基礎都是虛妄不實的，因而與信仰主義宗教學一樣都是結論在前，其所有學術活動只是為了證明其預置結論，故幾乎沒有真正的學術價值。如果對此類結論在先的所謂宗教學有充分的認識，那麼看到盛極一時的宗教消亡論和其後的世俗化理論等論斷在事實面前相繼破產也就不足為奇了。其實，這類宗教觀也是"西方中心論"的產物。

"西方中心論"宗教學還有許多缺陷，因篇幅所限在此不一一列舉。

四、宗教學研究體系重建的取向

宗教學研究自改革開放後在中國開始興起，至今已有三十多年了。誕生之初幼稚學步，向西方人虛心求教，多幹些搬磚頭引進之類的粗活亦無可厚非。但經過三十多年的積累發展，尚不圖建樹發展，仍舊跟在西方人之後亦步亦趨，就難免有自甘墮落之嫌，特別是在"西方中心論"宗教學的種種缺陷明顯暴露之後。越來越多的學者開始認識到，擺脫"西方中心論"影響，構建宗教學中國學派已勢在必行，且時機已漸成熟。宗教學中國學派應當如何構建？應該有怎樣的取向？應該注重哪些問題和環節？怎樣才能具有普世適用性，成為國際一流的學科？本節試圖就此引發一些初步探討，供業內同仁參考、思索和討論。

1、宗教學中國學派的主要任務是重建宗教學研究認識體系（以下簡稱新體系）。但這並不意謂全盤推翻現有體系，從無到有搭建另一個體系。重建的新體系應當是在西方宗教學及其研究成果的基礎上，糾正摒除其錯誤偏見，擺脫西方中心論和基督教單一宗教模式的局限，汲取和繼承西方宗教學所有的合理成分和成果，特別是有真知灼見的西方優秀學者們的研究方法和成果，從而建立一個能夠普遍適用於人類各種宗教信仰的研究認識體系。正如數學、化學等學科不會因地域或國別不同而影響其適用性，新體系也應有放之全球而皆准的普世適用性。人類宗教信仰，無論以何種形式表現，都是對超越者的回應，因此無論形式有何差異，必定有共性。"宗教是人類學常數"，就是說精神信仰是人類的共性，只不過其表現形式不同。這就使得構建普世通用的宗教學研究體系成為可能。新體系應以精神信仰研究為核心，廣泛研究人類各種形式的精神信仰及其特徵，探明人類精神世界的精微複雜，理解人類的超越追求和終極關懷，提供對人類宗教信仰的真知灼見，厘清宗教信仰與人類社會方方面面的關係和作用。就此而言，"宗教學中國學派"看來不是新體系最恰當的命名，而不過是為了論述方便暫時從本文開頭所提"宗教學研究四人談"借用的名稱。新體系最終如何定名，尚待宗教學界集思廣益後加以確定。

2、新體系應該克服西方宗教學重體制、組織、儀式等外在形式而輕精神信仰內涵的偏頗，將精神信仰內涵作為宗教信仰研究的主導。人類宗教信仰表現形式多種多樣，但本質和內涵則相同或相似。中國傳統的儒道佛多元宗教合流和印度宗教的多種信仰形式合流共處等現象提示人類信仰並不必然依附於任何特定的建制性結構等外在形式，也未必需要形成與世俗社會二元分離的體系。宗教的外在形式不應取代信仰的內核，片面注重宗教的外在形式易於將宗教學研究引入歧途。

3、在新體系的構建中應當逐漸放棄目前按單一宗教分科的方法，而代之以按宗教人類學、宗教社會學、宗教心理學、宗教哲學、宗教史學等跨宗教、跨學科的學科分類方法。跨宗教、跨學科、跨時空的研究視野是宗教研究者應有的基本素質。即便是深入研究一種宗教的人，也應首先建立紮實的跨宗教視野及對宗教共性的瞭解。宗教學就其定義來說是比較宗教學，因而必須是跨宗教的，只有跨宗教研究才能獲得關於宗教信仰的真知。"只懂一種宗教的人，其實什麼宗教都不懂"的箴言應該被時刻銘記和付諸應用。按單一宗教分科限制研究者的認識和眼界，促生偏見和管見，易於造就單一宗教的釋教者和護教者，滋生信仰主義，無助於真學術的開展。以這種方式培養出來的學者更像是單一宗教的理論家而非宗教學家。如果建制性宗教如史密斯所說是近代基督教辯論護教的產物，那麼以此作為宗教學分科的標準就更具誤導性。國內目前大多數大學和研究機構中宗教學都是以單一宗教分科，跨宗教跨學科的研究學科幾乎都是空白，致使真正有水準、有品質的研究成果稀少。其實，跨宗教、跨學科的宗教學研究領域大多是未經開墾的處女地，學者在其中大有可為。

4、新體系在開展跨學科研究中應該高度重視宗教學與其他學科不同的重要特點，即宗教信仰獨特的神聖性。伊利亞德說，"企圖通過生理學、心理學、社會學、經濟學、語言學、藝術或是其他任何研究去把握它（宗教）的本質都是大謬不然的；這樣做只會丟失其中的獨特性和不可還原的因素——就是它的神聖性。"[10]神聖性是

---

10 米爾恰·伊利亞德：《神聖的存在》，晏可佳等譯，桂林：廣西師範大學出版社，2008年，第1頁。

宗教信仰的獨特要素，也是宗教學與其他學科研究對象不同之處，忽視它就先決性地排除了宗教信仰存在的核心。如果忽視宗教信仰的神聖性，完全用其他學科的方法對待宗教學，就會錯失宗教最本質的因素，因而難以獲得對宗教信仰的真知灼見。一些學者之所以創立出似是而非，貌似客觀實則誤導的宗教學理論和觀點，正是因為犯此大忌。此外，宗教信仰是體驗性行為，所以對宗教的真知灼見不能完全靠外部觀察取得，還必須有深入宗教內部的切身體驗，否則就會像瞎子談論色調，聾子談論聲調那樣不得要領。對學者來說，最好的宗教體驗應當是跨宗教的，而不是對單一宗教的體驗和委身。

　　5、新體系應該有現實關懷、經世致用的取向。最高的學問是能夠解決人類面臨的問題，造福社會，對人類社會有積極作用的學問。那種孤芳自賞、理論脫離實際、為學術而學術的所謂學問是缺乏真實價值的學問。就此而言，宗教學領域有大量的工作可做，例如，以研究和理論成果引導宗教的改良實踐、推動宗教發揮其積極社會功能、抑制其消極因素、消解宗教教派之間的對立衝突、消除宗教極端主義和恐怖主義及其信仰主義基礎、推動宗教性中華文化在民族復興中發揮重大作用等等。在西方宗教觀影響下形成一種勢力很強的迷信禁忌，即認為宗教的外在形式具有神聖性，不能對其做出任何改良，也不能通過改革讓宗教發揮更多的積極功能；學者只能觀察和研究，甚至不能作價值判斷。只有破除這種迷信禁忌，宗教學才能有所作為。全球化時代是人類走向共同體化的時代，人類面臨著化解宗教文明衝突、維護持久和平、建立共同的價值、倫理和秩序體系、尋求共同生存發展等重大挑戰。宗教信仰可能是這些挑戰的組成部分，也可能是應對挑戰的重大資源，成功的宗教學新體系應該在將挑戰化為資源中起到重要作用。

　　6、新體系必然以中國本土宗教信仰作為其主要研究和考察對象。中國傳統宗教文化其實是一個儒、道、佛及原生宗教相互融合，又與整個社會完全融合的精神、信仰、宗教、價值、倫理、文化混合體，彼此之間及其與中國社會之間都水乳交融，難解難分。因此，與其按照西方宗教學觀念將儒道佛及所謂民間宗教割裂成四種相互獨立甚至對立的宗教來研究對待，不如根據事實將其置於一個整體的體系框架下研究對待。這樣不僅有利於客觀、全面、深刻地研究認識中國的宗教信仰與社會，而且有助於發掘和發揮這種信仰模式的積極社會功能。為此，筆者認為可以將中國傳統中所有的宗教信仰統稱為“中華宗教”，並將其作為研究中國所有各種宗教信仰的框架體系，對於儒道佛和所謂民間宗教的研究應該在這個框架體系中進行。鑒於本土宗教與中國的社會、信仰、價值、倫理、文化等密不可分，還應該打破學科的界限，讓社科人文的所有有關學科共同參與研究。這還涉及到中華文化的復興發展問題。傳統中華文化是以儒道佛為主體的宗教性多元文化，涉及到中國的信仰、價值、倫理、文化、社會等各領域。因此，研究發展中華文化不僅是宗教學界的大事，也是整個中華民族的大事，其成功開展應當有我國社科人文各學科的積極參與。跨學科的參與還能開闊思路，改善宗教邊緣化和高度敏感的處境，有效解決我國宗教學界目前人才匱乏、素質有待提高等問題。

　　7、新體系如果立意在國際學術界建立舉足輕重的地位，還應該樹立和踐行理性、客觀、嚴謹、求實、開放、繼承、創新、前瞻的學術原則和風範。其主要理由如下。

　　理性思辨是所有社會科學學科賴以立足的基本方法，對於宗教學尤其重要。作為累積傳統的宗教領域存在形形色色的迷信、思想混亂和矛盾謬誤，宗教學界也存在著認為宗教不應該有理性的信仰主義和主張用實證方法證明宗教信仰之一切的證據主義等極端觀點。不充分運用理性厘清思路、批判辨別，就不能去偽存真、排除極端偏頗，獲得對宗教信仰的真知灼見，也不能為新體系打造堅實的基礎。

客觀就是全面觀察研究、實事求是、不先入為主、不持偏見，是學科建設的基本態度。將信仰主義和無神論運用到宗教學研究中都是結論在前，反客觀的非科學態度，應加以防止。客觀在宗教學研究中還有一種特殊的要求：宗教信仰是一種特殊的體驗性的研究對象，研究者如果沒有"內視"的體驗，只作為局外人從外部觀察，就很難做到真正的客觀，進而獲得真知灼見。"內在的參與者能夠洞若觀火地發現，外在的觀察者或許對一種宗教體系瞭解得'頭頭是道'，然而卻完全不得其要旨。"[11]忽視宗教信仰體驗，從"門外漢"的角度研究談論宗教信仰，難免只知其表，而喪失內在的客觀。宗教學研究的客觀只有通過多角度的"外觀"和進入各宗教的"內視"體驗相結合才可能達到。

嚴謹是認真治學者應有的基本學風。近年來社會浮華之風波及學界，也殃及本來就處於弱勢的宗教學界，使得建立嚴謹的學風更加重要，也更加艱難。然而，沒有嚴謹的學風就不會有高品質的學術成果。

求實就是追求事實的真相，追求真理，是學術研究的基本取向和態度。理性、客觀、嚴謹都是實現求實的手段。求實的另一重含

11　W．C.史密斯：《宗教的意義與終結》，董江陽譯，北京：中國人民大學出版社，2005年，第290頁。

義是理論與實際相結合，避免脫離實際，淪為空談。

繼承中外前人的學術成果和積累，是學科構建發展的基礎和必由之路。但是應當有批判、有選擇地繼承，避免不分精華糟粕、不求甚解的盲目接受崇拜。

創新是學科建樹發展的必要前提，而只有解放思想，不被陳舊的條條框框束縛頭腦，才能有創新。在宗教研究這種容易被迷信和信仰主義禁錮的領域，解放思想，敢於創新尤其重要。

開放意味著不僅向宗教學界開放，也向社科人文的其他學科開放；不僅向國內學界開放，也向國際學界開放；不僅向觀點相近的人開放，也向觀點不同的人開放；不僅學術開放，而且思想開放。只有營造開放自由、交流暢通、學界普遍參與的學術氛圍，才能創建出一流的學科。

前瞻是容易被忽視，但對成功構建學科體系極為重要的一環。事物都是有發展的，宗教也不例外。信仰主義的盛行和狹隘局限性思維，容易使人產生宗教一成不變的錯覺。一些學者就是在這種錯覺中將宗教當作固定的事物做靜態研究，致使難以把握其本質。這也是我國宗教學界很少有人關注研究宗教的發展與未來的原因。只有以前瞻和動態發展的眼光研究宗教，才能不僅認清其歷史和現狀，而且把握其發展和未來，這樣創建的學科體系也才會有未來。在全球化人類社會大變動的時代，尤其如此。

以上所列本來是所有成功的學術研究者應有的基本素質，但在目前社會物欲橫流、名利權肆虐、學風衰敗、學術多禁忌的境遇下，需要特別予以強調和身體力行。新體系的水準品質和國際學術地位將取決於其在多大程度上真正實行了上述學術原則。

對於構建宗教學新體系，中國學界應該有充分的信心和熱情，但同時應警惕狹隘的民族主義傾向，防止重建的宗教性研究體系成為只適用於中國的“中國中心論”宗教學而重蹈“西方中心論”宗教學的覆轍。